图1　幼儿园标志

图2　幼儿园标志衍生花卉

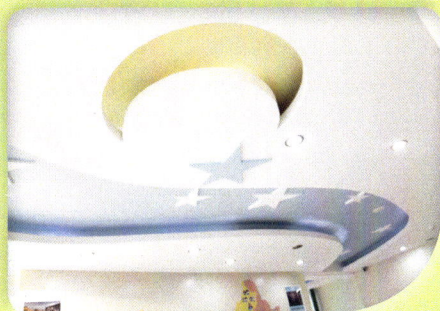

图3　门厅星星、月亮造型天花板

图4　星星、月亮大门

图5　快乐的民族，转转转

图6　幸福的民族大家庭

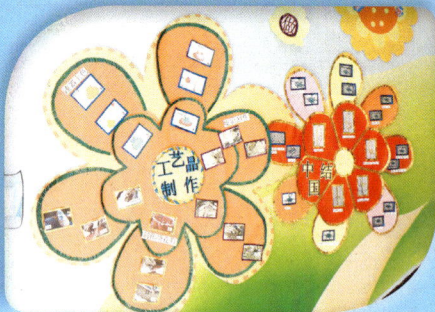

图 7　精彩阶梯

图 8　快乐过新年——新年的故事

图 9　民族风情苑——鼓乐秋千

图 10　民族风情苑——回乡清真餐厅

图 11　民族风情苑——葡萄架下的秘密

图 12　民族风情苑

图13　木偶戏我最爱——木偶戏材料知多少

图14　木偶戏我最爱——《小老虎上学记》

图15　三味书屋——书艺社1

图16　三味书屋——书友苑

图17　三味书屋——书艺社2

图18　跳蚤书市——书签博览会

图 19　跳蚤书市 1

图 20　跳蚤书市 2

图 21　文明驿站 1

图 22　文明驿站 2

图 23　我的剧场我做主

测量的方法

测量裤长　　测量腰围

图 24　我演、我秀、我真棒——胡子风波

图 25　我演、我秀、我真棒——剧场售票处

图 26　我演、我秀、我真棒

图 27　幸福的民族大家庭 1

图 28　幸福的民族大家庭 2

图 29　阅读大家谈——分享阅读你我他 1

图 30　阅读大家谈——分享阅读你我他 2

图 31　纸箱变变变

图 32　成长的味道

图 33　动物朋友乐园

图 34　风情俄罗斯

图 35　《春晓》

图 36　轱辘轱辘

图 37　可爱的我

图 38　小胡同大生活

图 39　葡萄架下的美丽传说

图 40　启航

图 41　上学倒计时

图 42　蜕变

图 43　旋转世界

图 44　中国鼓

图 45　香巴拉的小卓玛

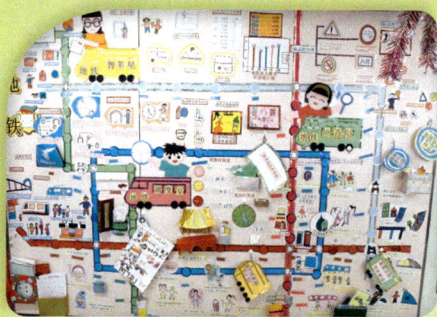

图 46　坐地铁

图 47　竹楼情思

图 48　趣味游戏打擂台——水中动物多快乐

图 49　趣味游戏打擂台——鞋子对对碰

幼儿园
探究式环境创设

YOUERYUAN

TANJIUSHI HUANJING CHUANGSHE

蔡秀萍　主　编

北京师范大学出版集团
BEIJING NORMAL UNIVERSITY PUBLISHING GROUP
北京师范大学出版社

图书在版编目(CIP)数据

幼儿园探究式环境创设 / 蔡秀萍主编. —北京：北京师范大
学出版社，2013.6(2024.10 重印)
ISBN 978-7-303-16221-5

Ⅰ. ①幼…　　Ⅱ. ①蔡…　　Ⅲ. ①幼儿园－教育环境学－研究
Ⅳ. ①617

中国版本图书馆 CIP 数据核字(2013)第 093093 号

图书意见反馈：gaozhifk@bnupg.com　010-58805079
营销中心电话：010-58802181　58805532
编辑部电话：010-58808898

出版发行：北京师范大学出版社　www.bnupg.com
　　　　　北京市西城区新街口外大街 12-3 号
　　　　　邮政编码：100088
印　　刷：北京虎彩文化传播有限公司
经　　销：全国新华书店
开　　本：710 mm×1000 mm　1/16
印　　张：14.5
彩　　插：4
字　　数：260 千字
版　　次：2013 年 6 月第 1 版
印　　次：2024 年 10 月第 7 次印刷
定　　价：32.00 元

策划编辑：罗佩珍　　　　　责任编辑：罗佩珍
美术编辑：焦　丽　　　　　装帧设计：焦　丽
责任校对：李　菡　　　　　责任印制：陈　涛　赵　龙

编 委 会

序

　　即将面世的《幼儿园探究式环境创设》一书，是北京市东城区大方家回民幼儿园近几年本着《幼儿园工作规程》《幼儿园教育指导纲要(试行)》《3～6岁儿童学习与发展指南》所阐述的精神，着力研究幼儿园环境创设与幼儿发展、成长关系所取得的丰硕成果。

　　众所周知，人的成长和发展是遗传、环境、教育三个因素共同作用的结果。遗传素质是人的发展的物质前提，遗传的生物人在环境和教育的影响下，才能成长为社会人，使人的身心发展的速度、高度远远超过遗传所能达到的水平。后天环境(自然、社会环境)是直接影响人的发展的外在因素，在很大程度上制约着人的身心发展方向、速度和水平，生活在不同时代、不同文化和经济水平的地区、民族和家庭中的儿童，所受环境和教育的影响不同，其身体、品德、智力、才能、兴趣、爱好、性格的发展也都各不相同，可能差别极大。

　　因此，我认为大方家回民幼儿园所选择的研究，符合我国幼儿园当前与长远发展的需要，特别是近年来，我国幼儿教师队伍中充实了大量的新鲜血液，他们亟须掌握指导幼儿园工作实践的理论、知识与经验，以有助于他们尽快成为幼儿园的中坚力量。同时，该书所阐述的内容，也为我国幼儿教育理论的建设起到了添砖加瓦的作用。

　　本书内容的新意在于"探究式"环境创设。什么样的环境可以引发幼儿探究的欲望和行为？这一问题的提出是对我国幼儿园传统环境创设的一种挑战，它是目前幼儿教育研究项目中涉及较少的选题，因此，我认为该课题的研究具有创新性和开拓性，在一定程度上填补了我国幼儿园环境创设研究方面的空白。

　　本书详尽地介绍了公共游戏区环境、班级主题教育环境、班级区角游戏环境创设的原则和所含的内容。纵观这些不同环境的创设的出发点，均注意了符合幼儿年龄阶段身心发展的需要。如环境创设多样化；注意环境的安全、卫生、方便儿童；合理、因地制宜地充分利用有限的活动空间，尽量让空间的使用具有多功能性；不同区域环境的创设内容不仅丰富，而且据时令、节日、教育内容的不同而变化；环境创设还特别显现了民族性，突出民族幼儿园的本色。本书呈现出了该园丰富多彩，适于幼儿发展、成长、快乐生活的环境。在这个环境中，如何实现其"探究"的价值？本书亦有具体的介绍，如充分利用幼儿的好奇心和探究欲望，围绕幼儿的兴趣、需要和发展，利用贴近幼儿生活、经验的物质资源和人文资源，在真实环境中启发、吸引幼儿与教师、幼儿与同伴一起主动参与环境的创设，在各种环境中探索、发现、自主学习，在多种的互动活动(师幼、幼儿之间、幼儿与环境)中，体现"探究式"环境的价值。

"幼儿园探究式环境创设"，按照科学研究规律，至少需要经过3～6年实践的周期，才能使其理论和实践逐渐完善。本书呈现给读者的尚属该项研究的阶段性成果。本研究取得的成果不仅需要在实践中进一步检验，而且还有更细致的内容待继续研究。如3～6岁的儿童有很大的差别，不同年龄班的环境布置和玩具、材料的投放使用，其"探究"能达到的程度的区别是什么？在同一年龄班除了要考虑全班的特点以外，还要考虑不同幼儿的兴趣和需要，如何启发、培养不同个性幼儿的"探究"？这两种区别均需要时间观察、实验，才能使这项研究更深化、细化。

本书第二章所涉及的"在宽松、自由的交往中，能充分发挥幼儿的个性优势，使幼儿的个性得到张扬、兴趣得以较好地扩展""在'大带小'的活动过程中，可让幼儿体验同伴共同游戏的快乐，不断提升幼儿的责任意识和与同伴合作的能力"等内容的论述，属于心理环境的范畴，是环境创设不可缺少的内容，而"探究式"的发展，离不开良好的心理环境的激发与熏陶。本课题下一步还需加强对心理环境的创设的研究，使其与物质环境的创设相辅相成，使幼儿园环境创设更加成熟与完美。

杭士爱

2013 年 3 月 16 日

前　言

　　随着幼儿园课程改革的不断深入，环境育人的理念越来越深入人心，环境创设不仅是对幼儿实施良好教育的背景，也是一种潜在的课程。《幼儿园教育指导纲要（试行）》明确提出，"环境是重要的教育资源，应通过环境的创设和利用，有效促进幼儿的发展"。幼儿园环境创设成为广大教师共同关注的问题，很多幼儿园立足本园所实际开展了相关研究，获得了显著成果。我园教师从教育实践的需要、问题和困惑出发，开展了如何为幼儿创设探究式环境的持续研究。

　　在我园研究的过程中，我们一直在思考两个问题：一是幼儿园环境创设的核心价值是什么，以确定我们的努力方向；二是创设什么样的幼儿园环境才能够促进、支持幼儿主动发展，以决定我们解决问题的操作点。带着这两个问题，我园领导、教师在充分吸收已有研究经验，获取专家支持的基础上，进行了不懈的探索、研究、实践，获得了以下两点重要启示。

　　启示之一："促进幼儿主动学习、自主发展"是幼儿园环境创设的核心价值

　　《幼儿园教育指导纲要（试行）》和《3～6岁儿童学习与发展指南》都深入体现了"幼儿自主发展"的理念。在创设环境的过程中，教师要注重观察幼儿的表现，分析幼儿的现有发展水平，重视研究幼儿的学习特点和学习方式，致力于满足幼儿的好奇心和探究欲望，潜心于在与环境的互动中引导幼儿自主发展。

　　启示之二：探究式的环境创设能有效支持幼儿自主发展

　　幼儿的探究是指不同能力、不同个性和不同经验水平的幼儿，在生活中发现有意义的东西，进而积极主动地进行各种尝试与探索，大胆进行创造性的、不同方式的表达，从而获得主动、全面、和谐的发展。探究式环境创设的过程是教师、幼儿、环境三者在开放的互动中，通过发现问题、表达想法、价值筛选、实践验证等方式，在探索发现中创设环境、同时环境又促进幼儿的主动学习的过程，是幼儿主动发展的过程，也是教师教育能力提升的过程。

基于以上两点启示，我们在梳理、提升探究式环境创设的研究成果时，特别强调了以下三点体会。

一是在真实的生活、游戏与主题教育的环境中，从幼儿的兴趣和最近发展区出发，引导幼儿主动参与、探索学习、互动合作，从而获得切实的发展。如公共游戏区"幸福的民族大家庭"，是因为不同民族的幼儿发现大厅墙上一张普通的地图上找不到自己的家乡，由此引发出要做一张有自己家乡的"民族分布图"的欲望。幼儿在创设"民族分布图"墙饰的过程中，发现许多同伴和自己是同一个民族，由此生成了属于幼儿自己的"民族家谱"，这是幼儿真实的生活经验的再现、主动参与的再现。

二是环境的创设由幼儿发现的问题引发，或由教师通过观察分析幼儿成长中的问题引发，或由师幼在创设环境中为进一步的探究学习生成的问题引发，或由环境中"埋藏"的问题引发。不同的问题引发幼儿在解决问题过程中创设了环境、丰富了环境、提升了学习的能力。如公共游戏区"跳蚤书市"是由前一个主题游戏区"三味书屋"创设中产生的问题引发的，即幼儿自带图书和自制图书增多，有越来越多幼儿想交换阅读，小小书屋已不能满足幼儿的阅读交往的需求，大家共同想出了办法——创设一个书市。

三是将环境创设定位于"探究式"，就要将幼儿作为参与创设环境的主体，体现幼儿探索学习的历程。让环境创设的成果，记录幼儿学习与发展的轨迹。幼儿与教师通过共同讨论把自己在探索活动中所生成的材料、经验、问题有序地融入环境中，在丰富环境内容的同时，又进一步支持幼儿继续探究，成为幼儿不断成长的平台。

正是在这样的创设理念的指引下，我们通过对幼儿园环境创设有关书籍的阅读学习、深入分析研究，结合幼儿园环境创设的整体性、动态性、系统性、教育性等，确定了本书的编写思路、编写内容及编写形式。

在编写思路和内容上，我们从本园文化溯源，以探究式环境创设为主线，从公共游戏区环境、班级主题环境、班级区角游戏环境三个部分来阐述环境创设的特点及创设思路。各部分的内容介绍，以具体分析重点实例为主，同时简要介绍拓展案例，突出各部分内容独特的视角和思路。如公共游戏区环境注重环境资源的共享性、互动性、全园性，利用不同的公共活动空间体现不同的创设形式；区角游戏环境以突出引导幼儿发现问题、探索问题、解决问题的思路，再现幼儿发现、探究、解决问题的学习过程。

在编写形式上，从观点论述引领到具体分析，将理论与实践密切联系；注重图文并茂，展示各部分内容；强调重点案例分析与拓展案例介绍相结合。

本书的编写基于我园多年的实践研究，真实地记录了我园以环境创设促进幼儿快乐、和谐发展的过程。书中体现的探索实践、分析研究、理性思考蕴涵了我园教师、编写者及有关专家对孩子成长的真切关注和对幼教事业的忠贞不渝。

探索之路是无止境的，万事无定法，适合自己园所的环境创设思路、方法与策略等，还有待进行深层次的探索研究，也期待广大园所和教师参与到探究式环境创设的研究中来，相互借鉴、相互学习、相互促进、共同成长。愿本书的出版能给广大幼儿教育工作者带来启示，同时恳请专家与各位同行批评指正。

北京市东城区大方家回民幼儿园

2013 年 2 月

目　录

第一章　幼儿园探究式环境的概述 ……………………………… 1

第一节　幼儿园探究式环境的概念、意义和特点 ……………… 1

一、幼儿园探究式环境的概念 ……………………………… 1

二、幼儿园探究式环境创设的意义 ………………………… 2

三、幼儿园探究式环境创设的特点 ………………………… 2

第二节　幼儿园探究式环境创设的实践引领 ………………… 3

一、幼儿园探究式环境创设的思路 ………………………… 3

二、幼儿园探究式环境创设的引领策略 …………………… 5

第二章　幼儿园公共游戏区的创设 ……………………………… 10

第一节　幼儿园公共游戏区的创设理念 ……………………… 10

一、幼儿园公共游戏区的概念 ……………………………… 10

二、幼儿园公共游戏区创设的意义 ………………………… 10

三、幼儿园公共游戏区创设的特点 ………………………… 11

第二节　幼儿园公共游戏区的创设思路 ……………………… 12

一、幼儿园公共游戏区的创设策略 ………………………… 12

二、幼儿园公共游戏区的创设形式 ………………………… 12

第三节　幼儿园公共游戏区创设的重点案例 ………………… 13

特色游戏区——幸福的民族大家庭 ……………………… 14

特色游戏区——快乐的民族，转转转 …………………… 17

特色游戏区——民族风情苑 ……………………………… 20

主题游戏区——阅读分享 ………………………………… 27

主题游戏区——三味书屋 ………………………………… 29

主题游戏区——我演、我秀、我最棒 …………………… 33

主题游戏区——跳蚤书市 ………………………………… 38

主题游戏区——阅读大家谈 …………………………… 42

趣味游戏区——木偶戏我最爱 ………………………… 46

第四节　幼儿园公共游戏区创设的拓展案例 ………… 51

特色游戏区——民族团结树 …………………………… 51

特色游戏区——民俗工艺坊 …………………………… 52

特色游戏区——快乐过新年 …………………………… 53

主题游戏区——纸箱变变变 …………………………… 54

过渡游戏区——绳索空间 ……………………………… 54

过渡游戏区——精彩阶梯 ……………………………… 55

过渡游戏区——文明驿站 ……………………………… 56

第三章　班级主题环境的创设 ………………………… 58

第一节　班级主题墙饰的创设理念 …………………… 58

一、班级主题墙饰的概念 ……………………………… 58

二、班级主题墙饰创设的意义 ………………………… 58

三、班级主题墙饰创设的特点 ………………………… 59

第二节　班级主题墙饰的创设思路 …………………… 60

一、班级主题墙饰的创设策略 ………………………… 60

二、班级主题墙饰的创设形式 ………………………… 61

第三节　班级主题墙饰创设的重点案例 ……………… 63

民族魅力——印象刘三姐（大班） …………………… 63

民族魅力——小胡同大生活（大班） ………………… 72

民族魅力——中国鼓（大班） ………………………… 78

兴趣拓展——上学倒计时（大班） …………………… 82

兴趣拓展——坐地铁（大班） ………………………… 88

兴趣拓展——可爱的我（小班） ……………………… 94

兴趣拓展——动物朋友乐园（小班） ………………… 100

挑战成长——蜕变（大班） …………………………… 105

情景体验——轱辘轱辘（小班） ……………………… 110

诗韵生活——《春晓》（中班） ……………………… 115

第四节　班级主题墙饰创设的拓展案例 ……………… 121

民族魅力——葡萄架下的美丽传说（大班） ·············· 121

民族魅力——竹楼情思（大班） ·············· 126

民族魅力——风情俄罗斯（大班） ·············· 131

民族魅力——香巴拉的小卓玛（大班） ·············· 135

民族魅力——朋友，撒拉姆（大班） ·············· 139

兴趣拓展——成长的味道（大班） ·············· 143

兴趣拓展——旋转世界（中班） ·············· 149

问题探究——启航（大班） ·············· 154

第四章　班级区角游戏环境的创设 ·············· 159

第一节　班级区角游戏环境的创设理念 ·············· 159

一、班级区角游戏环境的概念 ·············· 159

二、班级区角游戏环境创设的意义 ·············· 159

三、班级区角游戏环境创设的特点 ·············· 159

四、班级区角游戏环境创设需要注意的问题 ·············· 160

第二节　班级区角游戏环境的创设思路 ·············· 161

一、班级区角游戏环境的创设策略 ·············· 161

二、班级区角游戏环境的创设形式 ·············· 162

第三节　班级区角游戏环境创设的重点案例 ·············· 163

学学做做空间——趣味纸雕（大班） ·············· 164

学学做做空间——趣味编织（大班） ·············· 166

小问号大板块——猴子捞月（大班） ·············· 168

小问号大板块——争当制作小鼓手（大班） ·············· 169

小问号大板块——奇妙的色彩（中班） ·············· 171

挑战大本营——俄罗斯城堡（大班） ·············· 172

挑战大本营——滑动比赛（大班） ·············· 175

挑战大本营——泡泡是什么形状的（大班） ·············· 176

挑战大本营——小动物吃得香（小班） ·············· 178

趣味游戏打擂台——翻绳新玩法（中班） ·············· 180

趣味游戏打擂台——鞋子对对碰（小班） ·············· 182

小智星变变区——夹子变刺多有趣（小班） ·············· 185

小智星变变区——汽车运输忙（小班） ……………………… 186

快乐小书屋——我的名字大家认（大班） ……………………… 188

快乐小书屋——手偶故事我来讲（中班） ……………………… 190

快乐小书屋——《大狮子的许多许多辫子》（小班） …… 192

第四节　班级区角游戏环境创设的拓展案例 ……………… 194

学学做做空间——有趣的石头画（大班） ……………………… 194

学学做做空间——瓶子艺趣（中班） ……………………… 195

学学做做空间——九门小吃（中班） ……………………… 197

学学做做空间——风筝我会做（中班） ……………………… 199

小问号大板块——魔力气流（大班） ……………………… 201

小问号大板块——纸桥的力量有多大（大班） ……………… 202

挑战大本营——套娃大变身（大班） ……………………… 203

挑战大本营——坐地铁（大班） ……………………… 205

挑战大本营——拼拼乐（中班） ……………………… 206

趣味游戏打擂台——棋乐无穷（大班） ……………………… 207

趣味游戏打擂台——筷子游戏（中班） ……………………… 209

趣味游戏打擂台——水中动物多快乐（小班） …………… 210

小智星变变区——纸条变变（中班） ……………………… 211

小智星变变区——小棒棒大用途（中班） ……………………… 213

快乐小书屋——《小老虎的大屁股》（中班） ……………… 214

快乐小书屋——《扁扁嘴和尖尖嘴》（小班） ……………… 215

参考文献 ……………………………………………………… 217

第一章　幼儿园探究式环境的概述

第一节　幼儿园探究式环境的概念、意义和特点

瑞典著名的教育家爱伦·凯指出，环境对一个人的成长起着非常重要的作用，良好的环境是孩子形成正确思想和优秀人格的基础。良好的学习环境更是幼儿成长的黄金土壤，在当前不断提倡探究式学习的时代背景下，为幼儿创设探究式的环境，对培养幼儿良好的学习习惯、增强幼儿的学习能力、为其终身发展奠定良好的学习基础，具有重大的意义。

一、幼儿园探究式环境的概念

环境，《辞海》中解释为："一般指围绕人类生存和发展的各种外部条件和要素的总体。"[①] 在《幼儿园教育指导纲要（试行）》（以下简称《纲要》）中解释为："环境是重要的教育资源，应通过环境的创设和利用，有效地促进幼儿的发展。"本研究所指的环境主要是指促进在园幼儿健康、和谐发展的园所环境。

探究，《辞海》解释为："深入探讨；反复研究。"[②] 有教育人士称之为"发现学习"，即学生在学习情境中通过观察、发现问题、搜集数据、形成解释并进行交流检验的过程，并认为这是一种积极的学习过程。在科学探究中，一般确定探究的步骤为：①提出问题；②建立假设；③设计实验方案；④收集事实与证据；⑤检验假设；⑥交流。

本书借鉴科学探究的思想和理念，在多年的幼儿园环境创设的实践与思考的基础上，跟进时代发展，探寻幼儿园探究式环境的创设，这里主要指：由园所、教师、幼儿和家长共同参与的，为幼儿探究学习提供支持性的活动环境和探究氛围。其中，活动环境主要包括互动的墙饰环境和丰富

---

①　夏征农，陈至立. 辞海（第六版）（缩印本）. 上海：上海辞书出版社，2010：782.

②　夏征农，陈至立. 辞海（第六版）（缩印本）. 上海：上海辞书出版社，2010：1835.

的游戏材料；探究氛围主要指教师和家长为幼儿自主选择材料、主动参与探索活动提供的支持与引导。

二、幼儿园探究式环境创设的意义

（一）培养幼儿积极的学习态度

在亲自参与环境创设的过程中，幼儿可通过动脑筋想办法、动手参与操作、与同伴合作交流等，逐渐形成参与活动的积极心态，积极的心态会不断促使幼儿参与活动，从而培养一种积极的学习态度，为将来在漫长的求学生涯中持续、专注地投入学习奠定基础。

（二）促进幼儿学习和研究的主动性

陈鹤琴先生曾指出，通过儿童的思想和双手布置的环境，可以使他对环境中的事物加深认识，也更加爱护。在这里，陈先生不仅指出了环境创设对幼儿认识事物的意义，而且明确强调了幼儿在创设过程中对环境的一种责任感、一种在环境中的主人翁意识。因此，环境作为一个动态的活动过程，是师幼在共同讨论、一起研究选择材料、合作完成操作的过程中，以主人的身份主动参与，不断实现幼儿想法和意愿的过程。在这一过程中，幼儿通过自主设计、自主探究逐渐学会自主学习和自我管理。

（三）培养幼儿良好的学习思维

在探究式环境的创设过程中，幼儿在环境的影响和教师的引导下，不断发现问题、探究解决方法、体验活动收获，逐渐养成了良好的思维习惯，练就了积极的思维方式。如幼儿发现问题后，通过各种渠道收集信息、交流分享信息，在这一过程中，会不断地意识到收集信息的过程是自我学习的过程，交流分享的过程是相互学习的过程，共同参与讨论、完成操作的过程是集体学习的过程，从而拓展思路、开阔视野，逐渐学会在不同形式和不同领域的活动中有效地自主参与学习。

三、幼儿园探究式环境创设的特点

（一）主动参与

幼儿在环境创设中的参与探究是主动的参与，包括行为的主动参与和思维的主动参与。行为的主动参与主要指主动参与材料的收集、自主选择材料和选择同伴，甚至主动参与活动设计等；思维的主动参与主要表现在对活动感兴趣、专注和积极思考问题上。

（二）发现问题

在参与环境互动的过程中，幼儿会不断发现新的问题，引发新一轮的探索活动，研究更好玩的游戏、更有挑战性的游戏，从而不断提升游戏的水平，逐渐增强问题意识和解决问题的能力。

（三）探索互动

由环境引发的各种游戏活动不断体现出幼儿与材料的互动、与墙饰的互动、与同伴的互动、与教师的互动、与客人的互动等，在互动中促使探索学习活动更有意义。

（四）体现过程

探索发现是幼儿有效学习的过程，在这一过程中，幼儿经历了困惑、失败、冲突，学会了自主寻求解决问题的多种方式，并通过活动的效果来评价选取的方式是否适宜；幼儿经历了操作活动的成功、合作的乐趣、同伴的智慧，学会了独立做事、自我管理，其成长进步才具有意义。

（五）自主发展

幼儿在探究活动中积极参与，自己选择内容，专注于活动中，对教师、同伴的问题积极反应，主动表达自己的愿望和要求，遇到困难时会自己出主意，学着自己解决，等等，在这一过程中获得了自主发展。

第二节　幼儿园探究式环境创设的实践引领

一、幼儿园探究式环境创设的思路

（一）立足发展，创特色文化环境

在发展中传承，在传承中发展。首先，以立足园所的发展确定园所的发展特色。例如，我园在发展中确立了"民族团结、和谐发展"的办园理念，明确了"科学办园，人文治园，特色立园，科研兴园"的办园思路，在坚持走高质量、有特色的内涵发展之路中初步形成了独特的园所文化。

1. 确定园所的特色文化标志。

幼儿园标志（见彩插图 1）是园所办园理念和办园特色的集中体现。以我园为例，标志以两片深浅不同的绿色新叶为主形象，尖顶的形状是回族建筑特点的体现，大绿叶喻指成人，小绿叶喻指幼儿，象征着希望与成长，下面由幼儿园汉语名称及英文名称构成的形象指代大地，喻指大方家回民幼儿园是幼儿成长的优良土壤，托着新叶的形态象征着我园将以博大的爱来关心爱护幼儿。标志整体形态蓬勃向上，寓意快乐发展。

百花园是体现我园园所文化理念的图案（见彩插图 2），象征着幼儿园是多民族幼儿和教师成长的乐园，在这个乐园里每一名幼儿和每一位教师都像绽放的花朵，相互理解、相互接纳、相互包容、相互尊重，花园里百花齐放、团结和谐。

我园园所大门建筑上浮雕着新月和星星（见彩插图 4），门厅的天花板呈新月和星星造型（见彩插图 3），建筑上的新月和星星体现了回族建筑的特色，新月代表新生力量，星星代表光明，喻指园所的发展前景，象征着园所茁壮成长、欣欣向荣。

2. 立足发展需要，确定环境创设的依托载体。

我园以"民族文化资源的开发利用"为载体，以每学期的主题环境创设为途径，将民俗艺术、民间游戏、民族文化有机地融入园所公共游戏区、班级主题环境、班级区角游戏环境的创设之中，创新形式，重视师幼参与创设的过程，注重挖掘各民族文化的优秀资源，探索适合幼儿心智特点和学习特点的方式方法，将民族文化融入创设过程、融入幼儿游戏，如"快乐的民族，转转转""幸福的民族大家庭""木偶戏我最爱""民族团结树""民族风情苑""绳索空间"等环境创设中融入了时代气息、融合了多元民族文化，充分体现了传统与现代、民族性与世界性的整合与渗透的特色。

（二）立足师幼，创交流互动环境

立足师幼发展的需要，我园在环境创设中注重师幼之间、幼儿之间的交流，及时捕捉幼儿的热点话题、新发现，在公共游戏区、班级游戏区提供互动交流的平台，让幼儿有空间可展示、有机会可交流。幼儿可以坐在楼梯上互相讲述收集来的节日信息，在上、下楼时看着墙饰中自己创设的"交友好方法""升旗礼仪""户外运动好方法"等，师幼之间相互讨论，同伴之间相互商讨，在不断的交流中丰富环境，在环境中促进幼儿进一步学习。

（三）立足时代发展，创探究学习环境

立足幼儿求知欲望、喜欢探究的心智特点，从幼儿终身学习、发展的需要出发，我园重视给幼儿创设操作性强、真实有趣的探究环境，同时注重教师对幼儿的研究、对材料的研究。我们提出，在环境设计中，"少单纯作品展示，多出示操作材料"；在环境更换中，"少长期静止不变，多依据需要调整"；在与环境互动中，"少简单任务布置、多鼓励探索发现"；在创设引导中，"少教师直接给予，多引发幼儿思考"。例如，在创设木偶表演剧场中，给幼儿投放了服装架子、制作服装的材料和工具，在围绕主题创设的过程中，引发幼儿讨论竞选小演员、让木偶戏表演更精彩的方法、观众需要遵守的规则、化妆间和道具间的管理、道具的制作、宣传剧目海报的制作等方面的问题，幼儿自主讨论后运用绘画、图表、标志、柱形图、打擂图等方式记录探讨、制作的过程，充分体现了幼儿自主探究、自主学习的特点。

二、幼儿园探究式环境创设的引领策略

思路伴随出路，我园在开展园本教研活动中，注重思路的引领和实践中的研究与落实，我们把思路放在首位，通过多维度的研讨活动，在找准思路、理清思路、拓展思路中不断推进教研前行，不断将研究成果转化成日常实践，而在此过程中，环境创设一直是我园教育研究的重要组成部分。

（一）行政共研中引领方向

行政研讨，一是把握园本教研的方向，帮助梳理我园教育教学发展中的关键问题；二是群策群力，探索适合本园教师研讨的方式方法；三是相互启发，转变思维方式，提升教研思考与引领的专业水平。

学期初，针对主题环境创设的方案，班子成员进行研讨，首先，梳理上学期教师环境创设研究中存在的问题，找到干部在环境创设引领中的制约因素；然后，梳理创设的思路、引领方式和落实策略，使干部逐渐找到教育引领与管理的规律。由此，我园的环境创设在经历"构思—共研—调整"的过程中不断得到了完善。

学期中，班子成员每月定期召开一次教研例会为环境创设研究的进程把脉，力保研究不走弯路；召开不定期的例会解决教研进程中的难点问题，实现环境创设中的突破性进展。例如，在上学期开展"班级主题环境创设的实践研究"中，在教师基本理清了班级主题环境创设的思路后，班子成员及时抓住制约教师发展的瓶颈问题"如何使环境内容落实到幼儿一日各环节活动"展开讨论，精心策划了跟进的教研活动；以大一班的班级环境创设为例，现场集体进行剖析、梳理，寻找主题环境内容延伸到幼儿生活

的各个环节和幼儿教育五大领域的策略。

学期末，班子成员研讨，一方面是梳理本学期研究的成果，将创设成果以课件、创设方案、创设策略、创设思路等方式整理到环境创设资源库，供全园教师借鉴学习；另一方面是找到本学期环境创设中的优势与不足，为下学期环境创设提出可行性建议，同时也提升教师构思环境创设的能力，引领教师相互交流环境创设经验，整理成册。

（二）逐层研究中实施方案

我们从不同层面人员的研究和对专题的层层研究入手，自上到下、从整体到各环节理清教研的思路，重视方案的落实。

1. 人员的逐层研究。

业务干部通过行政教研从整体上把握教研的管理思路，教研组长与各年龄班班长形成研究团队，在明确教研思路的同时，引领教师针对研讨内容不断梳理经验；班长和班级成员构成研究小组，交流分析本班幼儿发展特点，从本班幼儿实际发展情况和需要出发确立主题环境内容，针对各区角环境的创设达成共识，在此基础上分工负责实施。

2. 内容的逐层研究。

在进行专题研究的初期，我们采取边研讨边演练的方式引领教师构思班级主题环境，教师逐渐学会了如何确定主题内容和构思主题脉络，掌握了构思的基本规律；随着教师经验的积累及对主题环境的进一步认识，我们进一步探讨"如何使主题环境内容落实到幼儿一日各环节活动"。通过案例剖析、对比分析等研讨活动，使班级主题环境创设走进幼儿的生活、游戏、学习；研究的不断推进使教师不再满足于幼儿与环境的互动，转而开始探索如何创新主题环境以有效地促进幼儿发展。在深入推进的研讨活动中，教师逐渐学会了抓住幼儿的成长点深入开展主题环境创设的研究。

在研究班级民族主题环境创设的过程中，最初思路是以一个民族为切入点开展活动，使主题内容更贴近幼儿生活，体现了幼儿参与环境创设的主动性，满足了幼儿主动合作、自主探索的学习欲望等。之后，教师又大胆尝试了从不同角度找到适宜于幼儿发展的切入点来创设主题环境，抓住不同民族最富有特色、体现民族核心价值的内容，并将它们与幼儿的生活、学习相融合。

然而，新一轮的实践已远远不能满足教师对民族主题环境创设的探索欲望，随着创设思路的不断拓展，教师学会了结合幼儿园民族教育活动的开展、本园幼儿的民族构成特点构思主题环境，学会了从多层面开展主题活动。例如，大班的"朋友，撒拉姆"，即结合我园跨省市民族园所拉手活动而构思的幼儿自主参与的系列活动，增进了幼儿间的友谊，促进了幼儿对不同民族之间差异的理解与包容等。

（三）多维研究中拓展思路

我们注重立足真实研讨，每次教研活动都使教师在自然状态下进行研讨。基于这个思考，我们针对教师研究中存在的不同问题，采取教师接纳的方式方法开展研讨。

1. 外援参与式研讨，开阔了公共游戏区创设的视野。

在每学期的公共游戏区环境创设中，我们邀请文化策划专业人士参与环境创设的策划，他们的参与从文化和艺术的层面给了干部、教师更宽广的视野，从而使环境在适合幼儿参与主动学习、交流互动的基础上，更具有艺术的魅力，提升了公共游戏区的教育价值和艺术价值。近年来，我们创设了"民族风情苑""三味书屋""纸箱变变变"等公共游戏区，幼儿在游戏区不仅在参与中获得了快乐发展，而且不断受到了艺术的熏陶。

2. 一对一式的个性化研讨，突出了班级环境创设的特色。

在每次班级环境创设中，干部和每个班级的教师进行一对一的研讨，通过分析班级教师的特长、该班幼儿的兴趣和发展，和教师共同研究环境创设的内容、创设的思路以及环境材料的呈现方式等，从而使班级互动环境适合该班幼儿的发展特点，突出班级特色，实现了班班有特色、区区有亮点。

3. 瓶颈问题式研讨，突破了教师创设中的固定思维模式。

我们在开展班级民族主题环境创设的研究中，最初以一个少数民族的衣、食、住、行为切入点开展环境创设，形式的单一化使教师突破不了原有的思维模式，难有创新。针对这一问题我们组织教师研讨，以跨省民族拉手活动为切入点开展民族同伴交友的主题，引导教师跳出仅从单一民族思考创设形式的局限，由此教师构思了"朋友，撒拉姆"的主题，通过与宁夏回民幼儿园开展拉手活动，与拉手园同时开展主题。研讨打开了教师的思路，教师学会了从多角度思考民族主题环境创设，例如，从民族乐器、玩具角度出发构思了"中国鼓""马头琴的故事""民俗游戏大集合"等主题环境。

4. 案例推进式研讨，实现了班级主题环境创设的跨越式发展。

为进一步提升班级主题环境创设的水平，在教研活动中我们积极尝试了典型案例推进研讨的方式，即以一个班的主题环境构思——调整——完善的交流指导过程作为典型案例，大家在对典型案例分析交流的现实场景中，相互探讨、达成共识，改进了班级主题环境创设的方式方法，以新的形式构思、创新了班级主题环境创设的思路——从网络图到表格式，从层级式布局到领域式布局，把主题内容布局到适宜的各教育环节（教育活动、区域活动、生活环节、家园联系、户外活动等），从而开阔了教师的主题环境创设思路，提升了教师对创设实践的认识。

（四）跟踪细节，提升质量

教研的根本目的是促进幼儿发展。为保证研究成果在幼儿的活动中见到实效，我们注重教研后的落实跟踪，从细节入手关注幼儿的活动，关注班级工作的调整，关注教师的教育行为，帮助教师从幼儿的表现中反思自身的教育行为，转变教育观念。

1. 走进班级，发现细节问题。

每次研讨活动后，各年龄班负责人及时走进班级，帮助教师发现环境创设、区角材料投放中存在的问题，根据研讨中大家提出的建议细化调整策略，抓住调整的点，给"鱼"的同时授予教师"渔"，以点带面，使教师在完善细节的同时达到对面的把握。比如，在调整美工区材料时，直接给教师建议投放的材料，同时对投放的材料进行分析、研讨，使教师进一步认识到如何根据近期的教育目标和本班幼儿的发展情况分层、逐层投放材料，并大胆尝试实施。

2. 走近幼儿，着眼活动细节。

本着一切从幼儿出发的原则，观察分析幼儿是教师参与研讨活动的前提条件，也是业务干部进班指导的前提条件。因此，在参加研讨活动前，针对研讨的内容，教师要对本班幼儿进行有针对性的观察分析，在充分了解本班幼儿活动状况的基础上提出对研讨内容的理解、看法；同时，业务干部进班，要关注幼儿活动的细节，从细节中发现问题，从细节的调整中梳理有效的方式方法。比如，在本学期研究区角材料的投放时，通过观察分析幼儿在区角的活动状态，引导教师调整区角材料，梳理区角活动的指导方式、评价策略。

3. 走近教师，分析行为细节。

在开展"区角材料的投放与指导策略的研究"中，走进教师教育活动的现场，观察教师在区角活动中指导行为的细节，如活动中教师对幼儿的提示、评价区域活动时教师的站位和肢体语言、教师对幼儿提出的问题、幼儿对问题的反应等，以此分析教师对幼儿活动的指导与评价是否适时适宜、是否有效地提升了幼儿经验，探讨教师如何在幼儿活动中进行有效的指导。

总之，不断地学习、实践、研讨和反思使我们深刻地认识到，对幼儿园环境创设的研究是不断发现问题、解决问题的过程，基于这个思考，我们将继续本着对幼儿发展负责的态度、深入实践研究的态度，探究学习，大胆实践，不断提升研究的层次，提升幼儿园环境创设的质量。

第二章　幼儿园公共游戏区的创设

第一节　幼儿园公共游戏区的创设理念

一、幼儿园公共游戏区的概念

公共游戏区指公众共同享用的所属区域，包括空间的有效利用以及区域内硬件设施设备、材料和软件资源的共享。在幼儿园，公共游戏区主要指本着一切为幼儿服务的理念，根据幼儿的兴趣、心智特点和发展需求，科学、合理地利用幼儿园的现有空间，为全园幼儿创设的各种不同的游戏区。公共游戏区的创设注重结合本园实际，充分挖掘、合理利用现有空间；面向的群体是全园幼儿，不受班级、年龄、性别、民族、文化背景的限制；着重公共资源的共享；体现幼儿在游戏区中的互动交流、合作学习、自主探究。

我园多年来对幼儿公共游戏区的创设进行了深入的实践探索，涉及的范围包括门厅、楼梯、专用教室及楼道等，在创设中认真分析研究了每个公共区域的空间特点、适合幼儿年龄及兴趣的操作材料、幼儿园的办园特色等。

二、幼儿园公共游戏区创设的意义

公共游戏区的创设，旨在为不同年龄幼儿提供操作平台，在不同时段为幼儿提供自由交流互动的机会，以较好地实现园所公共游戏活动资源的充分利用，有效地满足不同年龄幼儿自主发展的需要，在自主共商活动内容、共用活动材料、共享活动空间、共同建构学习经验中为幼儿的发展提供有效的保障。

1. 在开放共享的环境中，能开阔幼儿的视野，有效地增强幼儿思维的灵活性，提高幼儿的认知水平。

2. 在宽松、自由的交往中，能充分发挥幼儿的个性优势，使幼儿的个性得到张扬、兴趣得以较好地扩展。

3. 在欣赏表达的环境中，可使幼儿受到艺术的熏陶，不断提高艺术感知与表现能力。

4. 在"大带小"的活动过程中，可让幼儿体验同伴共同游戏的快乐，不断提升责任意识和与同伴合作的能力。

5. 在互动交流的环境中，可鼓励幼儿在他人面前大胆、清楚地表达自己想法，培养语言沟通能力。

三、幼儿园公共游戏区创设的特点

（一）立体互动

指体现不同年龄幼儿之间的互动、幼儿与公共活动材料的互动、幼儿与全园教师的互动。在游戏区里，幼儿能够和其他班级幼儿一起游戏、和其他班级的教师探讨问题、和同伴共同操作材料，在互动中成长。

（二）大小同乐

指打破楼层、年龄班界限，幼儿可以自由结伴开展游戏，参加活动。例如，幼儿可去各楼层邀请弟弟妹妹或哥哥姐姐参观书市、制作并品尝小吃、观看表演、分享阅读等，共同享受结伴活动的乐趣。

（三）资源共享

指全园幼儿都可以分享公共游戏区的资源，自由选择区域游戏、操作材料等，进行师幼互动交流，体现了幼儿自主参与游戏区的共建；教师、幼儿可从不同渠道搜集图书、玩具材料与其他幼儿共享，体现了全体教师及幼儿在参与中的智慧分享，也体现了师幼在游戏区中的主人翁精神。

（四）接纳开放

游戏区接纳不同文化背景的幼儿参与游戏区活动，体现了对不同文化的尊重和理解。游戏区对内、对外开放，对内全员参与，幼儿、教师、家长共同参与创设公共区域；对外主动接待同行姐妹园所前来交流探讨，接受专家现场指导，提升了公共游戏区域创设的价值。

12

第二节　幼儿园公共游戏区的创设思路

一、幼儿园公共游戏区的创设策略

每个幼儿园建筑风格不同，现有的公共活动空间各具特色、各有优势。在创设公共活动区域时，应依据幼儿的兴趣、年龄特点和发展需要，在分析空间的位置、结构、大小及可操作性等因素的基础上，结合办园特点、发展目标及工作重心，通过综合分析、论证，科学、合理地挖掘每一块可利用的公共空间创设游戏环境，从而做到处处有教育、时时促发展。如结合园所教育特色的特色游戏区、可瞬间停留的过渡游戏区、根据幼儿发展需要创设的主题游戏区、依据幼儿兴趣创设的趣味游戏区等。

二、幼儿园公共游戏区的创设形式

（一）特色游戏区

主要指充分利用园所比较明显的公共空间，结合办园特色创设具有园所教育特色的游戏区。作为拥有 13 个民族幼儿的民族园所，我园充分利用园所专门的活动室，挖掘民族文化资源，给幼儿创设感知多元文化的环境。门厅是教师、幼儿每天来园的必经之地，门厅两侧有完整的两面墙，根据这一特点，结合我园民族教育特色，在门厅一侧创设了幼儿喜欢玩的转经筒环境（嵌入墙中）——"快乐的民族，转转转"（见彩插图5），在门厅另一侧创设了民族分布图——"幸福的民族大家庭"（见彩插图6）。

我们还充分利用我园地下多功能教室，挖掘在园幼儿所属的各民族的优秀文化资源，创设了"民族风情苑"民族艺术活动环境（见彩插图12），不断提升幼儿欣赏不同民族文化的能力。

（二）过渡游戏区

楼梯是幼儿来园、离园、外出活动的必经之地，但群体上、下楼梯时不宜停留，根据这一特性我们利用楼梯台阶和拐角墙面给幼儿提供交流、学习的机会，如台阶壁上设置各民族娃娃及相应的民族名称，楼梯墙面设置幼儿日常关注的文明行

民族团结树

为规则、民族礼仪、友好交往等行为图示，楼梯转角处设置"民族团结树"展示我园不同民族幼儿的活动风采，幼儿可在上、下楼的短暂瞬间，交流他们关注的趣事、欣赏其他幼儿的精彩表现。

（三）主题游戏区

结合开展"书海任畅游，阅读促成长"早期阅读主题活动的时机，我园充分利用一层到三层的楼道空间长廊，在不同楼层创设关于阅读的活动区域。例如，一层设置以"悦读悦妙"为主的阅读分享环境；二层创设"三味书屋"环境（见彩插图17）；三层创设"我演、我秀、我最棒"环境（见彩插图26）。

（四）趣味游戏区

幼儿具体形象思维的特点使他们天生对动态、形象的木偶剧非常感兴趣，而且百看不厌，为此，我们在三层较宽敞、明亮的楼道长廊上为幼儿创设了具有民族风情的、可移动的木偶剧台，幼儿、家长、教师共同参与搜

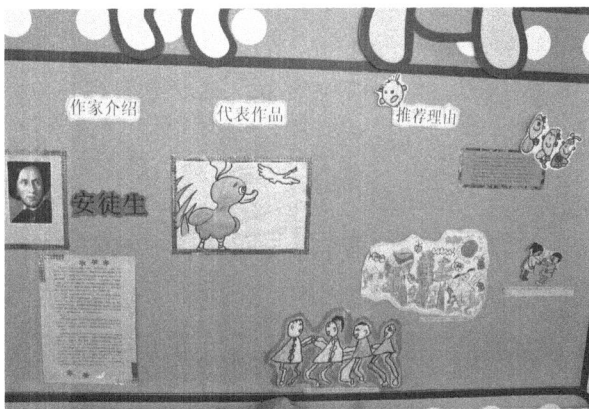

阅读分享

集、制作木偶剧表演道具（见彩插图13），以供幼儿表演、导演、编演、观演自己喜欢的木偶剧。

第三节　幼儿园公共游戏区创设的重点案例

该部分内容呈现了从空间运用的合理性、游戏区内容及形式设置的需要出发而创设的较为典型的环境的案例。每个重点案例均由案例说明、案例描述和案例反思构成，如结合幼儿园发展特色和在园各民族幼儿发展需要，合理利用空间创设的特色游戏区——"幸福的民族大家庭""快乐的民族，转转转""民族风情苑"；根据幼儿的阅读兴趣，结合阅读主题活动创设的主题游戏区——"阅读分享""三味书屋""我演、我秀、我最棒"；结合幼儿兴趣创设的趣味游戏区——"木偶戏我最爱"。

特色游戏区——幸福的民族大家庭

案例说明

　　门厅是进入教学楼的必经之地，方方正正，两侧有完整的墙面，其中一面墙布置了一块中国地图背景图，在这个背景图下，教师和幼儿共同创设了"我们的家乡（中国地图→民族分布图）""我们的民族最最最""我们的民族家谱"墙饰，给在园 13 个民族（目前）幼儿提供了了解自己民族和其他民族的空间，引发了幼儿对地图的兴趣，从而激发了幼儿对自己民族的深入探索。在这一过程中，幼儿把墙面地图变成了自己可理解、可操作、共同学习的民族分布图，不仅丰富了墙饰内容——"我们的民族最最最""我们的民族'家谱'"，而且加深了他们对其他民族文化的理解及对其他民族同伴的认同。

案例描述

我们的家乡（中国地图→民族分布图）

　　小凯撒（中班，回族）望着中国地图，对旁边的幼儿说："我妈妈说我老家在新疆，新疆在哪儿呢？"穆萨（大班，蒙古族）手指着地图上方说："好像在那上面吧，挺远的，可这地图有点看不懂。"豆豆（大班，汉族）说："要是把你的照片放在那个地方，我们就知道你的家乡在哪儿了。""对对，我是蒙古族，把我的照片放到内蒙古那儿，大家就知道我的家乡在那儿了嘛。"希希皱着眉头问道："内蒙古在哪儿？""在那儿？""不对！""应该在那边。"……一群幼儿指手画脚地争了起来，"我们去问问老师"，另一名幼儿解了围。

　　教师给幼儿找来一张地图，和幼儿一起从地图上寻找自己的家乡，接着在大班幼儿的倡议下，全园少数民族幼儿从家里带来自己漂亮的照片贴在门厅大地图上自己的家乡处，对其他民族的分布情况幼儿制作了民族娃粘贴在地图上，这样，中国地图变成了民族分布图，幼儿每天经过这里，都会津津乐道地给同伴讲着自己民族的趣事（见彩插图 27）。

我们的民族最最最

　　有一天，子平走过地图，说："我们回族的家乡在宁夏，但听爷爷说，北京、青海、甘肃、河南等好多好多地方都有我们回族人。"王老师正好走到这里，回应道："是啊，回族是中国分布最广的少数民族，你们谁知道人数最多的少数民族是哪一个？人数最少的少数民族是哪一个？""一定是我们汉族人数最多。"浩楠抢先回答道，王老师问："汉族人数最多，但是，汉族是少数民族吗？"幼儿疑惑了，宋老师说："我们回家和爸爸妈妈一起查查看，汉族是不是少数民族？为什么？还有哪些少数民族有最特别的地方，比如，历史最长的少数民族是哪个民族？"

第二天，第三天……幼儿找到了很多少数民族之最：人口最多的少数民族——壮族；人口最少的少数民族——珞巴族；历史最长的少数民族——苗族；迁徙最频

幼儿在探寻中了解少数民族之最

繁的少数民族——瑶族……为了让全园幼儿了解这一信息，幼儿建议把找到的"民族之最"设置在地图周围，以便让大家都知道。自此，民族分布图在幼儿的探索中不断丰富起来。

我们的民族"家谱"

随着幼儿关注自己民族的趣事越来越多，出现了新问题：怎么让大家都知道你的趣事呢？聪明的穆萨想出了一个好主意："把我们的趣事做成一本书放在这儿，大家可以看。"可欣说："我们怎么知道这书是你做的？是哪个民族的？"司棋说："把照片放在前面，自我介绍一下，然后再说好听的故事。"……

三天后，在爸爸的帮助下，穆萨从家里带来了自我介绍彩页，放在了地图下方。小班、中班的幼儿异常好奇，走到这里就翻翻看看，穆萨一时间成了幼儿园的"名人"，一周后，地图下方挂满了回族、汉族、朝鲜族、苗族、维吾尔族等各民族幼儿的自我介绍，而且还在不断地增加。

一天早上，几个幼儿又围在地图前看各个民族小朋友的介绍。一向不爱说话的妞妞给小班一名小朋友讲道："我是朝鲜族的，我们的冷面可好吃了，我们还有特别漂亮的七彩衣呢。""姐姐，什么是七彩衣？能看看吗？""就是我们女孩儿穿的裙子，袖子上有七种颜色的彩条，就是这个样子。"妞妞指着图片给小妹妹看。来园的幼儿越来越多，看的幼儿也多起来。这时，有个幼儿挤到地图前，问："我想找我们班的阿山，在哪儿呢？"子腾

说："太多了，不好找。"晗博说："把一个民族的放在一起，订起来，我们就能知道他是哪个民族的，就能找到。"早饭后，晗博和班上其他小朋友一起把小朋友的自我介绍按民族分了分类，在教师的协助下，全园每个民族的幼儿有了自己的"家谱"，在这里可以找到"自己家"的伙伴（见彩插图28），有大班的、中班的、小班的，有的"民族家庭"的小伙伴还手拉手到班里、到不同部门老师的办公室里自豪地介绍他们的家庭成员。

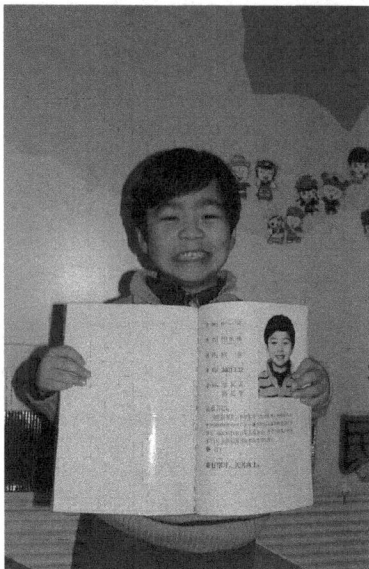

幼儿介绍自己的民族"家谱"

"家谱"的成功制作、展现使幼儿对自己民族的喜爱达到了高潮，"家谱"里的家庭成员经常手拉手向同伴、老师介绍自己，洋溢着和谐与快乐，尤其是在与客人的交流中更促进了各民族小伙伴之间的融合。

案例反思

大厅一侧的墙面及空间虽然不大，但地图的巧妙设置引起了幼儿的兴趣，幼儿每天从这里经过，他们也想把自己关注的事彰显出来，来自不同民族的趣闻逸事成为他们好奇的焦点，在好奇心的驱使下，幼儿在探寻"我们的家乡"的过程中把中国地图变成了民族分布图。

在搜寻"我们的民族之最"的过程中，教师及时捕捉到促进幼儿发现学习的契机，在与幼儿的对话中把问题抛给幼儿，引发幼儿进一步地探索学习——多渠道搜集"民族之最"，"民族之最"的展示给了幼儿更多可学习的信息。

在"我们的民族'家谱'"环境创设中，教师隐性地暗示引发了一个幼儿的行动——自我介绍，个别幼儿精彩的介绍引发了其他幼儿乃至全园幼儿的一起参与。在这一过程中，教师发挥隐性的支持作用，引导个别幼儿作为影响的桥梁，引发其他幼儿共同参与探索家谱的制作，完成了一本本各民族的"家谱"，"家谱"的一步步制作过程再现了幼儿主动解决问题的过程，提升了幼儿的讨论问题、解决问题的能力，从而达到了以点带面的探索学习效果，同时，在这一过程中，教师注重引导幼儿充分利用完成的

"家谱"与其他人交流，使幼儿对本民族的热爱与自豪感得到了进一步的延展。

专家点评

　　教师利用一层教学楼的大厅，创设了以少数民族文化为基调的墙面环境，营造了浓浓的园所文化氛围，使师生一进楼门就融入了不同民族的风土人情之中。可拨动的转经筒不仅强化了园所的民族特点，而且迎合了幼儿喜欢摸摸、动动的游戏心理。幼儿在随意的拨拨、转转中，就能发现不同少数民族的不同服饰、不同生活习惯，更加巧妙的是，教师用中国地图支持幼儿表达对自己民族的认识，使幼儿具体地感知到中国是个多民族的国家。在幼儿表现自己民族所在的区域时，教师让幼儿自己决定表达分布的方法，使环境真正起到了支持幼儿想法、做法的积极作用。特别值得一提的是，教师抓住幼儿"汉族是不是少数民族"的问题，引导幼儿自己去探索民族之最，幼儿的探索过程突出地体现了"环境即课程"的《纲要》精神，同时也体现了教师在此研究中很好地把握了为幼儿提供宽松的探索氛围的指导技能。在"怎样展现自己'家谱'"的活动中，教师能利用环境支持幼儿自己发现问题、鼓励幼儿自己尝试解决问题，由此在环境上呈现出了从幼儿分别介绍本民族的展示到增加悬挂"家谱"（分类制作图书）的变化，这样的动态环境是当前所倡导的，是值得同行借鉴的。

　　公共游戏区的游戏性主要体现在"民族风情园"，幼儿在那里可以尽情模仿自己了解和喜欢的民族文化生活，幼儿在那里欣赏民族艺术、学习民族艺术、应用民族艺术，使"教育与艺术并存"的环境特点以游戏的方式呈现出来。公共游戏区的整体活动离不开家长的支持，教师充分利用在园的 13 个民族幼儿的资源，发挥家长的作用。从所取得的效果不难看出，推进了充分利用周围环境的《纲要》精神的落实，同时也让我们看到家园共育的新理念已内化为教师的教育技能。

原北京市东城区教师研修中心学前教研室教研员　俞昌珈

特色游戏区——快乐的民族，转转转

案例说明

　　在我园教学楼一层大厅的南侧，是最具民族特色的民族转经筒，它最奇特的地方在于每一个转经筒都分为上、中、下三层，每层都是可以独立转动的，上面有幼儿、家长和教师共同收集的幼儿最想了解的7个少数民族的节日、服饰、美食、建筑、歌舞、游戏等信息，在丰富幼儿经验的同时增添了游戏的情趣，幼儿可以一边欣赏一边转动转经筒，找到上、中、下相对应的部分进行纵向讲述。其教育价值在于摒弃了传统的知识传授的教育观念，从幼儿的学习特点和发展

好玩的民族转经筒

特点出发，在操作游戏中渗透民族知识和理念，从多角度、多侧面丰富了幼儿关于民族的知识。

案例描述

转经筒上的秘密

大厅南侧的转经筒，是因为幼儿偶然迸发的一次创意火花而产生的。

南侧墙面以展示教师和幼儿的民族手工艺作品为主，幼儿在欣赏之余，对靠墙摆放的一排能转动的六边形筒产生了浓厚的兴趣，经常能听到他们的议论："这是什么呀？还能转呢！""哎呀，每一层都能转。"王鹤说："我想把我和穆德的照片放在上面，我们俩是好朋友，又都是回族，我们俩可以玩捉迷藏。"一句话提醒了幼儿，妞妞说："为什么只放回族小朋友的照片？幼儿园还有很多其他民族的小朋友呢！"幼儿纷纷点头，我抓住这一契机及时引导："这么好玩的转经筒上到底放什么呢？

转动经筒寻找自己所属的民族

大家有没有好的想法？"豆豆想了想说："我们可以让少数民族的小朋友把自己民族最有特色的东西带来放在转经筒上面。"心豪面露难色："我们也不知道谁是少数民族小朋友呀？"哲哲眼前一亮："我们像老师一样在宣传栏里贴通知吧！""好主意！"于是，大家行动起来，回班制作了一幅征集海报，贴在大厅的宣传栏中，为了让大家明白，豆豆、诺诺等几个好朋友还做起了小小宣传员，给各班的幼儿讲解，希望得到大家的支持。

大厅的特色转经筒就这样在幼儿的关注中、在师幼共同的参与策划中、

在精心的收集和筹备中顺利出台了。在 7 个转经筒上，分别有 7 个幼儿最喜欢的少数民族的节日、服饰、美食、建筑、歌舞、游戏等。每天，幼儿都会利用游戏和过渡环节时间来到转经筒前边游戏边欣赏，在不停地转动中丰富民族特色文化经验、在不停地转动中增进与各民族小朋友的交流和情感、在不停地转动中感受公共游戏区创设带来的精彩。

幼儿向园长介绍转经筒的玩法

精彩对对碰

自从开设转筒游戏后，大厅的转经筒区域每天都能吸引很多幼儿观看、游戏，幼儿之间还会就不懂的问题提问、探讨，这里成为最热闹的公共游戏区。

一天，我发现王马在转经筒前久久不愿离开，还用手臂抱住上、中、下三个转经筒不让其他小朋友转动，嘴里还念念有词。我轻轻地走过去，没有打扰他，只是在后面观察。只见他抱住的是朝鲜族的转经筒，中间写着"朝鲜族"文字，上面和它相对应的是朝鲜族的荡秋千游戏，下面是朝鲜族特有的能转动的象帽，王马边用手扶着转经筒边和旁边小朋友很得意地说："看见了吗？这样对着才能把转筒上的图片看清楚，你们总是转转转的，能看清楚什么呀？"人群中没有异议，看来同伴们都很认同王马的玩法，有的幼儿甚至学着他的方法开始寻找自己感兴趣的民族图片了。这种纵向操作的创意玩法开辟了一条自主学习的新思路，更易于幼儿对比观察、发现探究，也有益于幼儿自主学习的梳理和经验的提升。

案例反思

"快乐的民族，转转转"是我园民族特色公共游戏区，非常具有代表性和可操作性，是民族知识与游戏密切融合的活动区。

在本游戏区的创设过程中，由幼儿的好奇心引发思考，由幼儿的创意引发对民族教育契机的把握，由幼儿的游戏引发对学习经验的把握，特别是在幼儿产生新的游戏玩法时，同伴的鼓励和方法的验证成为比较好的学习支持，在游戏中，幼儿通过不断地摸索，逐渐丰富了经验，使转经筒游戏发挥了应有的教育性、游戏性、互动性，满足了幼儿自主学习的愿望。

特色游戏区——民族风情苑

案例说明

我园作为一所民族幼儿园，在园少数民族幼儿人数约占全园幼儿总数的 40%，包括回族、满族、蒙古族、朝鲜族、藏族、维吾尔族等 12 个少数民族。在多元民族文化的背景下，为保障各民族幼儿接受本民族文化、了解其他民族文化的权利和需求，我园充分利用地下多功能教室，不断挖掘、利用民族教育资源为幼儿创设真实的互动环境和文化氛围，其中以朝鲜族"鼓乐秋千"、傣族"傣家竹楼"、回族"回乡清真斋"、维吾尔族"葡萄架下的秘密"、蒙古族"浓情蒙古包"、藏族"心心相连，团结友好"构成的"民族风情苑"等民族互动环境为主，系列活动的开展让"民族风情苑"成了幼儿喜欢的民族乐园，更成了真实情景下的游戏乐园，不断满足了幼儿对多民族优秀文化感知、体验的需求。

案例描述

鼓乐秋千

这几天，幼儿对朝鲜族的长鼓产生了兴趣，宁宁说："这个鼓和别的鼓不一样啊，两头鼓，中间细。"文文说："我打过堂鼓和大鼓，和它都不一样。"悦悦说："和新疆的铃鼓也不一样。"听到幼儿的议论，教师说："这是朝鲜族的长鼓，它的形状和其他鼓不一样，你听听，它的声音也不一样。"宁宁说："真好听！我们做个长鼓把它放到表演区，小朋友一定喜欢。"之后，幼儿从家里带来了方便面桶、小水桶制作长鼓的身体，按照两头大、中间细的方法做成了大小不同、材料不同的长鼓。文文问："我们怎么让喜欢长鼓的小朋友来玩呢？"妞妞说："把做的鼓展览在一个架子上就好了。"在教师的帮助下，幼儿找来架子，把他们制作的长鼓、铃鼓、手鼓等都展示出来。

乐乐取下墙上的帽子，戴在头上问："这帽子上的飘带是干什么用的呢？"韩金泽（朝鲜族）得意地说："这是我们朝鲜族男子戴的象帽，跳舞时甩动象帽，飘带就会转起来。"幼儿纷纷取下象帽戴在头上，有的幼儿头向右转动，有的幼儿头向左转动，还有的幼儿一边走一边转着头，后面的飘带也随着头的转动转了起来。教师引导幼儿互相看看，哪种方法能让飘带转得更好看呢？宁宁说："我们把转的方法画下来，小朋友都试一试，还会想出更好的方法。"乐乐说："对呀！我们可以做成书，把好的方法贴在书上。"然然说："朝鲜族的金达莱花真漂亮，我们可以把书做成花的形状。"幼儿把纸剪成花的形状做成一本书，书名叫作《跳象帽舞的好方法》。跳象帽舞的幼儿多了，墙上的象帽不够了，子涵说："我们来做象帽吧！"可是象帽怎么做呀？幼儿仔细观察着象帽，子涵说："它的帽顶是圆的，像扣着的碗。"恒恒说："帽顶中间有根小棍，彩带就是靠它转动的。"琪琪说："我们用一次性纸碗做象帽，送给其他小朋友吧。"幼儿找来大小不同的纸碗，有的幼儿给纸碗装饰上漂亮的金达莱花，还有的幼儿把纸碗做的帽顶涂上七彩颜色，就像朝鲜

悠荡朝鲜族的秋千

族的七彩衣上的颜色，最后再在帽顶插上长长的彩带。幼儿把做好的象帽挂在墙饰的挂钩上，方便跳舞的幼儿随时取下来跳象帽舞。幼儿还把制作象帽的过程画下来，做成了一本《象帽的制作方法》的图书，放置在墙饰上的金达莱花中。这样，其他小朋友看着金达莱的图书，也可以学习制作象帽了。

秋千是小朋友最喜欢的，可是幼儿发现，民族风情园里的秋千和游乐场的秋千有些不一样，绳上还有很多漂亮的花，韩金泽说："荡秋千是我们朝鲜族最喜欢的运动，这种花叫金达莱。"看到幼儿都争着要坐上去，感受一下朝鲜族的秋千，教师问："谁知道为什么朝鲜族喜欢荡秋千呢？"几天后，韩金泽把和爸爸、妈妈收集的《秋千的故事》讲小朋友听，原来朝鲜族的秋千里还有一段美丽的传说呢！琪琪说："我们应该把它画下来，让其他小朋友也知道秋千的故事。"回到班里，幼儿把《秋千的故事》画了下来，还商定了荡秋千的好方法，做成了金达莱花形状的图书，布置在民族园的墙饰中，让更多的小朋友分享。

伴随着朝鲜族歌曲《道拉基》，幼儿有的坐在秋千上，随着音乐荡起来；有的取下长鼓挂在腰间敲出"咚咚"的鼓点；有的戴上象帽，欢快地跳起舞来。在这里，幼儿感受着朝鲜族的民族风情。

傣家竹楼

常扩走进傣家竹楼，看到用竹子搭建的房子，问："为什么这座房子是用竹子做的呢?"教师说："傣族人除了喜欢用竹子搭建竹楼外，还喜欢用竹子做很多东西，你们可以去找一找、问一问傣族人还喜欢用竹子做什么。"几天后，幼儿收集了很多傣族的竹制物品，有竹子做的筶箩、提篮、背篓等。浩浩说：

幼儿收集的竹制生活用品

"有一天我们吃了傣族的竹筒饭。"子玉说："竹筒怎么能做饭呢?"浩浩说："就是把米放在竹筒里，吃的时候米饭就会有竹子的香味!"子玉说："你来说我来画，咱们把制作竹筒饭的过程画成一本书吧。小朋友学会了，让爸爸妈妈做一做，一定很香!"

一天，然然拿来一张在云南跳竹竿舞的照片，他说："我和妈妈去云南玩，傣族人还教我们跳竹竿舞呢!"可欣说："我跳过皮筋，竹竿怎么跳呀?"第二天，然然带来了跳竹竿的录像，在教师的帮助下找来了竹竿，四个幼儿拿着竹竿蹲下敲击竹竿，几名幼儿听着节奏，学着傣家人用竹竿跳起了竹竿舞。可欣喜欢画画，她把小朋友跳竹竿的动作画了下来，做成了精美的图书——《竹竿舞》。幼儿在跳竹竿舞的过程中练习了节奏，锻炼了身体的灵活性，也提高了合作意识。

慢慢地，我们还收集了傣族的风景、傣族的服饰、傣族的美食等，都做成图书，悬挂在竹楼里。幼儿在这里对傣族有了更多的了解。

回乡清真斋

我园是回民幼儿园，回族小朋友很多，为了让更多幼儿了解回族的美食和礼仪，我们创设了"回乡清真斋"。走进"回乡清真斋"，凯撒（回族）给客人端来了一碗茶，客人问："茶里面都有什么呀?"凯撒指着墙上的大茶碗说："这是我们回族待客的盖碗茶，有大枣、菊花、枸杞、冰糖，非常好喝的。"盖碗茶是回族招待客人的礼仪之一，回族小朋友和家长收集了盖碗茶的冲泡方法，在老师的帮助下制作了大的盖碗茶，把冲茶的方法和用的材料以图片的形式呈现在环境中，既满足了幼儿游戏的需要，也让幼儿了解了回族的待客礼仪。

"好大的一串羊肉串!"幼儿被墙上的"羊肉串"吸引住了。凯撒说:"这是我们回族人爱吃的羊肉串,用最好的羊肉串起来,放在炭火上烤,撒上调料,又香又嫩的羊肉串就烤好了,你们快来尝一尝吧!"听到凯撒的吆喝,幼儿都被吸引住了。看到幼儿这么喜欢美食,教师问:"回族还有哪些

回民的清真餐厅

美食?"很快,幼儿找到了答案,他们有的和爸爸妈妈查资料,回族小朋友还和家长收集了制作松肉、卷果、馓子方法。有的幼儿提议开个"小吃一条街"吧。教师追问:"怎么开呢?"凯撒和豆豆说:"我们烤羊肉串!"琪琪说:"我来做涮羊肉吧!"幼儿分工后开始准备制作的材料。子平的妈妈用大纸杯和方便面盒做了一个涮羊肉的火锅,欣欣的家长用纸盒和泡沫块做成了烤炉……几天后,"小吃一条街"开张了。在"回乡清真斋"里,幼儿架起炭火,串起羊肉串,制作和品味着回族的美味(见彩插图10)。

葡萄架下的秘密

在这个游戏区,葡萄架上"结"出了一串一串大大小小的绿的、紫的葡萄,幼儿仿佛走进了新疆的吐鲁番,都想伸手摘一串尝一尝。钶茹摘下一串葡萄说:"这是我用小药丸做成的。"可欣也摘下一串说:"我这串是用皱纹纸搓成的。"幼儿在葡萄架下一边唱着《尝葡萄》的歌曲一边分享着用不同材料制作葡萄的经验(见彩插图11)。

几天后,幼儿在葡萄架下又发现了新的葡萄,彤彤摘下一串葡萄,发现原来在每串葡萄里面都有一个关于维吾尔族阿凡提的小故事,彤彤说:"我这本是《聪明的阿凡提》。"嘉怡说:"我这本是《钱袋与钻石戒指》。"看到自己熟悉的画面,彤彤说:"我还看过阿凡提的动画片。他可聪明了,谁都难不倒他。"随着幼儿对阿凡提的日益喜爱,他们收集了很多有关维吾尔族和阿凡提的资料、图片、实物。教师问:"你们最喜欢阿凡提什么?"幼儿你一言我一语,有的说:"我喜欢阿凡提的小毛驴。"有的说:"我喜欢阿凡提弹着琴坐在毛驴上一路走一路唱。"还有的说:"我最喜欢他与巴依老爷比智慧,每次都是阿凡提赢。"幼儿越说越有兴趣,教师提议:"我们

来表演阿凡提的故事吧！"幼儿在教师的指导下进行分工，有准备服装的，用纱巾缠成了阿凡提头上的帽子；有做道具的，制作了维吾尔族小花帽和热瓦普琴；还有分角色来表演阿凡提和巴依老爷的，表演得非常生动。

幼儿越来越喜欢葡萄架了，教师和幼儿一起把维吾尔族的小花帽、热瓦普和铃鼓挂在葡萄架下，把收集来的维吾尔族资料和图片做成葡萄形状的图书，让更多的幼儿去发现葡萄架下的小秘密。随着对维吾尔族的日益了解，幼儿在这里听着《尝葡萄》的音乐，欣赏着阿凡提的故事，分享着阿凡提的智慧。

浓情蒙古包

听完蒙古族故事《苏和的家》以后，幼儿很好奇：苏和的家是什么样的？和我们的家有什么不同呢？带着疑问，教师和幼儿来到蒙古包做客。圆圆的屋顶，周围全部是用布围成的房子，阔阔问："老师，这是房子吗？谁住在里面呀？"教师说："这就是蒙古族人的房子，蒙古包。"轩轩说："房子里怎么没有人呢？"教师说："如果谁对蒙古族了解得多，谁就可以做蒙古包的小主人。"第二天，蒙古包里传来了悠扬的马头琴声，幼儿听到这个声音很好奇，这和以前听到的音乐不太一样。有的幼儿说是小提琴，有的幼儿说是二胡，听着幼儿的议论，教师带幼儿走进蒙古包，原来是于健（蒙古族）手里拿着一

尝试演奏马头琴

件乐器在演奏，幼儿问："为什么琴身上有马头呀！"于健说："这就是我们蒙古族的马头琴，它还有一个好听的故事呢！"幼儿听完马头琴的故事后，都说苏和勇敢，夸赞白马和苏和之间的友谊。有的幼儿提议把这个故事画下来，做成图书讲给其他幼儿听，还有的幼儿提议制作马头琴。在教师的指导下，有的幼儿画马头，有的幼儿做琴身，一把马头琴就做好了。教师说："今天谁是蒙古包的小主人呢？"幼儿都一致推荐于健做蒙古包的小主人。在以后的几天里，幼儿和家长们收集了许多有关蒙古族的资料，都想成为蒙古包的小主人。媛媛用奶茶和哈达招待客人；豆豆带来了蒙古族

故事《草原英雄小姐妹》；佳怡给小朋友带来了好看的蒙古族服饰；穆萨（蒙古族）和爸爸用竹竿、马头做成了游戏材料，和小朋友一起玩"赛马"游戏、"叼羊"游戏……蒙古包一下子热闹起来，每天蒙古包的小主人都在向小朋友和客人展示蒙古族的不同风情。幼儿在悠扬的马头琴声中自娱自

用浓香的奶茶招待客人

乐，喝着香甜的奶茶，欣赏着优美的民族舞蹈和游戏，仿佛来到了辽阔的草原上，和骏马一起奔腾。

心心相连，团结友好

今天有客人来参观，悦悦给客人送上了用彩纸剪成的心形、用漂亮的丝带穿的花环，客人非常高兴。这些花环就像藏族同胞送哈达一样，送给其他民族的同伴、送给客人，传递着友谊，传递着祝福，传递着和平。

幼儿总是在转经筒前用手转一转，子平问："老师，为什么藏族要转转经筒呀？"教师说："他们在祈祷幸福。"教师又问："你们想转出什么呢？"子平说："我想把祝福转出来送给大家。"晨晨说："我想把健康转出来送给大家。"教师说："你们可以把要表达的祝福画下来放在转经筒上，小朋友转动时祝福就能送给他。"

几天后，转经筒上贴满了小朋友们要送的祝福。有的幼儿收集了藏族的文化名人和友好使者，希望把友好的祝福送给大家，也让小朋友知道怎样表达友好。当有客人来时或向亲人表达祝福时，幼儿就用彩纸剪成心形，做成心愿

转经筒上载满了幼儿美好的心愿和祝福

卡或祝福卡表达自己美好的心愿和交友的愿望，这样，别人也会同样祝福

你、和你交往。可欣说:"我喜欢这个转经筒,转出靓衣给你穿。"宁宁指着另一个转经筒说:"我要转出礼物送给你。"幼儿转着转经筒,转出了欢歌、转出了健康、转出了美丽服饰、转出了幸福和希望。各民族幼儿在这里团结友爱在一起,心心相连。

案例反思

"民族风情苑"中的每个民族以主要建筑或背景作为载体,幼儿在收集各民族资料的过程中不断丰富了环境,同时这个过程又是幼儿主动学习、合作学习和相互学习的过程,促进了幼儿学习能力的发展。主要体现在:

1. 真实的游戏环境。在朝鲜族的"鼓乐秋千"中,幼儿喜欢在秋千上游荡,尽赏朝鲜族的风情,尤其对象帽和象帽上五彩飘带充满好奇,在探究中学会了甩象帽;在回族的"回乡清真斋"中,幼儿就清真美食操作材料的筛选争论不休,在争论中他们学会了利用走访回族聚居区"牛街"、采访回族教师、查阅图书等多种渠道解决问题。

2. 互动的游戏环境。环境中的一图一物都再现了幼儿活动的累累硕果,"不同材质做的大葡萄""葡萄书""晾晒葡萄干的故事",说起参与的游戏,幼儿滔滔不绝。

3. 体验探索的活动空间。幼儿对民族特有的文化颇有兴趣,还不断玩出新花样,了解了蒙古草原上的"赛马"游戏、"叼羊"游戏,自己也编出了好玩的"赛马"游戏、"叼羊"游戏;在傣家竹楼,幼儿阅读了《跳竹竿游戏》《竹筒饭的制作》等图书,学会了做竹筒饭,玩起了跳竹竿游戏。

4. 开放接纳的交往空间。全园幼儿在这里活动,相互体验到了不同年龄、不同班级、不同民族在一起共同游戏的乐趣,合作意识和责任意识都得到了提高。就像藏族里的"心心相连,团结友好"一样,不同民族的同伴在一起,相互传递着友谊,传递着理解和接纳。

专家点评

教师用"民族风情苑"这种开放式活动区,让幼儿感知朝鲜族、傣族、回族、维吾尔族、蒙古族、藏族等少数民族在饮食、住房、乐器、游戏、礼仪等方面的特点,欣赏各民族的不同之处,这对于从小帮助幼儿建立多元文化意识、尊重文化差异非常有意义;同时,教师很巧妙地、适时适度地利用少数民族家长资源,有效地弥补了教师对于各民族特点、知识的不足,这样做既可引导家长参与幼儿园的教学过程,又使幼儿得到了锻炼和提高。

教师引导幼儿将绘画、手工活动等艺术领域范畴的活动与认知活动自然融合，使幼儿在获得知识的同时，又锻炼了艺术表达表现能力，也让幼儿感到"我画的画"是有用的，对幼儿自主性的发展大有裨益。

北京教育科学研究院早期教育研究所副研究员　徐　明

主题游戏区——阅读分享

案例说明

阅读活动被称为"终身学习的基础，基础教育的灵魂"。为了给幼儿创设一个宽松、愉快的阅读环境，结合早期阅读研究活动的开展，我们利用三层楼道的空间在全园开展了"快乐阅读伴我行"主题活动，并创设了配套的阅读环境：一层创设了以"阅读分享"为主的分享环境，引导幼儿走进童话世界；二层创设了"三味书屋"交流环境，让幼儿感受书的历史和文化，激发幼儿主动学习的愿望；三层创设了"我演、我秀、我最棒"表演环境，给幼儿提供了表演和展示自己的空间。在一层"阅读分享"游戏区创设中，以"好书推荐""阅读妙方"为主进行了创设，通过"家园的收集""好书推荐""阅读妙方"等活动，进一步满足了幼儿对阅读的渴望，扩展了幼儿的阅读面，使家园同步为幼儿营造了良好的阅读氛围。

案例描述

阅读好书

在一层走廊南侧的墙壁上布置有一列长长的火车，可爱的小动物从"飞奔"的火车车窗中探出头来，好像在招呼大家："和我们一起去童话世界旅行吧！"这里将阅读与游戏情景巧妙融合，在车厢上面是以班级为单位收集的《一千零一夜》《安徒生童话》《格林童话》等经典童话故事，呈现形式精彩纷呈，幼儿以自己对故事的理解和喜爱，用"作家介绍""代表作品""推荐理由""经验迁移"等小专栏向更多的小朋友做介绍。为了吸引更多的小朋友参与到阅读活动中，各班幼儿将收集的资料进行分类，并在每周的"阅读阅友"评选中，评

向大家推荐著名童话作家及其作品

出精彩图书和阅读好友，在快乐阅读的同时增进了与同伴的交流，幼儿越来越喜欢读书了。

自从"悦读好书"公共游戏区创设之后，幼儿在阅读大氛围的影响下，培养了良好的阅读习惯，提升了阅读兴趣，开阔了视野，拓展了阅读经验。

阅读妙方

一层楼道的趣味列车是幼儿游戏的乐园，经常有三三两两的幼儿在游戏时间将小椅子按列车行进的方向排整齐，玩开火车的游戏。幼儿自发地将游戏活动融入了坐火车的游戏情境之中，享受身临其境的感觉。一天，乐乐将自己心爱的图书《木偶奇遇记》带上了车，并告诉小伙伴："今天，我给你们讲匹诺曹的故事吧！这是我最喜欢的故事。"于是，乐乐津津有味地讲起来，他的故事吸引了不少在楼道中游戏的幼儿，大家陆续走过来倾听，来得晚的幼儿没有听到开头，议论纷纷；听到开头的幼儿因为小朋友越来越多、声音越来越大而不满。渐渐地，大家不再对"故事小火车"感兴趣了，而选择其他的方式去阅读了。怎样充分利用小火车的资源开展阅读活动，丰富幼儿的阅读经验呢？教师和幼儿进行了深入的探讨，从现象入手，鼓励幼儿充分发表自己的见解，指出小朋友在阅读时需要调整的习惯，如边听边议论、边听边插话、使劲挤到前面影响了多数小朋友听故事等。由此，教师及时引导："我们有

阅读的好方法

什么好方法告诉大家读书时要有好习惯呢？"于是，幼儿拿起了画笔，将他们认为的阅读好习惯和好方法画下来与同伴共勉，使幼儿在阅读的同时逐步养成了良好的阅读常规和习惯。

案例反思

本系列以动物列车为背景的墙饰，将幼儿喜爱的游戏情境自然地融入环境之中。幼儿将自己的收集、游戏中的发现、探讨的过程和有效的方法随时呈现在车厢内，与大家分享交流，增强了与环境的互动，而且为全园幼儿提供了学习阅读、丰富阅读经验、开拓阅读视野的空间。由此引发的探究活动更是辐射到了班级环境的各个角落，实现了整体阅读环境的无障碍、无界限。

在参与活动的过程中，幼儿提升了自信心，获得了愉悦的阅读体验，

教师的引导使有趣的活动得以延伸，并提高了活动本身的社会价值、激励价值和操作价值。

主题游戏区——三味书屋

案例说明

在全园开展的"快乐阅读伴我行"主题活动及配套阅读环境创设中，我们充分利用二层较宽的楼道给幼儿创设了一个"三味书屋"交流互动游戏区。游戏区分设三个活动区域——书香阁、书友苑、书艺社，分别给幼儿提供了学习了解图书的演变历程、以书会友、制作图书的活动空间。

案例描述

书香阁

公共游戏区又开放了，这一天，曹硕伦走进书香阁后突然兴奋地叫起来："快来看呀，这里有个 iPad，我在家里都玩过，就是这样的。"他的喊声吸引了好几个幼儿围了过来，佳佳有了新发现："你们看，还有布书。"另一个幼儿抢过话说："好像是绸缎做的。""我好像看见过门卫的老爷爷用毛笔在这上面写字。"王老师走过来笑着说："对，这就是我们门卫的张爷爷做的，这在古代叫绢书。""为什么在古代用绢书啊？"幼儿皱起了眉头。王老师启发道："是啊，为什么古代要用绢书呢？会不会还有其他奇怪的书呢？"几天后，书香阁又热闹起来，幼儿纷纷展示并介绍道："我爸爸是做考古的，你们看，

书香阁里图书的演变史

这是我爸爸收集的，这是骨头做的书，就是把文字刻在骨头上。""这是我和妈妈参观博物馆时收集的，见过吗？这是竹子做的书。"……听着幼儿自豪地介绍自己收集的各种各样的书，恒老师问道："小朋友收集了这么多奇特的书，可你们知道最早的书是什么样子的呢？现在的书是怎么来的呢？"第二天，晨晨一大早就找到恒老师说："我找到答案了，最早的书是甲骨

文，后来人们发明了纸，就有了印刷书，再后来人们发明了电脑，就有了电子书。"有的幼儿争论道："不对，人们发明纸之前，还用布书。电视里皇帝的诏书就是写在布上的。"文文建议道："我们可以按时间来给人们用的书排排队。"幼儿找来纸和笔，有的设计，有的画。很快，在书香阁的柱子上便有了"图书的演变史"，还用箭头表示图书一步步的演变过程。随着对图书的兴趣日益浓厚、收集的图书越来越多，在大家的建议下，幼儿对图书进行了分类。在对图书进行分类的过程中，幼儿争论得很厉害，有的说："书有用不同材料做的，应该按材料分。"有的说："书有给大人看的，有给小朋友看的，应该按

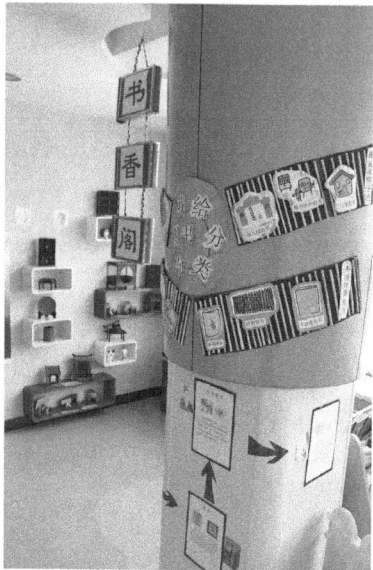

书香阁里幼儿对图书的分类

人分。"幼儿在争论的过程中不断涌现出新的想法，在教师的鼓励下，他们将不同的图书分类方法记录下来，并张贴在"图书分类"柱子上。

书友苑

在书友苑里，幼儿经常会将自己喜欢的图书放在书柜里，在相互分享中和老师、和同伴、和园长交上了好朋友。这一天，子滕兴高采烈地向蔡园长介绍他新买的书，他的介绍还吸引了不少同伴来听。在交流中，幼儿好奇地问蔡园长："你小时候也看这些书吗？"蔡园长笑着说："我们小时候没有这么好的书，也没有太多的书供我们选择，但我很喜欢看《西游记》。"还没等蔡园长说完，幼儿兴奋地叫起来："我们都看过《西游记》动画片。""我家里还有好几本图画书呢，看过好多遍了，我明天就带来给大家看。""蔡老师，那你喜欢《西游记》里的谁呀？""我喜欢孙悟空，那金箍棒真够厉害的！"交流书中的人物使他们有了很多话题……阅读的爱好使幼儿和园长、和其他班的幼儿成了书友（见彩插图16）。

随着书友苑里图书的增加，书友也增多了。争抢书友苑里的沙发成了问题，大家共同商讨，提议推选由书友苑的社长来管理书友苑。有的说："社长要把我们带来的书做上标记，让大家知道谁带的是什么书。"有的说："带书的小朋友要向大家介绍。"但谁来当社长呢？幼儿商量可以通过竞选

社长的方式来解决。那怎么竞选呢？幼儿展开了讨论，刘牧然说："谁带的书好看、有意思就可以当。"赵甫文说："社长还要为大家服务，整理图书，介绍新书、好书。"幼儿很快用绘画的方式确定了社长的要求，并确定了社长每周工作计划，放在明显的地方便于提醒社长。有了社长的管理和配套的周计划，书友苑里经常因一本共同喜欢的书、一本新书结为好友，而且来来往往很有秩序，书友苑很快成了幼儿看书交友的乐园。

书艺社

书艺社是幼儿"出版"图书的地方。为制作一本和他人不一样的图书，幼儿收集了各种制作图书的材料，有废旧纸盒、布、台历、塑料板、各种纸类等，教师帮助提供了各种制作图书用的工具——胶带、胶条、胶棒、剪刀、订书器、彩笔、打孔器等，幼儿还给不同的材料做上了标记。但制作图书并不那么容易，瞧，他们发现问题了！付冠轩说："书应该有书皮。"李逸宸说："我听妈妈说那是封面，上面要写上书的名字和作者的名字。"付冠轩说："那我做的图书可以写我的名字吗？"李逸宸说："应该可以吧！"听着幼儿的讨论，教师引导："你们看的图书里最重要的是什么？"

制作图书的工具箱

刘子玉说："有好多页。"唐佳蔚说："是讲一个故事。"赵甫文说："是告诉人怎么做事情。"教师说："这是书的内容，最后还要有封底，这才是一本完整的书。"

幼儿了解了书的结构后，就开始制作图书。经过讨论，他们发现要先找简单的故事，把故事分成几个画面，画在几页纸上，然后再把自己最喜欢的画面作为封面，这样就做成了图书。但做好的书放在书友苑的书架上，很少有小朋友愿意看。刘子玉说："我们做的书不吸引人。"赵甫文说："我们可以把书做成各种形状的，就能吸引大家啦。"佳佳说："你们做的书没页码，我们看不明白。"在读者的提议下，有了开始做的经验以后，幼儿又开始尝试第二轮制作图书，这一次，书艺社"出版"了一批大家喜欢的图

32

书——有树叶形状的，有立体的，还有折叠式的。为了让其他小朋友更快知道制作图书的方法，幼儿还把制作图书的过程、工具的使用方法、设计图书的形状等展示在书艺社门口。随着做书经验的不断丰富，做的书越来越多，有幼儿就提议："我们做了这么多不同形状的图书，需要让大家尽快知道。""我在北京图书大厦买书时，经常见到有新书发布会。""我们也可以开新书发布会，在发布会上还可以打折。""这样好多小朋友就喜欢经常来我们这儿了。"在大家你一言、我一语的提议下，书艺社的门口开始经常聚集一群幼儿查看新书、购买新书。

书艺社的新书发布会专栏

幼儿还学会了把发生在身边的趣事做成图书，与同伴分享，甚至还热情地与来园客人分享制作的图书（见彩插图 15）。由于对动物很有兴趣，大班幼儿还发起制作了十二生肖的经典故事图书——《公鸡和狐狸》《老鼠嫁女》《小马过河》《丑小鸭》等，并在教师的帮助下，把一本本图书挂在书友苑和书艺社门前变成故事帘，他们特别喜欢向客人介绍他们自制的图书这一重大"发明"。不断推进的制作活动不仅锻炼了幼儿的动手能力，提高了幼儿对艺术表现形式的理解和表达能力，也为幼儿提供了很好的表现自我、拓展和促进学习的空间。

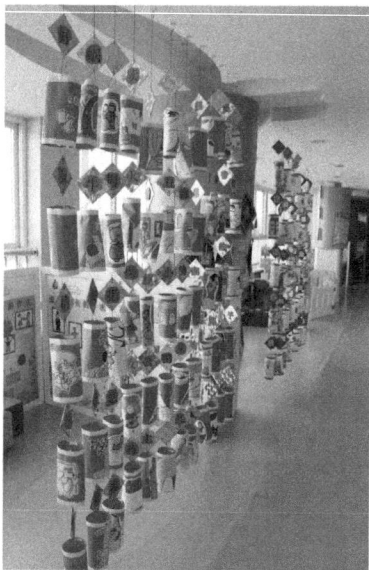

师幼共同制作的故事帘

案例反思

"三味书屋"作为阅读主题活动"快乐阅读伴我行"创设的系列阅读游戏环境的重要部分，设置在二层，方便了一层和三层幼儿的来往。幼儿的探索范围从没有见过的古书到现代经常玩的电子书均涵盖，好奇心促使他们对书的发展历程进行了探索发现，收集来的各种图书引发了幼儿对不同书的探究，他们学会了对书进行分类、进行管理；更为热闹的是在书友苑和书艺社，幼儿由阅读产生了各种爱好，自发结了很多书友，由学习制作图书到出版图书，学会了小组合作、共同研究创新图书的形式和内容，智慧的汇集和双手的合作使幼儿在快乐的"忙碌"中发展了、成长了。

专家点评

　　教师以主题的方式为幼儿创设阅读游戏区，大大拓展了幼儿听、说、读的空间，供幼儿阅读的图书不仅能同时出现不同种类供幼儿选择，立体故事吊挂的新颖阅读方式还会使幼儿对阅读产生更大的兴趣。教师将每层楼道设计成主题的分支，使"阅读分享""三味书屋""我演、我秀、我最棒"环境创设及材料提供更有目的性，顺应了在区域游戏中物化教育目标的《纲要》指引。在公共环境中的分享设计可以为不同班级的幼儿提供足够的时间和空间，其中的"作家介绍""代表作品""推荐理由""书友苑"为幼儿在阅读中探索要解答的问题或在探索中学会阅读提供了环境支持。环境引领幼儿探索阅读，必然会让幼儿在体验成功乐趣的同时转化为对阅读的兴趣。

　　由于阅读是以主题的形式出现，主题之间的相互联系必定对教师理解并实践整合五大领域知识、调动幼儿参与活动的主动性大有裨益。

原北京市东城区教师研修中心学前教研室教研员　俞昌珈

主题游戏区——我演、我秀、我最棒

案例说明

　　在"快乐阅读伴我行"阅读主题活动的不断推进中，大班幼儿对故事表演产生了浓厚的兴趣，在幼儿积累了较为丰富的阅读经验的基础上，在教师和幼儿的共同努力下，我们在三层楼道自主创设了公共游戏区"我演、我秀、我最棒"，同时幼儿将班级中的区域延伸到了楼道，自主创设了售票处、表演区、服装道具间、化妆间，在不断的调整和完善中拓展了学习及展示自己的空间，更好地满足了大班幼儿探究创造的愿望。

案例描述

剧场售票处

小剧场开业以来，幼儿的热情非常高涨，每天拿着小木偶快乐地练习着。但是渐渐地，小剧场越来越冷清了，有时小演员们会拿着道具无所事事，有时他们会相互埋怨："咱们练了半天，都没有观众来看，真没意思！"没有观众让幼儿不知所措，我及时鼓励他们："别着急，想一想，电影院、剧院是用什么方法吸引观众的？"子滕说："和爸爸妈妈去看《喜羊羊和灰太狼》的木偶剧时，看到外面有好多吸引人的喜羊羊和灰太狼剧照。"于是，大家商量对策，想出了做海报的好主意。豆豆说："我以前和妈妈去看演出，都是拿票进场的。""对对，门口还有专门工作人员查票呢！"一句话提醒了幼儿："我们也设一个售票厅吧，这样就不用到各班去宣传了！"幼儿进一步自主探究丰富剧场的兴趣被点燃了。

"我们可以先试试这个方法，也算我一个！""欢迎欢迎，老师和我们一起建售票厅，我们就更有信心了。"这次我以一名参与者的身份融入游戏区的创设之中，听从幼儿的安排，更能亲身感受幼儿的想法，更能通过问题式的引导拓展幼儿自主探究的空间。

经过大家的推选，豆豆成了这次活动的领导者。我们从小吃街借来了一个售货亭当售票处，发动全班幼儿收集并带来琳琅满目的演出票，丰富经验，寻找共同点，并在美工区设计出了演绎小剧场的演出海报和门票（见彩插图25）。幼儿还想出了用颜色区分座位的方法，票的颜色与座位的颜色一致，这样方便弟弟妹妹找位子。接下来问题又来了，送票员将门票送到各班后，小剧场的观众还是寥寥无几。"这是为什么呢？"幼儿你看看我、我看看你，相对无语。多多说："我每天在开演之前到各班吆喝吆喝？"诺诺说："你每天都楼上楼下地跑，不累呀？"我不失时机地启发幼儿："王马他们的小吃街为什么那么多人呢？让他给我们介绍介绍经验。"王马很得意地说："因为我们在搞促销活动，你们知道什么是促销吗？"他把促销的牌子展示给大家，还解释道："促销就是给小朋友优惠，我们促销的方法是买够10元送立体贴画，买够5元送小贴画……"

妞妞反应极快："我们也可以搞一个买票优惠活动，谁买票看表演就送小礼物。"这个方法得到大家的一致认同，豆豆马上给我们做了分工，我和诺诺、多多负责重新设计门票；妞妞、子滕和杨鑫负责设计优惠活动的内容，豆豆、阳阳和安昕负责设计宣传板，琪琪和润润自告奋勇地去各班做宣传，幼儿积极地行动起来了。不久，一个全新的售票处展示在了我们面前，并添加了"今日明星秀"专栏，里面展示了幼儿公认的优秀小演员照片；"售票优惠"专栏，里面呈现了幼儿提出的优惠措施、优惠人群、优惠方式，旁边的"哈尼卡娃娃"面带微笑，好像在说："快来买票吧，我们的表演很精彩呦！"

渐渐地，来看表演的幼儿多了起来，开始在售票厅排起了长长的队伍。小演员们忙得不亦乐乎，多多兴奋地说："太好了，这么多小朋友来看表演，我这儿的票都不够了。"来看表演的王马给他出主意："你可以分场卖票呀！"多多的眉眼笑开了花："真是好主意！"小演员们看到这么多观众来看节目，都非常用心地表演。随着幼儿的不断发现、不断提问、不断探究，演绎小剧场成了幼儿展示自我、彰显艺术表演魅力的天堂。

胡子风波

小剧场设定之初，我和幼儿根据图书区创设的故事排行榜，确定演绎小剧场要表演的第一个故事为阿凡提的故事——《买树荫》，经过竞选，由杨鑫扮演阿凡提、安昕扮演巴依老爷、豆豆扮演巴娜娜、子腾扮演阿凡提的朋友、诺诺来当旁白。开始装扮时，幼儿的热情高涨，穿上自制的服装、戴上道具喜不自胜，只有杨鑫在一旁沉默不语，我悄悄地在豆豆耳边问："杨鑫怎么了？"豆豆赶忙走过去拍了他一下："杨鑫，你怎么了？不是穿上长袍了吗？"杨鑫忽然做了一个捋胡子的动作："看看，缺什么？"小演员们都叫起来："阿凡提怎么没有胡子呀？没有胡子就不像阿凡提了！"大家急忙来到道具间寻找阿凡提的胡子，但没有找到。在失望之余，诺诺提议道："要不咱们做一个胡子吧！"几个人兴高采烈地在材料箱中搜寻着，不一会儿，找出了不少黑色的海绵纸、棕色的环保袋、黑色的卡纸，可是在哪儿做呢？诺诺环顾四周，提议道："咱们就在道具间分出一张桌子来当制作间，好不好？"豆豆赞同道："好，以后再做了什么道具，就可以直接放在道具间了。"

随着游戏的需要，一个新的小区域由幼儿自主生成了。有了材料、有了区域，可是怎么做呢？几个幼儿有些犯难了，安昕想了想说："我们来画吧！"她拿起纸就画了一个七扭八歪的胡子，大家都大笑起来，"这是什么呀？这哪里像胡子呀？"豆豆说："我们先看看阿凡提的胡子是什么样的吧！"她很快从二层书市的借阅室借来一本阿凡提的故事书，找到了阿凡提的胡子那一页，原来是两头翘尖尖的，子腾蛮自信地说："这还不好画！"

他拿起笔又画了一个。“这不好看，不对称。”“不就是对称吗，我来！”杨鑫、子腾和诺诺都想要试一试，杨鑫用对折方法剪了一个胡子；子腾发现了墙上挂的纸尺，想了想，拿过尺子在纸上比来比去。

杨鑫看见了说：“还是我的方法快。”子腾反驳道：“测量的方法最准确，不信你等着瞧！”（见彩插图 24）接下来，两个幼儿拿着自己的作品得意地回到舞台上，但新的问题又出现了，胡子在嘴上贴不住，总是掉下来，胡子怎样才能固定在嘴上呢？安昕提议用丝带固定，像头饰一样戴在嘴上，但由于做胡子用的材料比较软，都贴在脸上，影响了阿凡提幽默、俏皮的形象，幼儿又开始研究在胡子的后面贴纸板或过塑，使胡子能立起来。十分钟后，一个漂亮的胡子做好了，杨鑫戴上胡子兴奋地跑到我面前做着各种阿凡提的动作。“你们太棒了，自己解决了这么多困难，老师为你们骄傲！”幼儿通过自己的探究，提升了自主解决问题的能力，同时丰富了制作经验。

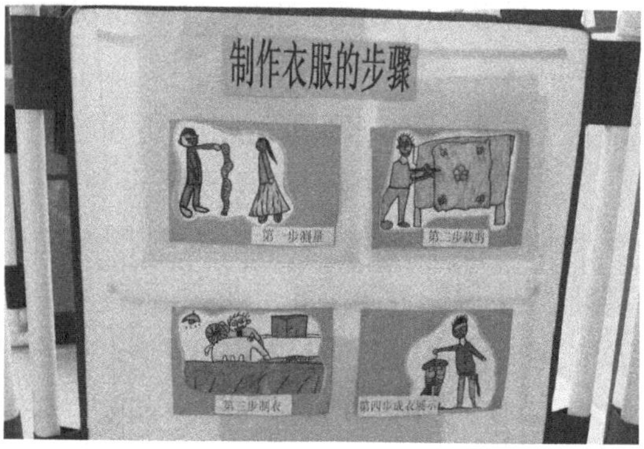

幼儿探索出来的制作衣服的步骤

幼儿在不断的探索中，将区域划分得更为细致、全面、合理，演绎小剧场有效地支持了幼儿的自主学习和自主探究，很好地满足了幼儿的发展需求。

我的剧场我做主

当幼儿决定在楼道开设表演区时，高兴的心情溢于言表，那几天，幼儿讨论的话题总是围绕着表演区演什么节目、由谁来演等问题，讨论很热烈，有的幼儿已经急着带表演的道具和服装了。但是有一天，一个幼儿经过三楼表演区时不经意的一句话，引发了幼儿的热烈讨论。

那天，中班的美美上楼找她的好朋友，看到哥哥姐姐正在将带来的道具放到楼道的窗台上，摆得很凌乱。美美皱皱眉头说：“你们这是要表演吗？表演应该在剧场里，你们这是什么剧场呀！”被中班小朋友质疑，大班幼儿感觉很没面子，穆德急着辩解道：“我们的剧场还没开呢，等开了你再来看表演吧！”美美噘噘嘴走了。看着美美走远了，穆德赶紧召集在楼道里的几名幼儿："快想想办法吧，咱们的剧场叫什么名字？什么时候开呀？"哲哲转转眼珠："我喜欢奥特曼，就叫奥特曼剧场吧！"他的建议立刻遭到了几个女孩子的反对："我们不同意，多难听呀！"看双方争执不下，穆德大声说："你们别吵了，咱们让大家评评理去！"在活动区评价时，穆德将遇到的难题向大家说明，本想寻求帮助，没想到更大的难题出现了。

除了"奥特曼"以外，大家又想出了如"阳光""月亮""美丽""开心""快乐""民族""手拉手""好朋友"等不下二三十种名字。在大家正在为自己的创意兴奋不已时，穆德却急得直跺脚："这么多名字到底用哪个好呀？"佳佳不慌不忙地说："我妈妈店里的员工都竞聘上岗，就是选好的上班，我们也评选小朋友最喜欢的名字吧！"（见彩插图 23）许妍说："好呀，我们每个人把自己喜欢的剧场名字写下来。"我提醒道："刚才这个问题是谁提出来的呀？""是中班的美美。""是不是应该告诉她哥哥姐姐的想法呢？"姐姐赶紧说："我们可以请中班弟弟妹妹和我们一起来给剧场起名字呀！"于是，几个沟通能力强的幼儿主动承担了去请中班弟弟妹妹的任务。

经过商议，幼儿自己分成了两人带一名中班幼儿的"三人组合"，中班弟弟妹妹参与起名字、涂色装饰；大班哥哥姐姐负责排版、装饰，大家分工很明确，所以非常有成效。最后，经过"大带小"共同投票，决定将"演绎小剧场"作为木偶戏表演剧场的名字。在"大带小"活动中，幼儿共同学习、共同成长，从多个侧面提升了解决问题的能力。

案例反思

本案例是幼儿在公共活动区中发现问题后自主学习、自主探究取得成功的例子。成功之处在于：

1. 自主创设活动区。活动区的设置随幼儿的需要而定，幼儿能根据游戏的需要进行有效的调整，满足了幼儿自己动手操作、探究的意愿。

2. 自主探究制作方法。游戏中，幼儿能探究有效的方法、寻找适宜的材料尝试动手操作，充分体现了幼儿自主学习、自主探究的愿望。探究中，幼儿能清楚地表达自己的观点和想法，幼儿之间有交流、有争论，有强烈的探究式学习的氛围。

3. 自主解决问题。当出现新的问题时，幼儿没有放弃，反而更激发了他们想迫切解决问题的热情，他们多次寻找材料和方法进行调整、改进，最终获得了成功。

在此过程中，小演员们在不断地发现问题中探究、合作、交流、共享经验，这些都充分说明公共活动区具有教育性、多功能性，为幼儿拓展了更为广阔的思考、探究、学习的空间，增进了幼儿之间的互动交流，在表演的同时也不断丰富和提升了幼儿的相关经验，使幼儿充分体验了探究、创作与表演相融合的乐趣，使游戏真正成为幼儿的合作伙伴。

专家点评

研究表明，高质量的早期阅读活动应当超出文本阅读本身，成为围绕阅读材料开展的系列综合活动。以"我演、我秀、我最棒"为主题的这个公共游戏区，为幼儿创设了一系列以图画书阅读为基础的真实、有趣的活动环境，这些活动是以表演游戏为载体、以解决表演前遇到的各个问题为主线的。其中，售票处、表演区、服装道具间、化妆间等环境的创设使剧场的环境更加逼真，"设计票面"和"优惠促销"等演出节目的宣传活动，"衣物制作"等动手制作活动，"分配角色""剧场起名"等讨论协商活动，均成为表演游戏活动的有机组成部分。

熟悉的环境主题以及因表演的需要而自发展开的剧场布置和制作、讨论等活动，不仅激发了幼儿参与活动的主动性和积极性，而且还有利于调动幼儿已有的学习经验（图画书的内容、表演的经验）和生活经验（有关去剧场看戏的经验），更有利于幼儿运用已有的学习经验（测量、制作、合作、讨论等的经验）解决实际问题（如何使表演更加成功），促进能力的发展。此外，这些活动还使幼儿有可能将与图画书故事表演有关的多领域的知识和经验进行建构、整合。

教师除了主导环境主题的设置与环境总体布置之外，还以伙伴的身份参与到其他活动之中，通过倾听、建议和鼓励等方式隐性指导幼儿积极与环境进行互动、主动与同伴（包括与年龄小的同伴）进行的合作，符合《纲要》提出的"通过环境的创设和利用，有效地促进幼儿的发展"的要求。

中华女子学院儿童发展与教育学院副院长　余珍有

主题游戏区——跳蚤书市

案例说明

随着阅读主题活动的开展，幼儿的阅读兴趣不断增强，阅读会友的能力也在提升。但随着幼儿带到幼儿园的图书日益增多，制作的图书也逐渐增多，由此引发的问题也不断涌现："这是我刚从家里带来的机器猫的书，放在哪个区合适呢?""我们制作的奇形怪状的图书放在哪里能吸引小朋友呢?""图书走错了家怎么办?"……问题促使幼儿有了更多的思考:"我最喜欢《海尔兄弟》这本书,我想把它介绍给其他小朋友。"幼儿有了更多的设想,在争论中,决定开一个跳蚤书市,把所有图书分类,按类别创设一个个小书屋,在家长的参与下,每个小书屋都有了一个有趣的名字——"足智多谋聪明多""七彩乐园奥妙多""动物王国秘密多""奇形怪状见识多""人间百态趣事多"(见彩插图19)。小书屋的创设方便了所有幼儿都能够很快地找到想要看的书、交到更多的书友、互相学习,更重要的是,小书屋的创设给了幼儿自主学习、自主探究的平台。

案例描述

小书市,大用场

精彩书市中的各种图书越来越丰富,这都是幼儿从不同渠道收集来的。图书多了,问题也就出现了,摆放凌乱。渐渐地,书市变得冷清了,浩浩跑来告诉我:"书市开不了,没有人来看了。""这是为什么呢?"问题的提出引发了幼儿的讨论,小亚经常光顾书市,说:"我知道,现在的图书摆放太乱了,我喜欢的书都找不着,所以,我不去书市了。"一句话提醒了大家,幼儿议论纷纷。"有什么办法可以解决这个问题呢?"阳阳转转眼珠,说:"书可以分类呀!一样的书放在一个架子上。"文文想了想说:"我觉得

向大家介绍不同类别图书的宣传栏

幼儿在阅读宣传栏

还可以按大书和小书来分。"轩轩提出了不同意见:"我家里有好多科学知识的书,妈妈和我一起把这些书都放在了一层,可整齐了!"这个提议得到了大家的一致认可,幼儿共同对图书进行分类摆放,并倡议小朋友和爸爸妈妈一起为书市起名字,经过多次筛选,最后,"足智多谋聪明多""七彩乐园奥妙多""动物王国秘密多""奇形怪状见识多""人间百态趣事多"成为小书屋的名称。幼儿将分类的过程用不同形式记录在书市的环境墙饰中,看着自己用这么多好方法解决了一个个问题,幼儿的心里美滋滋的,体验到了成功的快乐。现在,幼儿再到书市挑选图书时就能很容易找到自己想看的图书了。幼儿在书市中流连忘返,书市又恢复了以往的热闹,

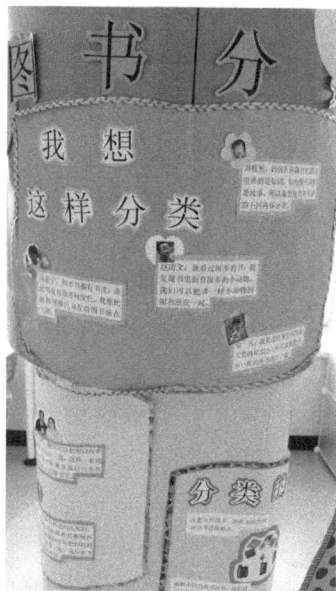

幼儿想出的给图书分类的方法

有结伴前来找共同喜欢的图书的,有遇到问题前来查阅图书的,还有为自己的图书做宣传的。

书签博览会

一枚看似不起眼的书签蕴涵着丰富的教育价值,书市中的书签博览会,为幼儿提供了更多想象和探究的空间。

一天,荣荣得意地招呼大家:"快来看我的新书……"话音未落,几个幼儿急忙跑过来:"什么好书?让我们也看看!"荣荣神秘地打开书。"哇,这是什么呀?是树叶吗?是书签吧!"只见荣荣将枫叶形状的书签高高举起来对着光:"这可不是普通的书签,它是透明的,看!都能透光!"我也凑过去,表现出很惊讶的样子:"光真的能从书签上透过来呀!你们还见过什么样的书签呢?有什么特别的地方吗?"幼儿面面相觑,不住地摇头。接下来的几天,幼儿从家中带来了很多的书签,真是千姿百态,看得幼

幼儿设计的书签

儿兴奋不已。豆豆提议说:"我们应该请全园的小朋友也来参加我们的收集书签活动!"子滕说:"这个活动就叫书签博览会吧!"我及时引申:"真是个好主意!怎么让全园的小朋友都支持我们呢?""可以给全园的小朋友写一封信,告诉他们咱们的想法。"有了提议,幼儿积极地行动起来了,有画的、有粘的,还自发结成合作小组,有的小组制作了自己的宣传画,有的小组展示了书签设计方法,还有的小组把小朋友制作的精美书签放在精心制作的蝴蝶框里,接下来的一系列行动得到了全园小朋友的支持,书市里热闹非凡。

书签的演变历史

这是幼儿集体智慧的成果,现在的书签博览会中,除了有收集的书签外,更多的亮点是幼儿动手制作的书签。为此,幼儿还开展了书签设计大赛,制订评比规则和条件,幼儿结合自己的经验设计制作了各式各样、品种繁多的书签(见彩插图18),评选出幼儿心目中最有价值的书签,为我们的书签博览会增添了浓墨重彩的一笔。

案例反思

跳蚤书市是继上学期阅读主题活动之后延伸进行的公共游戏区创设,创设的初衷源于幼儿越来越浓厚的阅读兴趣,从家里带来的想和同伴分享的图书日益增多,由此引发了幼儿给图书分类以及以书会友的欲望。及时发现幼儿的需求后,我们引导家长参与进来,和幼儿共同创设了更为便于交流、阅读的空间——跳蚤书市。在创设过程中,注重了幼儿阅读中的两个增长点。

第一,在给图书分类进行各种小书屋创设的过程中,发动家长给小书屋起名字、和幼儿一起收集图书等,在满足幼儿阅读兴趣的同时,增强了幼儿在发现中学习的意识,从而更加有效地帮助幼儿发现了不同类别图书的特点。

第二,由阅读引发的"书签博览会"活动,再现了幼儿由发现到探究、再到设计制作书签的学习历程,在设计书签、制作书签、展示书签、宣传书签的一系列过程中，幼儿从分工到合作，不仅仅知道了书签的有关知识，更重要的是，通过一系列操作活动体验了探究学习的历程，懂得了开展一项活动要有清楚的思路、细致的分工和密切的合作，真正体验到了成功活动的乐趣。

主题游戏区——阅读大家谈

案例说明

楼道公共活动区的创设完美地诠释了区域之间的共享及活动内容的探究。本学期，为了鼓励幼儿学会读书、读懂书，结合我园开展的"书香伴我行，阅读促成长"的读书活动，根据幼儿的发展水平及兴趣特点，我们鼓励幼儿自主开展戏剧表演活动，将阅读与表演有机融合，为此，我们将楼道的公共区域进行了创设：一层为符合不同幼儿特点和层次的好书推荐区域；二层为收集阅读区域；三层为木偶戏表演区域。这样，以一种全新的、层层递进的区域模式为幼儿五大领域的发展开拓了更广阔的天地。

在一层楼道两侧的"阅读大家谈"区域中，能看到幼儿与家长共同收集的丰富的图书资料，其中有幼儿喜欢的民族故事、读书小常识、读书的好方法、名家简介及幼儿熟悉的作品、家园共同创编的小故事等，以多种形式呈现，与幼儿互动，增强了幼儿的兴趣，开阔了幼儿的视野，使幼儿在阅读的同时从多角度丰富了阅读经验，感受了阅读的乐趣。

案例描述

分享阅读你我他

活动初期，幼儿很喜欢将自己的图书带来与同伴分享，经常会看到幼儿在过渡环节时，拿着自己心爱的图书在走廊上给同伴讲解。问题也随之而来，有时因为过渡环节时间有限，在大家还意犹未尽时，就要进行下面的活动了；有时因为幼儿对自己的图书有很强的保护意识，造成不能与大家充分分享。一段时间后，幼儿纷纷找到老师表达不满。于是，我和幼儿一起商量如何来解决这个问题，铭铭说："可以把书放到阅读区，在区域活动时间大家一起看。"最爱带书来幼儿园的盈盈不同意："我每天晚上回家还要看呢，我家里有很多书，每天我要带不一样的书来幼儿园。"我及时引导："那有没有更好的方法让小朋友都能了解图书而且又不耽误盈盈带书回家呢？"棋棋说："把书画下来。"马上有幼儿提出："一本书那么厚，要画多少呀?""就画我觉得最精彩的画面,做成画册就可以留在班里让更多的小朋友看了!"幼儿感觉眼前一亮,纷纷表示这是个好方法,我及时鼓励幼儿:"我们一起来试一试吧!"于是,大家一起动手,忙得不亦乐乎。但当结果出来后,幼儿都面面相觑,沉默了。我问幼儿发生了什么事,彬彬说:"老师,你看,这样的书小朋友能爱看吗?"原来,由于幼儿的绘画技能所限,效果不尽如人意。为了拓展幼儿的思路,我又将问题进行迁移:"回家可以问问爸爸妈妈,看看他们有没有什么好方法能解决这个问题。"

第二天,盈盈没有带书来,而是拿着一叠画册,迫不及待地奔到我面前:"王老师,我回家问了爸爸妈妈,这是我和妈妈一起画的《草原英雄小姐妹》的画册(见彩插图30),妈妈还说,怕小朋友看不懂,每张画下面都写上了注解。"棋棋说:"我爸爸直接打出了图片,这样看得更清楚!"我自言自语道:"这么多画册,我们放在什么地方,才能让更多的小朋友分享呢?""放在阅读区让别的班的小朋友来看!""不好不好,大家都来咱们班,人太多了。"彬彬转转眼珠:"我们放在楼道,好不好?这样,小朋友们就可以随时来看了。"于是,一层的"阅读大家谈"活动区就此诞生了(见彩插图29)。随着图书介绍内容的不断增加,幼儿萌生了将各种图书进行分类摆放的想法,在幼儿的倡议下,我们利用一些装饰板制成漂亮的展示板、展台和展箱,幼儿将图书简介分别放在其中。看着自己的成果,幼儿的脸上总是洋溢着得意的笑容,当看到其他班的小朋友驻足观看时,他们抑制不住自己兴奋的心情上前去做讲解,创意得到了全园幼儿的响应,他们心中的自豪感油然而生。

名人阅读手拉手

随着幼儿带来的琳琅满目的书籍介绍越来越多,活动区看似越来越丰富了。突然有一天,润润若有所思地对我说:"王老师,我和哲哲统计小朋友收集的故事时,发现小朋友介绍的图书怎么都是外国的童话呀?我们国家就没有故事吗?"为了证明自己的发现,她还将统计表拿给我看,在"民族故事"一栏中,只有寥寥的几个。幼儿的问题引发了我的思考,是呀,我国不乏优秀的儿童文学作家,他们的作品有很多小朋友是知道的,丰富阅读经验应该从了解自己国家的优秀文学作品入手,这对于加强幼儿对本民族的特色文学作品的了解、增强幼儿的民族自豪感是很有帮助的。

我在活动区评价时将润润的问题说给其他幼儿听,大家面面相觑,脸上写满了问号。于是,我问润润:"小朋友们都不太清楚,你有什么想法吗?"还没等润润开口,哲哲抢着说:"我们一起找找吧,还可以让中班的小朋友和我们一起找呀!""那谁去和中班的小朋友说呢?"大家商量一下吧! 幼儿你一言、我一语地谈论起来,最后,推选出了五名小宣传员。我接着提出活动的要求:"从今天开始,我们就搞一个'我和故事大王手拉

推荐名家作品

手'的活动,小朋友们都去找一找我们国家谁是著名的写故事的作家、都有哪些故事是我们小朋友最熟悉的。"幼儿纷纷行动起来,通过不同的途径寻找我国著名的作家和他们的作品。

三天后,幼儿带着自己的成果在班级进行展示,幼儿评选出了郑渊洁等著名的儿童文学作家和他们的代表作品,在寻找、收集和丰富故事内容的同时,幼儿亲身感受到了我国优秀儿童文学作品的魅力。

创编阅读我最棒

随着幼儿收集的图书越来越多,他们的阅读经验也越来越丰富,现有书籍已经不能满足他们想象力和创造性的发挥了。有一天,当贝贝提出想自己编书时,得到了大家的热烈响应。

幼儿探讨的话题自然地落到了编什么内容的图书、怎么编小朋友能看得懂的图书等问题上。这次,幼儿分成了四组,每组都由一名小组长带着大家讨论。只听诺诺组讨论得最为激烈。多多说:"我们可以编很多内容的图书,我就看过很多内容的。"瑞瑞说:"对呀,我家就有讲动物故事的、

幼儿仿编的诗歌集

绕口令的,还有介绍太空的!"许妍说:"咱们班的阅读区就有很多种类的图书。"诺诺说:"一人去找一种,拿来咱们参考一下。"幼儿分头行动,找

来了《诗歌集锦》《阿凡提的故事》《科学探秘》《螃蟹小裁缝》等图书，他们打开书对比着，从中寻找适合自己创编的元素。美美说："我觉得诗歌好编，诗歌短，再配上简单的图就可以了。"贝贝马上发表不同的意见："我觉得还是编咱们熟悉的故事，比如《螃蟹小裁缝》。"许妍质疑道："《螃蟹小裁缝》的故事大家都知道，再编没意思了。"贝贝反驳道："《螃蟹小裁缝》就不能给别的小动物做衣服呀？"大家沉默了一会儿，都觉得贝贝说得有道理，诺诺最后说："好吧，等会儿把我们组的提议告诉其他组，看看他们有没有什么更好的方法？"

经过四组的共同商讨，大家都认为短小的诗歌和熟悉的故事比较好创编。于是，大家分头行动起来，发动家长、其他班的小朋友一起寻找可以创编的素材。接下来的几天，幼儿忙得不亦乐乎，充分利用游戏时间进行创作。我不得不佩服幼儿的创造力，他们能想出将故事录音反复播放，再根据故事的情节分工绘画制作图书的方法，制作的《新螃蟹小裁缝》系列图书栩栩如生、惟妙惟肖；另外，幼儿从各班收集了大量的家园共同创编制作的诗歌、绕口令、散文等，做成一本大书挂在走廊的栏杆上，供大家随时翻看分享。

幼儿自发的创编阅读活动取得了意想不到的效果，在丰富公共游戏区的同时，达到了探究式学习的目的，也提升了幼儿的创编经验及分工合作的能力。

案例反思

"阅读大家谈"活动为我们营造了了解和弘扬民族特色文学作品的契机，以点带面，引发了全园幼儿都参与了解著名的儿童文学作家、故事大王，寻找、收集和丰富民族文学作品的活动，创编自己喜欢的系列图书等活动。整体环境有三个突出特点：

1. 突出幼儿自主探究的过程。从幼儿发现问题、引发同伴的共鸣、再到讨论解决的方法，整个实践过程都体现了幼儿的自主学习探究，自然渗透了各领域目标，让幼儿在实践中发现学习、解决问题，提升了幼儿探究式学习的时效性。

2. 突出大带小的活动模式。一个问题的提出引发了各年龄段幼儿的共鸣，全园幼儿积极参与到活动中来，说明这种无界限的阅读活动已经为幼儿所接受，形成了大带小式的阅读活动模式。

3. 突出家园参与。活动中，经常会出现问题需要家长提供帮助，家园亲密合作，更符合阅读促成长的活动区创设理念，有效实现了公共活动区为幼儿的发展服务的目标。

专家点评

在"分享阅读你我他"小案例中，教师观察到幼儿很喜欢将自己的图画书带到幼儿园，与同伴分享。"分享"所爱、"分享"快乐、"分享"所知是幼儿的好品质，应给予肯定与鼓励。教师很关注在分享阅读中幼儿的表现。在分享阅读活动开展一段时间后，幼儿提出了问题："过渡时间短，图画书没看完，怎么办？""小朋友带来的书怕别人弄坏，不与同伴分享，怎么办？"在与幼儿一起寻找问题答案、商量解决问题的办法的过程中，教师既起到了主导作用，又与幼儿平等相处。师幼互动、幼儿与家长互动、幼儿之间互动，在互动中共同探讨解决问题的办法，一起创设阅读环境，成立了"阅读大家谈"活动区，图书的内容丰富了、品种全了，扩大了分享阅读的范围，全园幼儿都可以到阅读区来活动。

在"名人阅读手拉手"小案例中，润润在整理图书时发现外国的童话多，而中国故事图书却寥寥无几，他把这个发现告诉了教师，教师对润润给予了鼓励，并把这一问题讲给其他幼儿听，请大家一起想办法。当大家你一言、我一语地各抒己见时，教师及时提升总结了大家的建议：我们搞一个"我和故事大王手拉手"的活动。在大家搜集优秀故事的过程中，图书内容丰富了、多样了。

从"创编阅读我最棒"案例中可以看到，幼儿想自己编书，在教师的鼓励引导下，幼儿发挥不拘一格的想象力，一起探讨：编什么内容的图书？怎么编小朋友能看懂的图书？教师则支持幼儿自编故事，尊重幼儿自发的表现和创造，并在关键时刻给予适当指导。

幼儿的探究兴趣与能力就是要在真实的生活、游戏、学习中通过引导幼儿积极参与探索来获取的，而不用刻意去灌输。

北京市特级教师　王继芬

趣味游戏区——木偶戏我最爱

案例说明

根据幼儿的表演特点，结合前期幼儿的阅读经验，我们注意引导幼儿萌发了创设公共活动区的愿望。在幼儿自主设计、创设了演绎小剧场后，我们围绕创设主题引导幼儿探讨如何竞选小演员、怎样表演木偶戏更精彩、观众需要遵守什么规则、化妆间和道具间如何管理、道具如何制作等方面的问题，幼儿自主讨论后运用绘画、图表、标志、柱形图、打摺图等方式记录探讨的过程，并呈现在环境之中，这也成为发现问题、解决问题的好方法，从而使游戏按照幼儿的意愿不断延伸下去，充分体现了大班幼儿自主探究、自主学习的特点。在游戏中，幼儿运用多种方式大胆表达对作品的体验与理解，增进了幼儿间的互动交流，不断丰富和提升了幼儿的表演经验，使其充分体验了创作与表演的乐趣。

案例描述

木偶戏材料知多少

幼儿知道要想演好木偶戏，表演用的材料非常重要，于是都从家中找来各种能用于表演的材料丰富表演区，但结果令人失望，材料少而且不精致，能用的没有多少，这下幼儿可犯难了，怎么办呢？佳佳想了想说："我弟弟在中三班，咱们问问中三班的小朋友是不是可以帮咱们多找些表演材料！"一句话点醒了大家，幼儿马上做了分工，为了能说服别的班的小朋友参加，向每班派出了三人组成的宣传小组。这次幼儿还制订了向老师宣传的计划，希望得到全园上下的支持。分头行动的结果可想而知，大家都非常支持我们的表演活动，第二天纷纷带来了成品和半成品材料。大班幼儿带着弟弟妹妹根据表演区的需要进行整理和分类（见彩插图 13），并和老师一起将材料分为三类：

第一类是表演材料。这类材料是表演故事所需要的道具，有小班幼儿在家长的帮助下收集的装扮游戏用的头饰、装饰物等，体现了小班幼儿游戏的特点。另有幼儿与教师根据故事表演的需要共同制作的乐器、毛驴、多种形式的故事人物，丰富的道具为幼儿的表演提供了有效的支持。

第二类是制作材料。中大班幼儿可根据自己的需求，选择自制服装、服饰，这样能更好地诠释故事的寓意。幼儿将搜集的大量废旧材料，如彩色纸袋、环保袋、鲜花包装纸、吸管、五彩糖纸、丝带、彩绳、各种质地的纸张等，按照质地、特性、适合做什么又进行二次分类，在整理分类时，大班幼儿为弟弟妹妹出主意，中班幼儿为哥哥姐姐分材料，忙得不亦乐乎，中大班幼儿相互配合，为开展制作活动做了充分的物质准备。

第三类是设计材料。大班幼儿有着强烈的自主探究的愿望，现有的材料已经不能满足他们自主学习的特点，因此，他们将纸板、尺子、绳子等材料放在了道具加工间，尝试设计快速制作服装的工具。琪琪和爸爸还根据表演所需要的民族服饰的特点，制作了一套民族服饰的模板、纸样和测量示意图，这是他们探究的成果，能为制作民族服装提供参考和便捷的图样。幼儿还将使用的方法做成图表，展示在环境中，给愿意尝试的小朋友作参考。

经过幼儿的分工合作，表演区已初具规模，随着木偶戏的开展，各种材料逐渐丰富起来，相信幼儿的表演区会带给我们更多的惊喜。

小老虎上学记

在幼儿创编的《小老虎系列剧》中，最为幼儿喜爱的是刚刚创作完成的《小老虎上学记》（见彩插图14），其中小老虎想上学的愿望及到了学校后和想象完全不同的经历，被幼儿演绎得惟妙惟肖。这也正是大班第二学期幼儿渴望学校生活的一个缩影。幼儿全身心地演绎和投入，得到了广泛的好评。

创作之初，幼儿对单纯的表演有些厌倦了，感觉没有什么新意，表演得没有情趣。一天，几个幼儿拿着布偶在商量。子腾说："总是演这两个故事真没意思！"穆德说："那好好想想，小老虎还能干什么呢？"大家沉思了一会儿，对视着没有主意，妞妞不耐烦地站起来，拿着小老虎的布偶说："没主意就唱会儿歌，走走走走走，我们小手拉小手，走走走走走，一同去……"随着歌声戛然而止，妞妞好像想起了什么，豆豆说："你怎么不唱了？"妞妞突然兴奋地说："一同去上学，我们不是都该上学了？小老虎也想上学，我们就编一个《小老虎上学记》，好不好？"一句话调动了小演员们的积极性，大家很快分配好了角色。多多说："我们从哪儿开始演呢？"诺诺说："我们就演小老虎在学校是怎样上学的。"由于有较强的想象和创编能力，简单准备后，幼儿就开始尝试表演了。第一次表演持续了短短两分钟就结束了，大家都面面相觑，不知问题出在哪里。我作为观众提醒道："哎呀，这次表演我都没记住，没有让我印象最深的事情。"杨鑫说："我们再想想，小老虎在学校能发生什么有趣的事情呢？"苑苑说："小老虎是从幼儿园毕业上的学校，它肯定对学校有不习惯的地方。""对，我们就表演小老虎在学校里不习惯的事情。"为了引导幼儿有目的、有计划地做事，我启发道："要是能记录下来，就可以照着演了，那该多好呀！"子腾马上提议："我们把小老虎在学校发生的事情画下来编成剧本吧！"于是，小演员们分工合作，在不断地讨论——绘画——研究——修改中，《小老虎上学记》的剧本诞生了。幼儿快乐地将剧本在手中传递着，同时传递的是一份成功和自信。

接下来的几天，《小老虎上学记》的表演场场爆满，特别是中班的弟弟妹妹们乐得合不拢嘴，演出取得了巨大的成功。幼儿在欣喜之余，还不忘及时修改剧本，谁在哪儿出现了问题，一句话怎么说、动作怎么做才能吸引观众，幼儿都认真地做着修改。大家都有一个共同的愿望，就是演得更精彩。教师以观众的身份、看似不经意的话语给予幼儿有效的引导，充分尊重和满足了幼儿探究的愿望。

幼儿通过演绎小剧场这个平台不断地思考、不断地创新、不断地探究，在游戏中满足了自己的需求，同时也实现了自我发展。

精彩评价十分钟

每次游戏后的评价，都是幼儿畅所欲言的时间，幼儿会特别珍惜这短短的十分钟交流分享的时间，争相讲述自己在各个区角中的收获与问题。故事表演是幼儿关注的焦点，自然会多提出一些问题。这时，我会从观众、演员、导演等多种角度去引发幼儿的思考，将个别问题抛向大家，引发全班幼儿的思考，当幼儿给出各种各样的答案时，我再和大家一起梳理，提升出几点可行性的方法和策略，并鼓励演员们将这些好方法运用到自己

精彩评价十分钟 1

的表演中。当演员们提出表演结束后道具和服装没有人收拾时，幼儿七嘴八舌地讨论了起来，王马说："我看见了，他们表演完了以后把脱下来的衣服就扔在了化妆台上，都不收拾。"王鹤说："他们用的琴就放在表演的柱子下面，没有收好，看着特别乱。"钰儿说："以后谁再不收就不让他参加表演。"我及时提出："还有没有更好的方法来解决问题呢？"一句话引发了幼儿的进一步探讨，佳佳说："表演不是有导演吗？让导演多提醒他们不就行了吗？"豆豆说："导演是负责排演故事的，没有时间提醒演员整理服装。"许妍说："要是有人专门负责整理服装，不就不乱了吗？""大家觉得她的主意好不好？为什么呢？"润润说："我同意许妍的主意，这样表演区

就不会乱了。"大家纷纷表示同意，并给负责人起名叫服装管理员，问题似乎在幼儿的讨论中有了结果。但是没过几天，在游戏评价时间里，担任服装管理员的许妍又提出了新的问题："有的演员还是把表演的衣服随便乱放，我这边收着，他们那边扔着，我说他们，他们都不听。"看来，设

精彩评价十分钟 2

置服装管理员反而阻碍了幼儿自我管理能力的发展。"那大家对这个问题怎么看？谁有好的建议给我们？"子腾说："可以制订演员的规则，要求演员们表演完后自觉收拾服装、道具。"诺诺说："服装管理员要经常提醒演员动手收拾服装，不收拾的给他记下来。""记录下来做什么呢？"我及时拓展幼儿管理表演区的经验。轩轩抢着说："记够了三次就停止他的表演，就不能再当演员了。""这个主意大家认可吗？"幼儿都积极地响应着。"那么用什么方法记录这些规则呢？"幼儿运用绘画、表格、标志、图文等形式将表演区的规则较为清楚地记录下来，既丰富了表演区的主题环境，又提升了有关表演区的经验。

通过在故事表演游戏中采取多种指导策略，我班幼儿的表演经验不断地丰富，幼儿的表演水平也在逐步提升，在今后的表演活动中我们会以幼儿的发展为本，以幼小衔接为目标，继续探讨符合大班幼儿特点的表演方式和指导策略。

案例反思

在本活动中，幼儿发现并探讨问题的能力、自主创编的能力在区角中得到了充分的验证和肯定，特别是幼儿创编的《小老虎上学记》，是由一首歌引发的灵感，幼儿将自身的表演经验与远期发展目标相结合，并将自己对未来上学的疑惑和期盼都融入了表演中，从灵感闪现——创编剧情——分角色表演——发现问题——创编剧本，每一步的推进都是幼儿在实践中去探索、去研究的结果。《小老虎上学记》真实地再现了幼儿拓展式学习、创造性学习的历程。

评价也是有效创设公共活动区环境的重要组成部分，有助于活动区规

则的调整、区域设置的延伸。因此，幼儿非常珍惜每次的评价活动，都尽可能地提出自己最困惑的问题、展示自己最优秀的一面、介绍和同伴合作做成功的事例，由此幼儿的经验也在不断拓展，这些都充分说明了创设公共活动区的教育价值，使发展真正落实到了幼儿身上。

第四节　幼儿园公共游戏区创设的拓展案例

公共游戏区创设的拓展案例是在充分利用现有空间的基础上配合重点案例，从形式和内容上拓展公共游戏区创设的视角，该部分案例主要介绍创设思路，并配以相应的图片，便于读者在理解重点案例的基础上参考借鉴。

特色游戏区——民族团结树

创设思路

在公共活动区的创设中，我们充分考虑到将每个小区域的价值最大化，充分利用可以利用的空间，最大限度地满足幼儿五大领域学习的需求。这一点在楼梯的区域创设中得到了很好的体现。

一天，几个幼儿在游戏时间下楼时忽然看到楼梯墙面上一个与众不同的大树，"哇，好漂亮的大树呀！"其他幼儿的目光一下被吸引住了，但随后就发现了问题，诺诺说："这棵大树的树叶上为什么是空的呢？"豆豆思索着："我知道！我知道！老师常说，我们像小树，这上面应该贴我们的照片！"豆豆的话引起了大家的共鸣，琪琪说："那贴谁的照片最合适呢？"小米将小手举得老高："贴我的，因为我是朝鲜族。"一句话提醒了大家："对呀！我们是

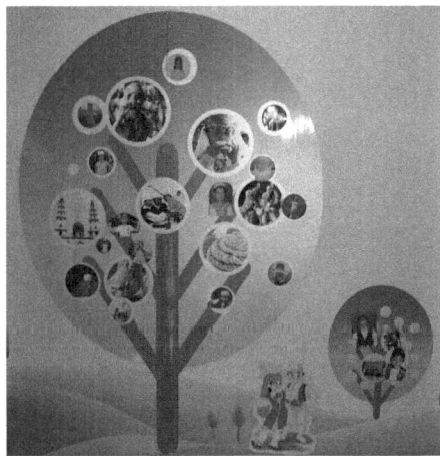

"民族团结树"上的精彩瞬间

回民幼儿园，有很多少数民族的小朋友呢！"佳佳提议道："我们分别去各

班问问，记录一下有多少少数民族的小朋友，让他们每人带一张大照片来，好不好？"妞妞指着身上的维吾尔族裙子："最好是穿民族服装的，看我的裙子多漂亮！要不然都不知道是哪个民族的小朋友了！"幼儿的积极性被充分调动起来了，简单分工之后，分头去各班向老师说明来意，教师对幼儿的想法感到既新奇又惊讶，纷纷给予大力支持。几个幼儿回班后将各班提供的人数进行了统计，发现回族的小朋友最多："这可怎么办呢？也不能把所有回族小朋友的照片都贴上去呀！"看到幼儿有些不知所措，我拿出了在班里评比用的小奖牌，启发幼儿："再想想，有什么更好的办法吗？"幼儿看到小奖牌，顿时恍然大悟，纷纷表示："咱们评选，谁最有本领就贴谁的照片！"接下来的评选活动精彩依然……幼儿还给它起了一个好听的名字：民族团结树。

每当幼儿驻足"民族团结树"前，看着上面一张张笑容灿烂的照片时，都能清楚地讲述这个小朋友是哪个民族的、他有什么样的本领、小朋友们如何喜欢他、如何向他学习等。这里成了幼儿获得自信、感受成功的乐园。

"民族团结树"的形成过程充分体现了幼儿的主动学习，从发现问题——交流商讨——自主实施，这些都充分说明公共活动区的创设给了幼儿更为广阔的探究、学习空间。

特色游戏区——民俗工艺坊

创设思路

为了让幼儿对民族传统工艺有所了解，我园利用开展的艺术游戏活动，丰富幼儿的艺术欣赏能力和艺术创造力。我们在二层走廊利用屏风将传统民俗游戏的图片串联起来，为幼儿提供欣赏民族工艺、展示幼儿关于民族工艺的艺术创造的机会。幼儿和家长很快收集了花灯、剪纸、风筝、皮影、

民俗工艺展板

泥人、空竹等传统物品，其中有我国不同地方的花灯、剪纸等。幼儿在了

解了这些物品的制作工艺后，找来了制作风筝、花灯、剪纸用的纸、布、丝带、吸管等各种材料，和家长一起制作这些民族游戏材料，并将这些游戏材料投放到游戏活动中。创设"民俗工艺坊"的过程，为幼儿了解传统民俗手工艺提供了很好的平台，也为幼儿提供了进行艺术创作和表现的机会。同时，开放的环境让幼儿有了更多互动的空间，促进了幼儿之间的交流。

特色游戏区——快乐过新年

创设思路

新年就要到了，为了让幼儿了解老北京如何过新年、新年中有哪些特色活动，进一步加深幼儿对中国传统文化艺术的印象、提高幼儿对艺术的欣赏和表现力，在新年之前，我们利用屏风，将实物、图片等进行艺术加工后在走廊里进行展示。家长和幼儿共同收集不同的过新年的风俗习惯，选取其中典型的分成饮食、民俗、娱乐、服饰等几部分，通过不同的艺术表现形式进行展示。在"新年的礼物"中，幼儿制作了灯笼、剪纸、贺卡，

并收集了中国各地的花灯、剪纸，以了解不同的地域文化。在另一组屏风上是幼儿运用绘画形式表现的"新年的故事"（见彩插图8）——《年的故事》，将古时候的传说故事与过年放鞭炮、贴春联的习俗结合起来介绍，由此幼儿对中国传统文化有了更深入的了解。在"新年的活动"板块中，幼儿把过新年吃团圆饭、逛庙会、拜年、压岁钱等画下来，还收集了庙会中有代表性的风车、风筝、空竹、皮影等物品，与其他幼儿分享节日带来的快乐。在"新年的美食"板块中，幼儿用布、彩纸、豆子、泡沫等材料，和家长探索用缝、搓、折、粘等方法，制作出各民族在新年制作的美食，营造快乐过新年的氛围，不仅了解了节日文化，还提供了艺术创造的空间和机会。

"过新年"展板

主题游戏区——纸箱变变变

创设思路

　　纸箱在幼儿生活中随处可以接触到，如何利用这些资源，并结合幼儿园的艺术游戏活动对纸箱进行艺术创造呢？我们将二层走廊分成纸箱展示、纸箱图书、纸箱游戏等几个展示区域（见彩插图 31），为师生和家长提供利用废旧物进行艺术创作的机会。幼儿和家长一起收集了大小不同的纸箱，给纸箱"穿"上了漂亮的

纸箱变积木

外衣，在纸箱的每一面运用镂空、粘贴、拼接、绘画的艺术形式，根据纸箱的外形做成不同用途的物品，从纸箱的每一面都能看到不同的内容。在纸箱展示区，家长和幼儿还运用剪纸、染纸等艺术创作形式，将民族工艺进行展示。在纸箱图书区，充分利用纸盒的每一面，把故事情节画上去，做成可以拆合的故事盒、故事六面拼图等。还充分利用盒子的大小、形状、厚薄等特征，在走廊里堆起了积木，搭起了房子。"纸箱变变变"的过程，不仅为幼儿提供了想象的空间，还为幼儿创造了互动交流的平台，使其感受到了创造和收获的快乐。

过渡游戏区——绳索空间

创设思路

　　为了突出幼儿园的民族氛围，我们结合园所开展的艺术游戏活动，充分利用东侧的楼梯上下围栏，运用绳索进行艺术连接，给师生及家长提供进行艺术创设的机会，鼓励家长、幼儿查找和收集不同的艺术表现形式的作品（如剪贴画、编织画、豆贴画、布贴画等）错落有致地悬挂于绳索上。

随后，幼儿找了许多粘贴画会用到的各种彩纸、丝带、珠子、亮片、豆类、布类等材料，和家长一起探索制作丰富多样的粘贴画。制作、装饰绳索空间的过程，不仅为幼儿提供了想象、创造和收获的机会与空间，还让幼儿感受到了园所多元文化的氛围，体验到了教师和幼儿智慧的增长。

绳索上的民族工艺

过渡游戏区——精彩阶梯

创设思路

我园西侧楼梯以美丽的花丛、漂亮的五彩屋作为墙饰，从色彩到构图，尽显美好、和谐的氛围，富有童趣，便于幼儿观赏和操作。这一天，当我路过时，发现几个大班的幼儿在"占地盘"："这些花朵是我的！""我喜欢金色的房子，这是我的！"……我很好奇，停下来观看。只听波波说："我

精彩阶梯

和妈妈收集了许多玩具的制作方法，妈妈说要让更多的小朋友学着做，我觉得这里最合适！"珍珍说："找还和爸爸一起编了脑筋急转弯呢！要贴在金色的房子里让更多的小朋友来猜！"他们正畅想着自己的规划，一回头看到了站在身后的我，都用期待的眼神望着我，我肯定了幼儿的想法，并进一步提出问题鼓励他们去思考："你们打算怎样分配和布置那么多的内容，让其他小朋友能看懂呢？"一句话启发了幼儿，大俊说："我们最好分分类，把一样的内容都放在一起，这样其他小朋友就能看懂了！"于是，幼儿精心挑选了亲子游戏、工艺品制作和脑筋急转弯布置在环境中（见彩插图7），

并根据大家的提议将背景图都做成插卡式的，这样便于今后有好的作品可以更换。特别是在工艺品制作中，皮影、陶罐、绣花鞋的制作方法幼儿最感兴趣，经常能听到幼儿在上下楼梯和过渡环节时，探讨陶罐变色的原因、鞋子制作的方法、几个幼儿拿着翻绳尝试编一个喜庆的中国结，这说明参与式的楼梯环境与幼儿产生了充分互动，不断开阔了幼儿的视野，丰富和拓展了幼儿的经验，引发了幼儿更多、更深入地思考和探索。脑筋急转弯游戏中，更多是让幼儿感受与同伴一起游戏的快乐，这是幼儿最为津津乐道的，随时都能看到幼儿分享着自己和爸爸妈妈创编的、和同伴收集的找不同的脑筋急转弯，随时收集，随时更换，使游戏不断得以延伸和创新。

过渡游戏区——文明驿站

创设思路

在楼梯公共区，我们以图文并茂的形式进行有针对性的运动安全、预防传染病和良好卫生习惯培养等渗透式教育。这些创意都源自幼儿的亲身经历。在上下楼时，经常会有小朋友告状"×××在上下楼时跳着走""挤来挤去""从栏杆上滑下来"等，这些都让幼儿在上下楼梯时感到不安全，于是大家就这个问题展开了讨论。美美说："有的小朋友不按老师的要求做。"东东说："有的小朋友下楼跳来跳去，我不愿意和他们挨着。"教师提出："我们想一个好办法解决它。"鑫明表示："光是告诉他们遵守规则是不够的，他们会很快忘记。"教师及时跟进："我们商量一下，能不能让他们随时看到这些规则，时刻提醒他们呢？"轩轩突然眼睛一亮，兴奋地说："我们可以在经过的楼梯上贴上安全标志，提醒小朋友！"，一句话得到了大家的一致响应，于是，诞生了幼儿园的"文明驿站"（见彩插图21、图22）。当幼儿在室内或室外发现危险行为、不良习惯时，就会自发地设计、张贴安全标志或行为规则来约束大家，楼梯上的"文明驿站"也不断地丰富起来，成了幼儿日常最为关注的区域。在传染病高发期，班里有小朋友感冒咳嗽时，幼儿就会收集相关的和传染病过招的秘诀告诉大家，用洗手好方法的图示来提醒大家。这些从幼儿自身需求出发创设的楼梯环境，真正体现了边边角角皆教育的理念。

专家点评

为幼儿过渡环节专门创设环境，自然会给幼儿与环境互动增加机会。

教师在楼梯处设计有民族娃娃的图片及民族的名称，恰恰能借助幼儿无意注意占主要地位的记忆特点，使幼儿在每天不断地上下楼的过程中积累对少数民族的粗浅知识。在楼梯的拐角处创设了"民族团结树""文明小市民"的墙饰，使民族的文明礼仪、同伴间的友好互助等社会领域的教育内容不致落空，同时还解决了当前过渡环节的活动比较单一的问题，又减少了时间的隐形浪费。幼儿可在这个相对更加松散的生活环节谈论他们感兴趣的话题，并可以用自己喜欢的方式到那里去表达他们感兴趣的事情，过渡环节游戏区的创设为幼儿学习自己主宰自己搭建了平台，同时使以往过渡环节教师只重视生活管理的倾向得到了一定程度的改善。

楼道边角空间的利用充分证明了教师对"幼儿是在与环境的交互作用中成长起来的"《纲要》精神的理解，它让我们清楚地看到教师为给幼儿提供主动参与、积极探索、展现过程、自主发展的环境做出努力而取得的实效。

原北京市东城区教师研修中心学前教研室教研员　俞昌珈

第三章 班级主题环境的创设

班级主题环境，是指围绕本班开展的主题活动内容，教师和幼儿共同参与创设的适宜于幼儿发展的探究式环境。它主要包括主题墙饰、主题活动延伸生成的区角游戏环境和功能墙饰、渗透在公共游戏区的相关游戏环境等。本章主要介绍班级主题墙饰的创设。

第一节 班级主题墙饰的创设理念

一、班级主题墙饰的概念

主题墙饰是幼儿园环境的重要组成部分，班级主题墙饰是指教师以主题活动内容为背景，充分利用班级墙面和幼儿一起创设的与主题活动发展相适应的环境。班级主题墙饰作为一种教育环境、一种隐性课程，经历着一个动态的创设过程，也是一种以幼儿发展为本的开放式教育模式，其创设的目标与教育目标是一致的。

在本节中，我们着重从班级主题活动开展的思路、脉络来谈班级主题墙饰的创设。

二、班级主题墙饰创设的意义

班级主题墙饰作为对幼儿实施良好教育的环境、潜在的课程，是以幼儿为中心的，其创设过程是师幼共同参与的，在这一过程中，多种形式的创设手段以及丰富的创设内容能够较好地培养幼儿良好的学习行为、思维习惯，提升幼儿的合作交流、创造能力，培养幼儿的良好性格；同时，和谐优美的墙饰能够陶冶幼儿感受美、表现美、创造美的情操，铸造幼儿心灵的和谐美。

（一）拓展幼儿对主题内容的兴趣

主题墙饰丰富的内容会不断激发幼儿的好奇心，在好奇心的驱使下，幼儿与墙饰交流互动的频率加快，幼儿的兴趣点不断扩展，感兴趣的内容随之增多，对内容的探究会持续进行下去，专注力会更强。

（二）创设幼儿互动学习、共享经验的平台

主题墙饰拓展了幼儿谈话的"源"，主题墙饰的出现，会引起幼儿对墙饰内容的好奇心，幼儿通过观察会提出各种各样的问题，并会围绕问题进行交流、探索。在这一过程中，幼儿会倾听同伴的看法，了解同伴关于这一问题的经验。主题墙饰作为幼儿互动学习的平台，给幼儿提供了动手操作、动脑思考、动嘴交流、用眼欣赏、用肢体表现的机会，促进了幼儿在与教师、与同伴的探索学习中不断获得新的经验。

（三）拓展幼儿想象和创造的空间

班级主题墙饰内容的丰富是教师和幼儿共同建构、探索发展的过程，是从多方位、多层次展示幼儿整个探索的过程，它记录了幼儿的研究足迹，实现了幼儿与环境的真正"对话"，给了幼儿丰富的想象空间和创造余地，使其潜能不断得以开发。

（四）使幼儿受到潜移默化的艺术美的熏陶

班级主题墙饰的教育价值与审美价值是同时存在的，在墙饰创设的过程中，幼儿通过设计各不相同的造型、合理布局墙饰内容、搭配墙饰色彩等形式受着潜移默化的影响，从而不断增强了艺术表现力。

（五）提高幼儿利用多种形式表达与表现的能力

班级主题墙饰的创设体现了幼儿的高度参与，从相互协商选择适宜内容到积极想办法动手操作，并将活动内容以美的形式展示，再到分享同伴的探索成果、成功经验等，整个过程中幼儿在参与中逐渐发展了善学习、勤思考、乐探究、会沟通等方面的能力。

三、班级主题墙饰创设的特点

（一）艺术性

主题墙饰新颖的版面、独特的设计视角，给了幼儿美的熏陶；主题墙饰形象的构图，拉近了幼儿与环境的亲近感；主题内容与版面的自然融合，丰富了幼儿对美的感受和体验。

（二）教育性

主题墙饰的内容立足幼儿的兴趣、需求和发展，根据《纲要》的五大领域目标，将幼儿在活动中的探索过程、家长的积极参与、教师的有力支持作为班级主题环境的主体，从而促使幼儿在与主题环境对话和交流的过程中获得知识、发展能力，从整体上促进了幼儿的全面发展。

（三）参与性

主题墙饰创设的过程注重幼儿思维与行为的高度参与，注意有机地将主题墙饰内容与班级教学活动相结合，逐步使幼儿通过制订行动计划明白做事的思路，在探索中学会发现做事的规律，在解决问题中学会换位思考、积极想办法，在管理日常生活事务中学会有序安排自己的生活和学习。

（四）直观性

主题墙饰内容的展示、材料的提供具有具体形象的特点，幼儿一看就明白，能引起幼儿的情绪情感的共鸣，吸引幼儿直接参与。

（五）整合性

主题墙饰创设的来源基于幼儿的基本经验以及幼儿的发展需要，并结合集体教育活动、区域活动、生活活动等多种活动以满足幼儿不同方面的发展需要。

（六）支持性

主题墙饰内容随幼儿的发展和主题的发展而不断变化。主题墙饰内容为幼儿的学习过程与结果创设了展示的平台，同时也为幼儿以后的探索活动提供了支持。

（七）互动性

墙饰呈现的内容注重激发幼儿自主参与到墙饰创设中来，与墙饰互动，体现幼儿的主动参与；与同伴互动，体现幼儿的相互学习与合作；与教师互动，体现幼儿的求知、探索的欲望；与家长互动，体现亲子共同参与的收获。在互动的过程中，幼儿将不断享受与环境交互的快乐，真正成为环境创设的主人。

第二节　班级主题墙饰的创设思路

一、班级主题墙饰的创设策略

研究班级主题墙饰创设，是我园重视"幼儿在环境中成长、在教育中发展"理念的体现，尤其是随着班级主题活动的深入开展，教师对班级主题墙饰环境进行了大胆的尝试探索，从创设思路的新颖性、环境内容的教育性和价值性到呈现形式的艺术性等方面不断有了新的突破，主要表现在：一是针对幼儿自身兴趣、需要和发展进行创设，如根据幼儿发展需要的"谋求发展"，捕捉幼儿兴趣点的"趣味发现"，拓展幼儿探问身边事物的"问题探究"，促进幼儿弱势领域发展的"挑战成长"，抓住低龄幼儿学习特点的"情景体验"；二是根据《纲要》、幼儿发展需求进行创设，如针对自然环境中季节变化特点的"季节感知"，挖掘优秀传统文化、找寻幼儿喜爱的诗韵文化的"诗韵生活"；三是结合园所办园理念、教育特色进行创设，如结合民族文化艺术魅力开展的"民族魅力"。

二、班级主题墙饰的创设形式

（一）民族魅力

我园作为一个多个民族和谐共存的民族大家庭，各民族独特的艺术魅力不断吸引着幼儿的眼球，在环境墙饰创设中教师抓住幼儿感兴趣的民族艺术，给幼儿搭建感知体验、表现创造的环境空间，从而促进幼儿艺术能力的发展，激发幼儿热爱民族的情感。例如，"中国鼓"（见彩插图 44），内容涵盖从了解不同民族鼓的特点到因鼓参与战争感受到鼓的精神，激发了幼儿的爱国之情；又如，大班的"竹楼情思"（见彩插图 47）、"葡萄架下的美丽传说"（见彩插图 39）、"风情俄罗斯"（见彩插图 34）等，将最吸引幼儿的民族特色内容作为切入点，在创设过程中不断满足幼儿对民族文化的了解、感知与欣赏的需求。

（二）兴趣拓展

日常生活中，幼儿会时时发现感兴趣的东西和现象，根据幼儿的兴趣内容构思主题墙饰，不仅会让幼儿得到满足，同时墙饰丰富的内容及同伴间的交流也会激发幼儿新的兴趣点，给幼儿创设拓展兴趣的空间，从而不断满足幼儿探索学习的需求。例如，大班幼儿随着入学时间的临近，对小学、小学生活、小学生学习等很感兴趣，基于这一兴趣，创设"上学倒计时"能够不断满足幼儿上学的欲望；例如，中班的"旋转世界"（见彩插图 43）、大班的"坐地铁"（见彩插图 46）、小班的"动物朋友乐园"（见彩插图 33）、小班的"可爱的我"（见彩插图 37）等，也是拓展幼儿兴趣的活动。

（三）问题探究

幼儿的好奇心不断驱使着他们对万事万物发出疑问，激发着幼儿去探寻问题的答案。以幼儿发起的问题为切入点创设支持幼儿探究问题的环境墙饰，可以更好地促进幼儿自主学习能力的发展、良好思维习惯的养成，如大班的"启航"（见彩插图40）。

（四）挑战成长

即从幼儿的整体发展水平出发，考虑幼儿的全面发展，认真分析幼儿五大领域的发展状况，在分析优势与不足的基础上，针对幼儿发展中存在的弱势创设主题墙饰，引导幼儿主动挑战弱势、开展活动，不断获得成长。如中二班"快乐留声机"，是在教师全面分析幼儿测评结果的基础上，根据幼儿不敢交流、不够大胆自信的弱势，创设了轻松、快乐的环境墙饰，与墙饰互动不断促使幼儿变得乐观自信、敢于表现。如大班的"蜕变"（见彩插图42），是由于班级中绝大多数幼儿为新插入的新生，以前没有上过幼儿园，在生活习惯、学习思维习惯的养成方面与其他幼儿有一定差距，为此，针对这一问题给幼儿设计促进幼儿较快适应幼儿园生活学习、又能为入小学做好准备的主题环境墙饰，引导幼儿从挑战一次次的活动中实现由蛹到蝶的蜕变成长。

（五）情景体验

根据幼儿具体形象思维为主的特点，可以给幼儿创设情景式的游戏墙饰，这类墙饰较适合小班幼儿的年龄特点，好玩的情景游戏墙饰可不断丰富幼儿的感知经验。如"蛋宝宝出壳""轱辘轱辘"（见彩插图36）等，以好玩的情景游戏墙饰为载体，通过触摸、参与游戏不断刺激幼儿的各种感官，从而丰富了幼儿的感知经验、提升了幼儿的感知觉能力。

（六）诗韵生活

诗文化是我国文化的精粹，朗朗上口、简单易懂，尤其是配有形象画面的短小古诗深受幼儿喜欢。基于这一传统文学艺术与幼儿心智特点的契合，可以给幼儿搭建支持性的学习环境，使其在与环境互动的一个个活动中，通过耳闻目睹、感知感觉逐渐学会从生活中获得经验，从学习中感受诗文化的魅力，如中班的"《春晓》"（见彩插图35）。

第三节　班级主题墙饰创设的重点案例

班级主题墙饰创设的重点案例是我园在多年研究并在实践中实施、验证的典型案例。每个案例由主题由来、主题目标、主题墙饰创设脉络、创设案例、主题小单元活动表构成，图片呈现以整体的主题墙饰和小单元的墙饰为主，图文结合再现了主题墙饰创设的清晰过程，体现了先进的教育理念，其主要形式包括民族魅力、兴趣拓展、挑战成长、情景体验、诗韵生活等。

民族魅力——印象刘三姐
（大班）

主题由来

近一段时间，幼儿纷纷从家中带来了自己心爱的图书与同伴分享。幼儿如获至宝，兴奋地互相交换图书翻阅。"哇，这张画真漂亮呀！"诺诺的赞美声一下吸引了其他幼儿的目光。"什么书让你们这么喜欢？"我也好奇地凑过去，原来是润润带来的《壮族印象》，只见润润兴奋地举着心爱的图书，大声说："我的书是冠军！"我及时抛出问题："这本书为什么能当冠军呀？"润润忙不迭地说："你们知道吗？我的书里面有好玩儿的童谣，和我们说过的儿歌不一样，穿着漂亮裙子的姐姐还可以划龙船呢！"听了润润的介绍之后，她的宝贝图书成了幼儿的热门话题。在幼儿的强烈提议下，以这本《壮族印象》为引子生成了"印象刘三姐"的主题，通过自主探究、分组合作的学习方式，幼儿感受体验着朗朗上口的童谣、悠扬的山歌、壮族的美景和好玩的游戏。

主题目标

1. 从多角度欣赏、了解和丰富有关壮族民族文化特色的经验，感受壮族多元文化的美。

2. 尝试大胆仿编壮族山歌、童谣与游戏，能富有个性地表达自己的情感和体验。

3. 感受浓厚的民族亲情和氛围，增强民族自豪感。

4. 运用对比的方法了解壮族不同的特色艺术表现形式，并能与同伴利用多种材料大胆装饰制作，感受合作学习的乐趣。

主题墙饰创设脉络

本主题以美丽的桂林山水、水上龙舟和山中对歌为背景，创设了"编童谣""唱山歌""甲天下""赛龙舟"四个墙饰板块。

在"编童谣"单元板块中，以竹楼书馆为背景，幼儿将和爸爸妈妈共同收集的童谣贴在竹楼的窗户上展示，竹楼的栏杆处成为幼儿学习童谣、仿编童谣的空间。幼儿还把大家发现的、具有特点的童谣句式放在一本大书里，挂在竹楼的大门上，随时从中寻找乐趣。幼儿在欣赏、学习、仿编童谣的过程中，学会了寻找诗歌的句式特点，并创编出了内容各异、丰富多彩的童谣。在"唱山歌"单元板块中，以闻名天下的桂林象鼻山为背景，将幼儿收集和仿编的壮族歌曲，以图片的形式呈现在曲谱周围。通过学唱壮族歌曲，幼儿发现了山歌的特点，学会了仿编山歌。在"甲天下"单元板块中，幼儿探索出了对比表格的形式，了解了服饰、山水甲天下的魅力，感受到了壮族文化中多种艺术表现形式的美。在"赛龙舟"单元板块中，创设了龙船的场景，通过开展"创编合作游戏的方法"和"创编的合作游戏"的活动，幼儿用绘画的形式在墙饰中与大家分享学习体验，展示合作学习的乐趣。

主题"印象刘三姐"整体墙饰环境

创设案例

竹楼书馆

在"编童谣"单元板块中，我们共同创设了一个"竹楼书馆"墙饰，在书馆里幼儿收集了很多关于壮族的图片、资料，相互欣赏，兴趣很高。

幼儿在相互学习和交流中，发现壮族童谣与我们日常学习的诗歌不一样，感觉很有趣，他们发现壮族童谣中有固定句式和特有的象声词语，就将这些有特色的句式做成图册挂在竹楼书馆的大门上与大家分享。渐渐地，幼儿按照童谣中的固定句式开始你一言、我一语地编起了童谣，并以插卡的方式放置在竹楼的围栏上。大班幼儿已经具备初步仿编诗歌的愿望和能力，但是从哪方面入手引导幼儿仿编呢？于是，我问幼儿："你们觉得应该怎样编童谣？都有哪些好的方法？"问题提出后，幼儿七嘴八舌，想法很多。他们开始分工去寻找答案，妞妞、子腾、瑞瑞、安昕等几个画画好的幼儿，自发与其他幼儿组成小组，专门负责记录。在合作中，幼儿仿编出了一首首有趣的童谣，在分享交流的同时还自发地开展了"最受欢迎的童谣"大PK，用绘画记录评选的结果，这也进一步激发了幼儿仿编的愿望。但在仿编过程中，幼儿也遇到了很多困难，例如，童谣中会出现不太理解的感叹词。当幼儿束手无策时，我扮演博士的角色来解答幼儿的问题，适时地引导幼儿开展"词博士告诉你"的活动，带幼儿一起收集、整理童谣中看不懂和听不懂的词句，一起寻找答案并做注解，幼儿如有不懂的词语可以直接来问"词博士"。在整理的过程中，幼儿丰富了词汇，对壮族童谣有了进一步的了解，纷纷将自己仿编童谣的好方法画下来，贴在书馆的门厅里。幼儿还展开想象的翅膀，从自身的生活经验和学习经验中寻找仿编元素，将同伴之间发生的故事、爸爸妈妈的心愿、评选明星小组、玩的游戏等都编进了童谣。为了突显壮族特色，有的幼儿还将仿编童谣配

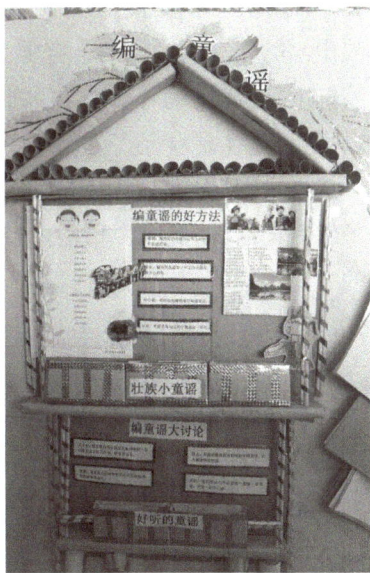

"编童谣"墙饰环境

上了相应的象声词、感叹词，形式多样、内容丰富，由此"竹楼书馆"的内容也越来越丰富，幼儿不断从书馆中体验到了学习仿编童谣的成功与乐趣。

唱山歌

豆豆是我们班的小歌星，她走到哪里就会留下串串歌声。一天，她神秘地告诉大家："你们知道刘三姐是谁吗？我学唱了一首刘三姐唱过的歌，

特别好听！你们会唱吗？我们一起试试吧！"我们利用五线谱的方式将歌曲的旋律和对应的歌词放在悠扬、环绕在山间的五线谱上，激发幼儿进一步了解的愿望，让优美动听的山歌回荡在山水间，并和幼儿共同探讨"什么内容适合编成歌词""怎样编歌词""我们创编的歌词"，逐步丰富幼儿的创编经验。在欣赏壮族歌曲时，幼儿发现歌曲的涉及面非常广泛，收集的歌曲越来越多，问题出现："这么多歌曲都是唱什么的呀？""我们可以给它们分分类！"在杨鑫的提议下，幼儿开始把这些歌曲分类，他们发现其中有

"唱山歌"墙饰环境

唱山水的、有唱动物的、有唱生活情景的，他们将每一类做成画册呈现在墙饰上。"我们编什么内容歌曲呢？"带着这个问题，幼儿进一步探究，琪琪说："现在是春天，可以用好看的花编歌词。""我爷爷会修自行车，这也可以编歌词。""把爱妈妈编成歌词多好呀！"……通过小组讨论，幼儿找出了编歌词的好方法，呈现在墙饰中的音符上，幼儿在尝试中选出了最有效的方法。接下来，幼儿选择了几首曲调悠扬、较为简单的山歌，有独唱形式的、有对唱形式的，将选出的山歌以图片和诗歌对应的形式，环绕放置在五线谱的周围，在音乐活动或过渡环节由幼儿来传唱，并随着幼儿的深入探讨而不断调整或更换，歌词创编得越来越有趣、越来越合理。

甲天下

每天的过渡环节成了幼儿开展"壮族甲天下，美丽十分钟"的欣赏交流活动时间，幼儿最感兴趣的是墙饰中壮族的哥哥姐姐穿着漂亮的服装互对山歌时的情景。"我们来和他们比一比，看谁的裙子漂亮，看谁唱的歌好听！"幼儿学着他们的样子，穿着收集的壮族服饰随着音乐走秀，摆出

"甲天下"墙饰环境

各种造型，心里美滋滋的。在美的诱惑下，幼儿先后收集并整理了壮族服饰上的特色花纹图案，用分步图将花纹放大并配上名称布置在单元板块中，这样就能更清楚地观察、了解壮族花纹、图案的绘画以及装饰的特点。幼儿在美工区中探究设计、剪贴和装饰这些图案的方法以及如何在服装上运用这些图案，并装订制作成分类图册，放置在区角中供大家分享和探讨。有了特色图案的经验，幼儿从壮族最有代表性的头饰和荷包入手，先后创编出了图版法、测量法、花纹拼摆法等，都做成模板悬挂在单元板块中，便于随时取放。一件件让幼儿得意的作品问世了，渐渐地，他们已不再满足于单一的作品了，"这要是穿在娃娃身上肯定特别漂亮"，随着制作装饰水平的不断提高，幼儿将这些方法用在了幼儿最感兴趣的哈尼卡身上，制作出了"多姿多彩哈尼卡""对歌的哈尼卡""跳舞的哈尼卡""游戏的哈尼卡""生活中的哈尼卡"等，并将每一种情景的哈尼卡在美工区的Ｔ台上分类展示。伴随着幼儿创作欲望的不断满足，Ｔ台上随处可见幼儿自主制作的哈尼卡，创作开启了幼儿的智慧之门，真正使幼儿获得了发展。

赛龙舟

"看我们的龙船多神气，我特别想在上面划船！"当幼儿知道赛龙舟是壮族的一项体育游戏时兴奋不已，对壮族的体育游戏产生了浓厚的兴趣，纷纷从不同的途径收集自己喜欢的游戏。收集的游戏越来越多，放在什么地方成了幼儿争论的话题，大悦提议放在阅读区里，小小说游戏和龙舟连在一起，应该放在龙舟里，最后在大家的提议下，将收集的壮族体育游戏做成龙鳞状的小册子，放在了龙舟里。每本册子包括体育游戏的图片、游戏说明和幼儿自制的游戏图解，一个游戏一本图册，幼儿翻看后可以插回到龙船的外侧，增强了与墙饰的互动性。随着合作意识的逐渐增强，幼儿提出想自己创编体育游戏，我们先后开展了"创编合作游戏的方法"和"创编的合作游戏"活动，鼓励幼儿与同伴探讨合作游戏的好方法，幼儿用

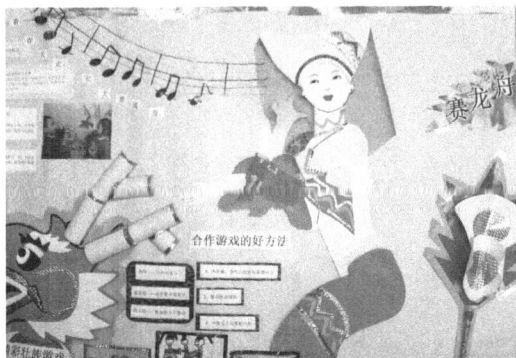

"赛龙舟"墙饰环境 1

步骤图将探讨的方法逐一呈现在龙船里；幼儿利用身边的多种器械，与同

伴探讨、在小组间探讨，创编出了两人两械、多人多械的合作玩法，而且在创编后经过小结梳理，用绘画的形式张贴在龙船下方与大家分享。探讨——创编——实践——再探讨——再实践的过程，不断提升了幼儿的创编能力及合作游戏的经验。

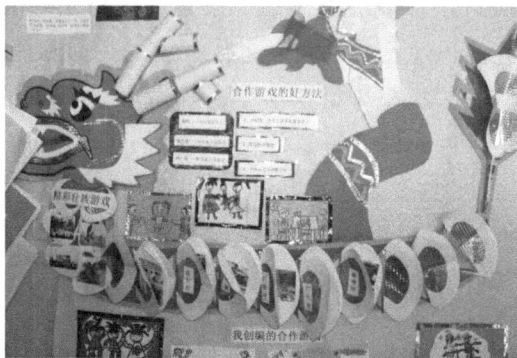

"赛龙舟"墙饰环境 2

大班主题"印象刘三姐"小单元活动表

主题目标	小单元	集体活动	区　角	日常活动	家园合作
1. 从多角度欣赏、了解丰富有关壮族民族文化特色的经验，感受壮族多元文化的美。 2. 尝试大胆仿编童谣、唱山歌，能富有个性地表达自己的情感和体验。	编童谣	仿编诗歌：《春天来了》 《顽皮的小雨滴》 我仿编的诗歌 词博士告诉你 大班童谣 欣赏童谣：《摇到外婆桥》 《水母鸡》 《赛龙舟》 故事：《刘三姐》 仿编诗歌：《爱是什么》	美工区：绘制仿编童谣图册 语言区：欣赏、交流家园收集的和幼儿仿编的童谣 词汇游戏 自制图书：大班童谣 幼儿仿编的童谣 表演区：根据自主仿编、创编的童谣进行表演	1. 每天设五分钟"我夸壮族好娃娃"时间，不断丰富幼儿对壮族的了解。 2. 在过渡环节时，让幼儿介绍自己收集的资料。 3. 在过渡环节时，让幼儿尝试和同伴仿编童谣。	1. 收集有关壮族的风俗、故事、诗歌，制作成收集图册。 2. 共同收集壮族图书。 3. 与幼儿共同制作有关刘三姐的故事图书。
	唱山歌	歌曲：《唱山歌》 仿编歌词：《米线歌》 节奏乐：《春姑娘》 欣赏：《美丽的乡村》 壮族舞曲：壮族舞蹈的基本舞步	图书区：制作名字宝典 表演区：练习打不同节奏	在游戏时间，开展"你来问我来答"活动，引导幼儿在欣赏山歌曲调的同时，尝试从生活中创编简单歌词来对唱。	1. 欣赏壮族舞蹈，帮助幼儿记录跳舞后的感受。 2. "家园同庆"活动，以家庭为单位，开展对歌、舞蹈等表演。

主题目标	小单元	集体活动	区　角	日常活动	家园合作
3. 感受浓厚的民族亲情和氛围，增强民族自豪感。 4. 运用对比的方法，了解壮族不同的艺术表现形式，并能与不同伴利用多种材料，大胆合作制作的乐趣。	甲天下	绘画：我设计的壮族服饰 装饰：壮族头饰 制作：有趣的图书 折纸：牵牛花 剪纸：铜鼓花纹 水墨画：山水风光 编织：绳粽子 做绣球	美工区：哈尼卡——用多种材料制作不同民族的哈尼卡 包粽子：练习包粽子，并用不同方式装饰粽子 荷包：利用不同质地的材料自主设计、制作五彩荷包	1. 注意收集多种制作哈尼卡的材料。 2. 开展"美丽壮族十分钟"活动，引导幼儿展示并欣赏有关壮族的服饰、乐器、花纹图案，感受壮族特有的艺术魅力。	展示、欣赏共同收集的壮族服饰、花纹，为幼儿参与活动提供前期经验。
	赛龙舟	壮族游戏：跳竹竿 抛绣球 跳花篮 赛龙舟 打陀螺 创编合作游戏	游戏区：设置民族体育游戏循环区，将壮族游戏融入体育循环区的游戏之中	1. 交流赛龙舟的好方法。 2. 日常生活中引导幼儿了解民族合作游戏中保护身体的基本常识。	1. 收集壮族体育游戏资料，制作成图册。 2. 练习花样跳绳。 3. 参加春季运动会。
主题墙饰环境	编童谣：唱山歌；甲天下；赛龙舟				

专家点评

　　班级里的墙壁是幼儿每天都要接触到的环境，充分利用墙壁，"让墙壁说话"，配合主题活动的实施，增加幼儿与墙壁互动的机会，一直是幼教实践工作者努力的方向。"印象刘三姐"主题墙饰环境的创设为我们提供了一个很好的案例。

　　首先，该环境中的每一个墙饰板块对应了一个活动小单元，使每一单元的物质环境和教育活动（交往环境）相得益彰、共同配合，促进了幼儿的学习经验的获得和能力发展。例如，在"赛龙舟"单元活动中，幼儿借助墙饰中的图片了解了"赛龙舟""挑花篮"等民族游戏，而合作创编体育游戏的活动内容和结果又通过合作制作的体育游戏小册子展示在墙壁上，为幼儿分享创编活动经验、拓展新活动提供了场所，使墙饰成为该单元活动的一个不可或缺的组成部分。

　　其次，该墙饰的创设突破了传统的展示幼儿学习成果、提供图片欣赏等功能，增加了"记录幼儿活动过程""提示活动的方法"等功能，使墙饰创设成为幼儿学习活动的一个必要环节。这样的环境创设既丰富了墙饰的内容，也拓展了幼儿活动的范围。例如，"唱山歌"单元墙饰中的山歌分类画册就完整地记录了幼儿"山歌收集""山歌分类""山歌创编"等活动的全过程；"赛龙舟"单元墙饰中的"创编合作游戏的方法"和"创编的合作游戏"等画册则支持了幼儿进一步学习创编和合作游戏。

　　最后，墙饰环境的创设也展示了幼儿参与环境创设和与环境互动的多种途径，使墙饰在主题活动开展和幼儿学习过程中的作用得到了进一步的加强。例如，在这个主题墙饰的创设过程中，幼儿参与了"提供展示物（如仿编的童谣、收集的或自制的图片、图书等）""制作展示物（如制作图书、将记录体育游戏玩法的画册做成龙鳞状等）""墙面构思与布置（如将画册摆放在龙舟上等）"等活动，幼儿运用了多种方法参与和墙饰的互动，除了传统的观察、欣赏之外，幼儿还通过对比与比较发现童谣的句式特点，通过创造性想象仿编童谣和歌曲，通过探究解决活动过程中遇到的如何怎样编童谣或歌词、怎样进行合作体育游戏等问题，通过深入的交流分享各自的制作或仿编的经验。

　　在整个墙饰的创设过程中，教师根据幼儿发展和学习的特点扮演了多种角色。有时，教师是"编导"，设计了墙饰的主题和创设的总体思路；有时是"顾问"（如扮演"词博士"），回答幼儿提出的问题；有时是"演员"，直接参与幼儿的制作和讨论；有时还是"剧务"，按照幼儿的要求帮助摆放展示物，这些角色的扮演充分发挥了幼儿学习的积极性和主动性。

中华女子学院儿童发展与教育学院副院长　余珍有

民族魅力——小胡同大生活
（大班）

主题由来

一天上午，在户外自由活动时，几个幼儿齐声说："后芳嘉园胡同 3 号有信！"只见邮递员叔叔冲他们微笑着挥了挥手。我好奇地问他们："你们怎么知道幼儿园的地址？"他们骄傲地说："因为邮递员叔叔说到这句话时，王爷爷就会出来取报纸啊。"我一本正经地回答："哦，原来幼儿园在胡同里啊。"欣欣说："老师，我家就在大方家胡同 9 号。"瑞瑞抢着说："我爷爷家在南竹竿胡同，姥姥家在小牌坊胡同，舅舅家在禄米仓胡同。"美美说："这有什么，我住的胡同可热闹了，大树底下能乘凉，还能和小伙伴一块儿玩。"小虎子连忙问我："老师，他们家住的胡同名字怎么都不一样啊？"轩轩在一旁补充说："老师，您住在胡同里吗？是不是只有北京才有胡同？北京有多少条胡同啊？"幼儿你一言、我一语地讨论起来，一时间，胡同生活话题成为幼儿的焦点。为了满足幼儿的好奇心，让幼儿在真实的情境中了解北京胡同的历史变迁，感受现代胡同的风貌，我们与幼儿一起开展了"小胡同大生活"的主题活动。

主题目标

1. 能积极观察、搜集胡同的相关信息，加深对老北京胡同历史渊源的了解。

2. 尝试利用互联网、电视、报纸等方式，探索多种搜集信息的渠道，发现老北京文化与人们生活的关系。

3. 能利用调查、访问的方法，探索发现北京胡同的风貌，乐于与同伴分享，并能大胆表达自己的独特感受。

主题墙饰创设脉络

本主题墙饰以老北京玩具拨浪鼓的卡通人物形象开心、愉快地奔向胡同深处去寻找快乐的足迹，感受家的温暖为背景，预设了"胡同故事趣味浓""胡同古典韵味多"和"胡同美食味飘香"三个墙饰板块（见彩插图 38）。

在"胡同古典韵味多"墙饰创设中，幼儿亲自观察、亲身体验改造后胡同的新貌，搜集了老胡同的照片，将调查到的胡同历史故事、研究的胡同名称含义以小窗户的方式呈现在背景建筑墙饰中，精彩的活动使幼儿感受到了胡同的发展变迁，学会了运用多种分类方法。在"胡同故事趣味浓"墙饰创设中，幼儿以胡同小路为背景，探索使用各种符号，设计调查问卷采访爸爸妈妈讲述他们的童年故事，分享自己在胡同生活的快乐故事，记录自己寻找胡同的方法、路线、时间，以此来丰富知识经验，学会如何有效地利用交通工具，大胆表达在胡同生活的快乐感受。在"胡同美食味飘香"墙饰创设中，通过寻找胡同中的美食、尝试设计地图、设计"逛北京"出行计划书、与同伴分享美食新发现、相约品尝胡同美食活动、制作胡同美食秘籍等活动，幼儿在主动参与中学会了与他人合作学习；了解了美食与自身生活的关系，进一步培养了幼儿乐于探究的好品质。

创设案例

编辑师

大宝捧着图书区里一本有趣的漫画书哈哈大笑起来，他的笑声让周围的幼儿立即放下手中的玩具簇拥过来。"这是谁设计的图画书？"幼儿窃窃私语起来。卢克幡高声说："是皓皓，咱们班的画家，封面上还有他的签名呢！""皓皓，你真棒！""皓皓，你教教我吧，我也想做一本关于胡同的故事书。"幼儿抢着说，由此引发了幼儿当主编制作图书的快乐。金超最喜欢看漫画图书，用绘画的方法制作了《我的快乐生活》一书，描述了自己在胡同中与小伙伴玩游戏的趣事。喜欢做手工的可可用二方连续、四方连续、对折剪、镂空等剪纸方法，制作了书名为《胡同花纹》的故事书。"汉字大王"凡凡邀请"画家"皓皓共同制作了一本《胡同的历史》，这本书受到了其他幼儿的好评。

"胡同故事趣味浓"墙饰环境

有的幼儿说："凡凡设计的故事书有趣儿，因为上面的人物是我没见过的。"

凡凡不好意思地说："多亏皓皓来帮忙，我的故事这么长，真怕大家看不懂呢。"幼儿自制的图书越来越多，如何给幼儿提供一个交流展示的空间呢？我向幼儿发问："有什么好办法来展示我们的图书？"月月说："胡同里有这么多的房子，找一间当我们的图书室放这些图书吧。"这个提议得到了其他幼儿的认可，随后在墙饰中我们将图书悬挂在房间里。这个活动激发了幼儿主动探索的热情，更重要的是，在活动中幼儿学会了分享、交流。

美美的爸爸是个摄影师，从小她就很喜欢用相机拍照片。这天她带来了很多胡同的照片，骄傲地对我说："老师，这是我拍的，您看漂亮吗？"我高兴地说："太棒了，你的摄影技术真棒！但这些是什么胡同呢？"欣欣出了个好主意："我们可以查查，胡同的名字可有趣啦。"在创编《胡同名字的故事》中，琪琪说："我找到的胡同名字是用吉祥话命名的，有平安胡同、安福胡同，用红色纸做可以代表吉祥。"乐乐说："我发现植物命名的胡同是柳树胡同、枣树胡同，可以用绿色背景，提示小朋友记住它。"天天说："还有好吃的黑芝麻胡同。""老师，我发现胡同里都有地砖，我想把这些照片当作地砖铺在房

"胡同古典韵味多"墙饰环境

子两边做马路，就能让大家看到我拍的照片了。"在她的提议下，幼儿搜集照片的兴趣更加强烈，每天都会有新的照片呈现，幼儿以极大的热情投入了墙饰环境的创设中，争当"环境小主编"。

翻翻乐和趣多多

每天晨间活动都是幼儿交流快乐的时间。乐乐指着相册说："你看，这是奶奶家的笤帚疙瘩，这是姑姑小时候在掉金豆呢。"他的话一时间让幼儿有些茫然，我连忙问："什么是笤帚疙瘩？金豆又是什么豆？"乐乐说："这个问题难不倒我，我画下来你们来猜猜看，答案就在这儿。"她举着自己画的一把笤帚和一张娃娃在哭的图片给小朋友讲解着，幼儿都笑了，这恰似猜谜语的形式恰恰满足了幼儿探索求知的愿望。更多幼儿竞相自发地去寻找整理，把自己听到的老北京土语画在卡片的一面，另一面则为准备猜谜

的幼儿留下记录答案的空间。在每一次交流中，幼儿都好奇地翻阅着卡片，了解北京土语的含义和故事。琪琪说："我们把猜到的谜语装订在一起，就是一本好玩的谜语图书。"一天，皓皓问我："幼儿园的老师都住在胡同里吗？他们喜欢胡同吗？"宁宁说："那可不一定！"美美说："不信，我们去问问吧。""其实，我也挺想知道这个答案的。"我连忙肯定地说："我们该问些什么呢？有什么好办法能找到答案吗？"皓皓接着说："还得问问他们为什么喜欢胡同，把他们说的话画下来，回来讲给大家听。"随后，幼儿一起设计了调查教师的统计表格，并把统计表挂在墙饰中供大家分享。美美说："不会写老师的名字，怎么办？""那就画个头像来代替。"小虎子说："表格要有行、有列，这样才能记录得更清楚，不容易记错，最后还要设计作者签名。"就这样，我们班的统计表格每天都会增加新的内容。幼儿不仅敢于走出教室与幼儿园中的老师交流访谈，还乐于去发现胡同中的新鲜事物，经过调查，幼儿总结了胡同设施与人们生活的关系，讨论了必要生活物品的作用与功能。

美食屋

涵涵家住在东四隆福寺小吃店附近，在讲述胡同故事的时候，她最骄傲的就是她家的胡同里总是香味扑鼻。她也想开一间美食屋，把糖葫芦、焦圈、豆汁儿这些北京特色食品展示出来。一时间，老北京的美食就像磁铁一样深深地吸引着幼儿。北京胡同里还有哪些好吃的东西呢？在"我找到的美食"单元板块中，给幼儿提供了交流老北京美食的空间。幼儿用绘画的形式再现了美食屋的位置、要去的地点、乘车路线以及自己是通过什么方式寻找到的。齐齐带来了一本《北京美食大全》，当幼儿翻开第一页时，

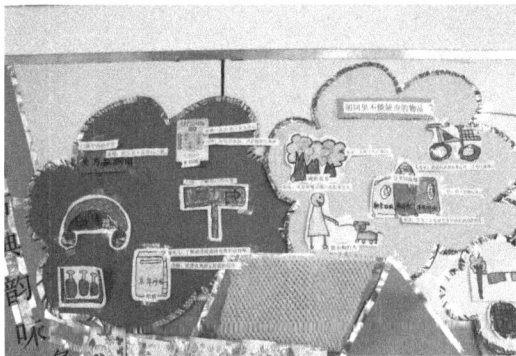

"胡同美食味飘香"墙饰环境 1

面对地图幼儿表现出了很茫然的样子。虽然知道答案就在上面，但是怎样看懂地图却让幼儿犯了难。有的说："你看从朝阳门到和平门的便宜坊不远，才这么点儿路程。"还有的说："不对不对，要坐好几站的汽车或者地铁才能到。"于是，我们邀请幼儿和爸爸妈妈一起讨论看地图的方法，创设

了"我教你识地图"的小板块，通过讨论地图中有什么、地图里的字母代表的含义，幼儿掌握了认识地图的方法，了解了上北下南的坐标特征。

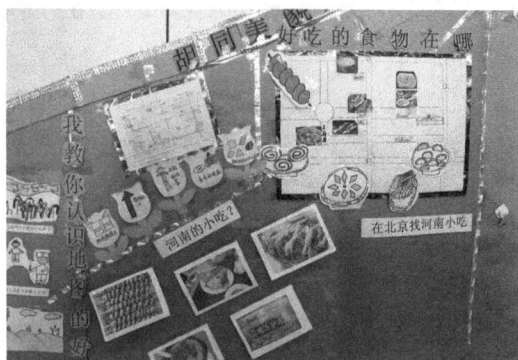

"胡同美食味飘香"墙饰环境 2

大班主题"小胡同大生活"小单元活动表

主题目标	小单元	集体活动	区角	日常活动	家园合作
1. 能积极观察、搜集胡同的相关信息,加深对老北京胡同历史渊源的了解。 2. 尝试利用互联网、电视、报纸等方式,信息多种渠道搜集的老北京生活文化与能人们的关系的了解。 3. 能利用调查、访问的方法,探索发现北京胡同的风貌,乐于与同伴分享,并能大胆表达自己的独特感受。	胡同故事趣味浓	社会:小小调查员 (胡同里都有什么) (胡同生活不可缺少什么) 谈话:胡同生活乐趣多 有趣的门牌号码 好听的老北京土语生活 美术:有趣的童年生活	美工区:制作胡同里的房子 语言区:讲述自己在胡同的生活故事 美工区:绘画胡同的趣事儿 益智区:门牌号码大揭秘 建构区:按照号码图示搭建胡同风貌	1. 请幼儿说说自己调查访同得到的关于胡同号码的新发现,好玩的故事。 2. 通过"你说我猜"游戏,丰富幼儿对老北京土语的认识。	1. 向家长征集家长小时候的照片、图片。 2. 帮助幼儿感受胡同生活带给人们的乐趣。
	胡同古典韵味多	社会:我身边的胡同 美术:我喜欢的胡同 语言:胡同名字大搜索 关于胡同的传说故事 访谈活动:社会大调查	美工区:绘画胡同的传说故事 益智区:胡同名字分类 建构区:搭建北京胡同四合院的建筑特点	1. 启发幼儿了解关于胡同的悠久传说。 2. 请幼儿说说自己喜欢胡同的理由和新发现。 3. 评选"胡同故事大王"。	配合幼儿,共同搜集有关胡同故事的照片、文字,在过渡环节引导幼儿与同伴分享交流。
	胡同美食味飘香	社会:制订逛胡同的计划 我来教你看地图 我发现的问题 我找到的美食 语言:假如我是小导游	美工区:绘画胡同的植物 剪纸:美丽的胡同 (制作美丽的胡同的植被,为建构区增添辅助材料,如门墩儿、牌楼、马路、大树等) 建构区:根据设计图进行搭建	引导幼儿说说好吃的小吃的名称、交流自己喜欢去的地点、名称,介绍有趣的游戏内容。	引导家长带幼儿搜集各种有关胡同小吃的图片及寻找相关材料,帮助幼儿丰富相关经验。
主题墙饰环境		胡同故事趣味浓;胡同古典韵味多;胡同美食味飘香			

民族魅力——中国鼓
（大班）

主题由来

六一儿童节时，大班幼儿整齐有力地表演着堂鼓节目，那飘舞的红绸、红彤彤的鼓身，伴随着激情飞扬的乐曲和振奋人心的鼓点，深深地吸引着幼儿。有的感叹道："当个小鼓手多威风啊！"有的说："听爸爸说，奥运会上的击缶节目就震惊了全世界。"还有的说："老师，我们的鼓怎么这么神奇，我一听到堂鼓的声音就特激动，想跳舞。""为什么鼓是红色的？真美啊！"伴着幼儿的好奇心，我们确立了"中国鼓"的主题活动，和幼儿共同走进鼓的世界，去探寻关于鼓的秘密，享受玩鼓的快乐。

主题目标

1. 了解鼓的起源，感受鼓文化与人们生活的关系。

2. 探索发现中国鼓的多种类型，掌握常见鼓乐的演奏方法。

3. 尝试利用多种材料制作多种类型的鼓，运用线条和图案的方法装饰鼓，体验做鼓游戏的快乐。

主题墙饰创设脉络

本主题墙饰以一面火红的中国鼓扬起了红红的绸带为背景，在"中国鼓"的大主题下预设了"鼓的秘密""鼓的故事""鼓的本领""鼓的游戏"四个小单元板块（见彩插图44）。在"鼓的秘密"单元板块中，为了更好地了解鼓的悠久历史，幼儿搜集了有关鼓的故事，了解了鼓的起源，讲述了有关鼓的故事，主题墙饰成为幼儿搜集、交流、展示相关信息的平台。在"鼓的故事"单元板块中，幼儿通过表格、绘画的方式，介绍自己喜欢的鼓的名称、外形、声音和相关的民族知识；分享利用废旧物品制作鼓的方法与窍门，体验互相学习的乐趣。在"鼓的本领"单元板块中，以图片形式展示敲鼓的基本方法、利用表格了解鼓乐器演奏的多种形式，增强了幼儿的自信心，体会学习做鼓手的乐趣。在"鼓的游戏"单元板块中，幼儿在主题墙饰中说玩鼓的感受、做鼓的发现、创编鼓游戏的快乐。随着游戏墙饰越来越丰富，幼儿对玩鼓和编游戏活动的兴趣空前高涨起来。

创设案例

寻鼓记

星期一的早晨，琪琪高兴地对我说："昨天我去乐器行了，看见很多不一样的鼓，我发现它们的声音也不一样。"天天说："我还在音乐教室里发现了铃鼓。"小雨说："我哥哥就是小鼓手，他还会敲军鼓呢。"从谈话中，我看到了幼儿喜欢鼓的热情，于是我们商量好一起找不同的鼓。幼儿走进书店找来鼓的图片，在电视歌舞节目中发现了腰鼓、手鼓、堂鼓器乐；去博物馆亲眼看到了世界上最大的鼓；和爸爸妈妈走进茶馆看京东大鼓的演奏方法……搜集的信息墙面容纳不下了，我把问题交给幼儿："我们搜集到的鼓的信息太多了，墙上实在放不下，怎么办呢？"妞妞想出轮流展示的方法，琪琪说谁搜集的信息多就把谁的放在墙上，丁丁坚决支持把男孩子搜集的东西放在墙上……在争论和尝试后，幼儿决定用统计表格的方法记录下寻鼓地点、寻鼓方法、鼓的外形、演奏方法等信息。

在与鼓的亲密接触中，幼儿体会了鼓与人们文化生活的密切关系，感受到了各民族生活的乐趣。后来，大家还搜集了很多有关少数民族的鼓的图片，制作了"中国鼓"排行榜。在排行榜上，通过数字展示了时间最长的鼓、个头最大的鼓、声音清脆的鼓和演奏人数最多的鼓。在寻找鼓的过程中，很多有趣的故事让幼儿记忆犹新，于是一本《寻鼓记》的大书应运而生，在自由活动时间里它成了"抢手货"。

游戏秘籍

一天，坤坤跑过来问我："老师，鼓是不是只能当乐器来使用呢？"我对他说："我想它一定还有很多本领吧。"为了引导幼儿积极创编鼓游戏的多种玩法，在墙饰中我们创设了"鼓手游戏夺冠"评比栏。天天和翔翔是好朋友，他们在最短的时间内设计出了新游戏，并画出来贴在墙上，还兴奋地对其他幼儿说："这是我们的新游戏'听鼓声传皮球'，谁愿意玩，看看我们的图就明白了！""太好了！"几个小伙伴迫不及待地围拢过来。左看看右看看后，大家有些失望地说："这个游戏怎么玩啊？好像看不懂。"有的说："这个游戏是几个人玩？"还有的说："需要准备什么都不知道。"

我想，这时候首先要保护天天和翔翔的积极性，更可以引导幼儿探索出"游戏示意图"的绘画方法。于是，我建议幼儿先试着学玩游戏，学会后再一起想办法把示意图画出来。和原来的示意图相比，实践后的示意图让幼儿学会了很多方法。我问他们："你们都用哪些好方法做出了新的图示?"幼儿争先恐后地说:"我用简笔画的方式记录下游戏中需要的鼓、球等材料,大家知道提前要做什么准备。""我用简笔画画出小朋友应该站成的队形。""我用箭头代表传球的方向,这样能准确地把皮球传到别人手中。"示意图的出现引发了全班幼儿参与创编鼓游戏的兴趣。大家不仅设计新游戏,还不断研究如何将示意图画得更加清楚、明白。带着这种热情,有的幼儿又提出要画出不同的场景,告诉我们玩游戏的地点。还有的幼儿提出,可以在指示图中标出玩游戏的具体时间,装订成册就变成了《玩鼓游戏计划书》。随着时间的推移,我们班幼儿创编的游戏玩法越来越多,而墙饰上游戏示意图制作得也越来越"专业"了。

鼓声阵阵

秋季运动会到了,幼儿提议用鼓声给运动员加油助威。我问:"为什么要用鼓声?"有的说:"听到鼓声会让人有劲儿。""小鼓帮我得第一。""只要把鼓敲得更响些就有气势。"……幼儿各抒己见,最后大家把这些好想法,利用图文并茂的形式设计成了"小鼓加油队自荐书",以此增强幼儿的自信心,并很快成立了我班的鼓手拉拉队。运动会前,幼儿认真练习。虽然幼儿的热情很高涨,但是在排练时却遇到了"小麻烦":相互配合不够默契,鼓点有快有慢;不知道什么时候开始敲鼓、什么时候停止。这可怎么办呢?甜甜说:"我想应该有一个人来做拉拉队的指挥,这样就能让鼓点听起来更整齐、更有力。"悦悦接着问:"那要是敲鼓的人累了,怎么办?"明明想了想说:"那就让几个人轮流敲吧,这样鼓声就不断了,运动员就更有劲儿了。"经过热烈的讨论,幼儿把解决"小麻烦"的办法制作成了鼓手轮流表,大家还建议以卡片形式征集小指挥使用的口令和手势。紧锣密鼓地练习之后,大家与鼓的配合更加默契,最终在秋季运动会上,我们班的幼儿在鼓声的鼓舞下,取了大班组第一的好成绩。大家都说:"还是小鼓本领强,帮我们赢得了第一名,小鼓才是冠军!"

大班主题"中国鼓"小单元活动表

主题目标	小单元	集体活动	区 角	日常活动	家园合作
1. 了解鼓的起源，感受鼓文化与人们生活的关系。 2. 探索发现中国鼓的多种类型，掌握常见鼓乐的演奏方法。 3. 尝试利用多种材料制作的鼓，运用多种方法、运用线条和图案做装饰鼓，体验做鼓游戏的快乐。	鼓的秘密	社会：我身边的小鼓朋友 美术：我喜欢的小鼓 语言：鼓的传说故事	美工区：绘画鼓的传说故事 益智区：小鼓分类 图书区：认识少数民族的鼓	通过日常活动，启发幼儿说一说鼓的悠久历史与传说，积极参与有关鼓的成语接龙游戏。	配合幼儿共同搜集有关鼓的照片、文字，在过渡环节引导幼儿与同伴分享、交流自己的新发现。
	鼓的故事	社会：小小调查员（哪里有鼓） 谈话：我的寻鼓故事 美术：有趣的鼓游戏	美工区：利用不同材料制作鼓身 语言区：讲述自己寻找小鼓的生活故事	1. 利用过渡环节丰富幼儿知识经验，谈一谈鼓的以鼓命名的地名。 2. 通过图片，引导幼儿对比发现鼓的不同演奏方法。	向家长征集鼓的照片、图片，引导幼儿感受鼓生活中带给人们的乐趣。
	鼓的本领	科学：好听的鼓声音 语言：我像小鼓和大鼓一样 音乐游戏：大鼓和小鼓 新疆集体舞：手鼓舞	美工区：剪纸——小鼓花 绘画：少数民族的鼓 表演区：我是小鼓手	通过亲身实践打鼓活动，引导幼儿欣赏有关鼓的乐曲，进一步激发并加深幼儿对鼓文化的认识，感受鼓所表现的不同性质的音乐氛围。	引导家长带幼儿搜集各种有关鼓的演奏图片，帮助幼儿丰富演奏的相关经验。
	鼓的游戏	健康：我和小鼓做游戏 小鼓可以这样玩 赛龙舟 音乐：堂鼓小能手	表演区：小鼓手大舞台 益智区：小鼓对对碰	1. 引导幼儿分享创编有关鼓的游戏的好方法、交流自己与鼓游戏的感受。 2. 鼓励幼儿游戏模仿、练习鼓的表演动作。 3. 鼓励幼儿评选"堂鼓小能手"。	邀请爸爸妈妈与幼儿一起参与有关鼓的游戏活动中创编有关鼓的游戏。
主题墙饰环境		鼓的秘密；鼓的故事；鼓的本领；鼓的游戏			

81

兴趣拓展——上学倒计时
（大班）

主题由来

晴朗的早晨，与幼儿园仅一墙之隔的小学正在举行新学期开学典礼。欢快的音乐、震耳的锣鼓、飘扬的彩旗、爽朗的笑声，穿着校服佩戴红领巾的小学生昂首挺胸地走进会场，这一幕一幕壮观的场景深深地吸引了幼儿的眼球，从那一刻起，幼儿嘴上说的都是关于上小学、怎样才能做小学生的话题。有的幼儿说："我想上小学，戴红领巾多神气。"有的幼儿说："上小学能学到更多新知识，以后考大学。"还有的幼儿说："上学还可以认识好多的新朋友。""还可以踢足球。""可以当大队长。"……当幼儿神采飞扬地互相分享着上小学的快乐时，健健噘着小嘴嘟囔着："我可不想上学，上学要写好多的作业，还要考试，好多好玩的玩具再也不能玩了。""真的、真的，我哥哥就是，他上了学都不能看动画片了。"乐乐马上接过话茬，幼儿你一言、我一语地猜想着上学的苦与乐。从他们的交流中，我发现原来幼儿对于上小学有着不同的想法和看法，这其中有对小学生活美好的憧憬和向往，也有焦虑和不安。幼儿从幼儿园到入小学，是人生道路上的重要转折点，也是他们成长过程中的一件大事，随着入学时间的临近，如何帮助幼儿顺利地进入小学，面对新的同学老师、学习环境，迎接人生中新的挑战呢？我和幼儿共同生成了"上学倒计时"主题活动，通过用画笔描绘自己心中向往的小学、以游戏形式模仿小学的生活情境、以竞赛活动整理小书包、评选班里最像小学生的幼儿、邀请小学生及小学老师来园和幼儿座谈、亲身参观小学等活动，让幼儿更加客观、真实地了解小学生活，获得积极的认识，同时激发幼儿争当小学生的积极情感，为入小学做好相关的心理、能力准备，从而顺利地实现由幼儿园向小学的过渡。

主题目标

1. 了解小学的学习和生活情况，增强当一名小学生的自豪感。

2. 在活动中增强做事的计划性、目的性和责任感，养成做事不拖拉的好习惯。

3. 了解学习用具的结构和用途，掌握爱护用品的好方法。

4. 感知时间的长短，建立初步的时间观念，知道珍惜时间。

主题墙饰创设脉络

本主题墙饰以一名幼儿站在一摞高高垒起的书上，正在伸手拉开一本打开的大书，书中传出经典的《上学歌》旋律为背景，创设了"我向往的小学""为成为光荣小学生做准备""我了解的小学"三个单元板块（见彩插图41）。

在"我向往的小学"单元板块中，打开的书页里有幼儿统计并记录的班上想上学和不想上学的人数、有关于上小学理由的讨论记录、有自己心目中向往的小学生活的绘画作品，各种形式的活动让打开的一本大书充满了智慧，也给幼儿提供了自由表达想法的空间。在"为成为光荣小学生做准备"板块中，有幼儿征集来的结交新朋友的锦囊妙计、有幼儿用自己制作的特殊明信片布置的交友站、有整理书包的好方法、有幼儿创编的保护学习用品的连环画等，丰富了幼儿的知识技能和入学准备经验，为顺利进入小学奠定了基础；在"我了解的小学"板块中，彩色的书页中收集了幼儿拍摄的小学照片、鲜艳的红领巾、大队长的标志、哥哥姐姐拿来的课程表、作息时间表、小组制订的参观小学计划、幼儿设计的参观路线图等，幼儿在主动参与、自主探究中真实而客观地了解了小学的一点一滴，增强了做一名小学生的自豪感。

创设案例

为什么要上小学

眼看着升入小学的日期越来越近，班里讨论上学的话题也多了起来，尤其在"为什么上学"的问题上幼儿产生了争议，有的幼儿说到长大了就要上学，有的幼儿说上学可以学到很多在幼儿园学不到的知识，还有的幼儿说上学是为了读书、学本领……但在墙面上怎么呈现呢？有的幼儿说用笔，但大部分幼儿说用书，认为书是他们上学以后每天都要带的物品，是学习离不开的工具，最终大家决定用一摞各种各样的书来创设主题墙面，用

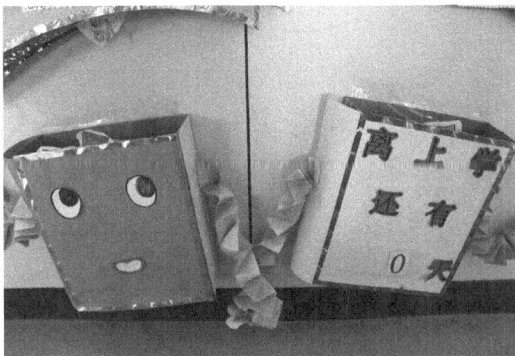

"我向往的小学"墙饰环境 1

打开的书作为主题下的单元活动墙饰背景，体现了单元活动之间的层次递进性，从参与墙饰的创设中可以看到幼儿对书的渴望和向往。正是对书的渴望与需求，让幼儿自发地从家中把自己喜欢的书带到幼儿园，向同伴介绍书中有趣的故事、感兴趣的内容等。为了使带来的书能在全班范围内共享，幼儿又商讨出了好办法，在墙饰的下面放两个机器人书箱，以便把大家新带来的书放到书箱里供大家阅读，有的幼儿甚至主动向大家介绍自己的书，引起大家的阅读兴趣。随着幼儿的兴趣越来越广泛，收集的书的种类也越来越多，如幼儿最感兴趣的益智游戏、脑筋急转弯和算数题等，幼儿在看书的过程中，视野不断开阔。

"我向往的小学"墙饰环境 2

随着与幼儿谈话活动的推进，主题墙饰的下面布置上了大小不同的书，收集了每次主题活动中幼儿的作品，实现了同伴间的分享学习、共同进步；在一摞书上有一个孩子正好奇地看着打开的大书，在打开的书中有很多能够活动的书页，每一页都记录着当前主题活动开展的轨迹。

快乐的小学堂

在"我向往的小学"单元板块中，小学校是幼儿讨论的中心主题，尤其是我们园与小学校只有一墙之隔，幼儿经常能透过铁栅栏看小学生做操、上体育课、升旗……看着别人的小学校，幼儿也开始向往学校生活，想象着自己将来要上的学校。于是，在幼儿的渴望中，我们开展了"我想象中的小学"绘画活动，让幼儿画出自己向往的小学校。幼儿在向同伴讲述自己向往的小学校时，还唱起了从书中学到的《上学歌》，一时间，《上学歌》

"快乐的小学堂"墙饰环境

唱响了整个班级。爱唱歌的幼儿建议把五线谱呈现在墙面上，五线谱的出现引起了幼儿对五线谱的探索，爱好音乐的幼儿当起小老师，教同伴认识五线谱，同伴间的互帮互学使幼儿不断学到新的歌曲，幼儿还尝试用图示、符号的方式记录，看图学习歌曲。幼儿在自主学习歌曲的同时，还创编了很多《上学歌》，把自己对上学的渴望和理解编进歌曲里，一时间，这面单元墙饰成了幼儿"快乐的小学堂"。

我向往的小学生活

在开展活动的过程中，根据幼儿的特点和发展现状我们会预设很多活动，但随着活动的开展，会发现预设的活动存在问题。例如，在"我向往的小学生活"单元板块中，我们预设了"我想象中的小学"活动，但由于幼儿缺乏相关经验，对想象中的小学只停留在画出不同房顶、不同形状的小学上。于是，我们对预设活动进行调整，根据幼儿的需要，生成了"我发现的最漂亮的小学"。活

"我向往的小学生活"墙饰环境

动开始后，幼儿每天早上来园、晚上离园，甚至在周末休息时都会特别留意观察社区、街道旁的小学校，还照了很多照片和大家分享，当幼儿对周围的小学校有了丰富的了解后，再开展"我想象中的小学"活动，就取得了意想不到的效果，幼儿不仅对小学有了多种了解，还把自己对小学生活的憧憬描绘在笔下。

我想这样去上学

随着活动的开展，在和幼儿的不断交流中，教师也在捕捉有教育价值的点生成活动。例如，统计活动"我们班想上学和不想上学的幼儿的人数、理由"就是这样生成的。在全班的统计活动中，了解到有的幼儿不喜欢上学是因为作业多、不能睡懒觉、老师太严厉等。这个时候，我们意识到幼儿上小学不再是简单的年龄跨越，而是需要心理的不断成熟与适应。经过和幼儿讨论"你想怎样上学"，我们和幼儿设计了"我想这样去上学""幼儿心目中的小学生"等支持性墙饰环境，让幼儿参与统计活动、讨论去上

"我想这样去上学"墙饰环境

学的方式、竞选心目中的小学生等活动，引导幼儿对上学产生积极的认识，对小学有客观、真实的了解；幼儿在主动参与活动墙饰创设的过程中，一步步实现了主题目标，并由此获得了入学方面的第一手资料，同时也为开展下一单元活动"为成为光荣小学生做准备"做好了铺垫。

上学不仅是幼儿关心的话题，更是家长重视的话题，家长对幼儿上学充满了期待。根据幼儿和家长的这一需求，我们在主题墙上建立了一个"希望信箱"，家长把对幼儿入学的希望、寄语以书信的形式投进信箱，请认字的幼儿读给大家听，以此来感受父母对自己的期望，增强做一名小学生的自豪感。通过这一单元活动的开展，幼儿慢慢能大胆地表达自己的真实想法，消除了在入学方面的心理顾虑，在心理上对上学有了一个正确的认识，自尊心、自信心、交往能力得到进一步提高，从而能以积极的心态迎接小学生活。

"希望信箱"墙饰环境

大班主题"上学倒计时"小单元活动表

主题目标	小单元	集体活动	区角	日常活动	家园合作
1. 了解小学的学习和生活情况，增强当一名小学生的自豪感。 2. 在活动中增强做事的计划性、目的性和责任感，养成做事不拖拉的好习惯。 3. 了解学习用具的结构和用途，掌握爱护用品的好方法。 4. 感知时间的长短，建立初步的时间观念，知道珍惜时间。	我向往的小学	社会：我们想上学 　　　为什么要去上学 　　　我想这样去上学 　　　上学应该怎样做 美术：我想象中的小学 语言：我们学校里都干什么 　　　学校里有什么 　　　上学YES和NO	美工区："梦想小学"设计PK赛 　　　　设计校徽 废旧材料制作区：小学校 角色区：小学堂 表演区：创编《上学歌》 建构区：搭建小学	开展"每日一刻——说说我心目中的小学"等活动，真实地了解小学的生活，增强当一名小学生的自豪感。	创设"希望信箱"，家长以书信、卡片的形式写明对幼儿的希望寄语，投放到信箱内，过渡节时分享给全班幼儿。
	为成为光荣的小学生做准备	社会：书包里的秘密 　　　整理进行时 　　　我的特殊名片 　　　好习惯大家学 谈话：在学校遇到困难怎么办 　　　如何认识新朋友 美术：设计计划 学习计划：设计图书	美工区：利用不同材料设计制作学习用具（书包、铅笔盒、笔、尺子） 益智区：我是快乐的小学生 　　　　笔的多维度分类（颜色、种类、长短、粗细） 建构区：快乐学校家族	整理班级环境，制订各环节活动规则，以"小发明讲智慧"同题关于时间的谚语，每天介绍一种学习用具（如发明过程、用途等）。	1. 召开"文具博览会"，征集各种学习用具，游戏玩具，丰富幼儿对学习用品的了解。 2. 开展"亲子活动，评选"节约时间小能手"。
	我了解的小学	社会：制作参观小学计划 语言：参观学校见闻 　　　哥哥姐姐对我说 　　　学校与幼儿园的不同之处 　　　如果我是小老师 　　　我是小学生了 综合：快乐的课间十分钟	美工区：设计参观路线图 　　　　绘画学校里都有什么 废旧材料制作区：设计校服 建构区：操场、篮球架、足球门、房子等 　　　　搭建小区（小学、住宅、商店、公园） 角色区：上学了	分享"小学见闻"，小组轮流讲笑话，形式以"小老师"领，进一步激发幼儿对上学生活的愿望以及对做小学生的盼望之情。	1. 说说小学的趣事，请当老师的家长到幼儿园给幼儿讲讲见闻。 2. 引导幼儿制订学习计划。
主题墙饰环境		我向往的小学；快乐的小学生活；我向往的小学生活；我想这样去上学			

87

兴趣拓展——坐地铁
（大班）

主题由来

一天，茜茜拿着一张纸给伙伴们兴奋地指指点点："这条最长的红色地铁正好当灰太狼的胳膊！""这是灰太狼的大肚子！就是黄色的这条！""你们看，还有尾巴呢！紫色的这条就是尾巴！太好玩了！"幼儿的笑声此起彼伏，我也加入到了他们的讨论中："你们在看什么啊？"幼儿异口同声地告诉我："这是北京地铁线路图，但是倒过来画上一个头就是灰太狼了！"哦，原来是这样！我恍然大悟后接着说："真有意思，那灰太狼身上的这些线路你们都知道是哪几条地铁吗？"听到我的追问，晴晴说："红色的应该是 1 号线吧，我和妈妈去姥姥家就坐 1 号线，但是它肚子那里是几号线我就不知道了。"听到晴晴的回答，幼儿把注意力都渐渐地转向了地铁线路上，他们连连追问："老师，灰太狼眉毛是哪条地铁啊？""老师，它那张大嘴是几号线啊？"在依次回答了幼儿的问题后我不禁在想，仅仅是告知幼儿这些都是哪些线路就能够满足他们对地铁的好奇心了吗？随着年龄的增长，幼儿对身边新鲜、奇异的事物产生了非常浓厚的兴趣和求知欲望，这张创意十足的地铁线路图又充分地激发了幼儿的兴趣，于是我及时捕捉幼儿的这一发展需要，结合大班初期幼儿社会性发展的需要，和幼儿共同创设了"坐地铁"主题活动。幼儿通过自主探索、小组合作、实践体验等形式，一起循序渐进地发掘地铁里的文化、历史和常识等相关知识，同时初步学会遵守日常生活中的社会行为规则，养成良好的行为习惯。

主题目标

1. 在体验和探索中，运用多种方式表达自己对地铁见闻的所感所想，感知地铁为人们生活出行带来的方便和快捷。

2. 乐于发现有关地铁的新鲜事物并提出疑问，大胆设想解决问题的方法，并用不同的方式表现出来。

3. 理解并遵守乘坐地铁的行为规则，能够做到初步自律，有初步的遵守社会行为规则的意识和行为。

主题墙饰创设脉络

本主题墙饰的背景以幼儿较熟悉的五条地铁线路图和代表这些线路图

的小车厢组成，创设了"地铁智多星""地铁侦查员"和"地铁调度室"三个单元板块（见彩插图46）。

在"地铁智多星"单元板块中，我们以车厢上坐着拿着铅笔、戴着眼镜的小女孩为背景，在车厢的前后将各小组幼儿想出的小组数站数的方法和结果用图文并茂的形式展现。在收集地铁路线图的同时，幼儿还带来了其他形式的路线图。于是，我们将各种路线图整理到纸袋中，幼儿在五颜六色的小车厢上用绘画的方式总结、呈现了各种路线图的要素，并归纳出设计路线图的好处。

"地铁调度室"单元板块是幼儿探索感知时间的小天地，一个举着钟表的小男孩形象能够让幼儿更直观地体会"调度室"的含义。幼儿将自己收集来的地铁时刻表装在小盒子中，拨动彩色的小表盘、找出相对应的时间是幼儿在过渡环节最爱玩的游戏，而讲述自己的时刻表更是成为伙伴间的重要话题。

什么事物最能表现出"侦查员"的特点呢？"当然是放大镜了！"幼儿异口同声地说。于是，一个手拿放大镜的小姑娘便成为"地铁侦查员"单元板块的标志。在"侦查"的过程中，有的幼儿发现地铁里有很多标志，有的对地铁工作人员穿的不同服装产生了兴趣。大家纷纷把自己"侦查"的结果带到幼儿园，把小标志装在彩色的小盒子中，再把其他材料装订成册悬挂在"地铁线"旁，方便大家取阅。

创设案例

地铁在身边

如今，地铁已经成为北京最重要的交通工具之一，幼儿对它并不陌生，可是说起乘坐地铁的感受却各有不同。浩浩说他觉得坐地铁很好玩，因为地铁开动的时候会带起很大的风，像要把他吹起来一样；涵涵却说她不喜欢坐地铁，因为地铁里面黑乎乎的，开动起来还有很大的声音，让她害怕；瑞瑞觉得地铁很神奇，它在地底下穿行，不一会儿的工夫就能从家里到动物园，特别有意思。热闹的讨论过后，幼儿纷纷把自己感受和想法用画笔画了下来。看到大家兴高采烈地说着、画着，丽丽皱着眉头小声地说："可是我没有坐过地铁，也没见过地铁。"小黑、平平也举起小手表示自己没有坐过地铁。看着这几个幼儿略带委屈的小脸，我突然意识到：虽然地铁已经成为人们出行的重要交通工具，但是一部分幼儿可能并未真正坐过，班中还有多少幼儿从来没有坐过地铁呢？于是，我们开展了"乘坐地铁大调查"活动。活动中，幼儿分别数出、记录下了乘坐过和没乘坐过地铁的人数，并用红、蓝这两个对比强烈的颜色在饼形图中表现了出来。可是，怎样才能让没坐过地铁的幼儿也去体验一下呢？"我们制作邀请函吧，让爸爸妈妈带着没坐过地铁的幼儿去看一看。"聪聪这个小机灵一下子就提出了这

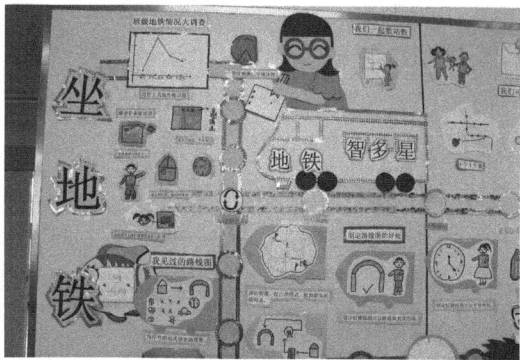

"地铁智多星"墙饰环境

个好建议。可邀请函是什么样子的呢？大部分幼儿只是听说过却没有见过，于是，幼儿决定回家和爸爸妈妈一起收集后再带到幼儿园。第二天，我们以小组的形式观察、分享各自带来的邀请函。很快，幼儿就发现虽然邀请函的内容不同，但是它们的格式都一样，而且字数都很少。经过激烈的谈论，大家一起总结、归纳出了写邀请函的基本要素，并用上图下字的方式记录了下来。放学时，没坐过地铁的幼儿手中都有了一份漂亮的邀请函。

地铁智慧多

看到地铁的时刻表后，幼儿也想制作出自己的时间表，可是怎样才能让大家的时刻表都呈现在主题墙上呢？有的说每个人都把自己一天的时间表画出来订成小本；有的想让爸爸妈妈帮忙在纸上写下来。但是经过讨论，大家一致认为阳阳的想法最好：用钟表的方法来呈现，表的时针和分针都是能够移动的，大家可以把自己每天要做的事情画成图片放在小盒子里。想要和伙伴交流时，只要拨动表针、再插入相应的图片就可以了。这个小表盘让幼儿之间交流的话题源源不断产生，在交流中体会到了钟表的作用以及时间的不可逆性，认识到了要珍惜时间。亲子活动前期，幼儿更是提议要计划这一天的时间安排。幼儿谈论过"什么是秋游计划""如何制订秋游计划"等话题后，利用绘画的方式将自己的想法表现出来。在制订自己的秋游计划时，尝试着安排时间，初步感知了统筹时间的重要性。我们将幼儿的作品装订成地铁车厢的形式悬挂在1号线地铁墙饰旁边。

一天，班中的小问号明明问："为什么每条地铁的颜色都不一样？这么多地铁中哪条线路最长？哪条站数最多？"小问号这一连串的问题不止问倒了其他幼儿，也问倒了我。怎样才能找出这个答案呢？那就开展一次"地

铁站数大调查"吧！幼儿以小组的形式分别用一个一个数、两个两个数、五个五个数等方法进行车站的数量统计。很快，大家就得出了结果，可是问题又出现了。怎样展示才能最鲜明地表现出各条线路站数的多少呢？经过讨论，幼儿决定以柱形统计图的形式呈现大家统计出的成果。在"数车站"活动中，幼儿不仅对地铁线路有了进一步的了解，而且运用数学经验解决了实践中的问题。

在和幼儿交流他们眼中的地铁时，有的幼儿提出地铁里人太多了，感觉特别拥挤；有的幼儿觉得地铁里很黑，而且发出的声音让人害怕；有的幼儿说地铁里总是绕来绕去的，很麻烦。那有没有解决这些问题的方法呢？"我是小小设计师"活动为幼儿提供了平台，鼓励他们开动脑筋解决这些问

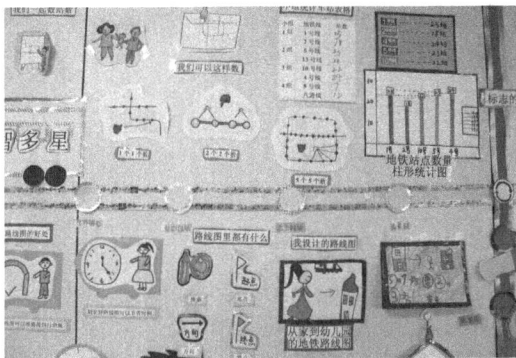

"地铁调度室"墙饰环境

题，发挥想象力设计出不同功能的地铁车厢呈现在墙饰中。

地铁大发现

地铁里真是太神秘了，幼儿每次乘坐地铁都会有新的收获和发现。在一次"侦查"的过程中，幼儿又发现了地铁里有很多标志。比如，进入地铁时楼梯或电梯旁会有"注意台阶""小心摔倒"等标志；地铁隧道旁会有"禁止跳下""禁止乱丢垃圾""禁止明火"的标志；车厢的座位旁会有标明"老幼病残孕"的座椅标志等。"放在一起乱七八糟的，给它们分分类吧！"畅畅主动建议道。可是这么多的标志怎样来区分呢？幼儿敏锐地发现这些标志的颜色分为红、黄、蓝、绿，而且标志的外形主要有圆形、三角形、长方形和正方形。这些标志的具体含义又是什么？标志张贴在那里对行人有什么作用呢？我们把不同颜色的标志分给不同的小组，请大家仔细观察、思考每个标志的含义。经过讨论，大家归纳出黄色的为警示标志，对人们有一个提醒作用；红色中间画有斜杠的为禁止标志；绿色的多为指向标志，指引人们具体的方位方向；蓝色的则为规则标志，告知人们具体的行为规范。梳理完标志的作用和特点后，问题又来了：怎样把这些内容清晰地呈现在主题墙饰上呢？而且在分类呈现的同时又能把这些标志整合在一起呢？

"那就用箭头把这些标志都连在一起吧。"洋洋建议。于是，我们便利用层级分支图的形式将各种标志的特点分类呈现在了墙饰中。由于每个标志都有其作用，有幼儿就提出幼儿园里也有很多地方需要标志提示大家。于是在之后的活动中，我们开展了"我设计的标志"活动，和幼儿一起讨论了幼儿

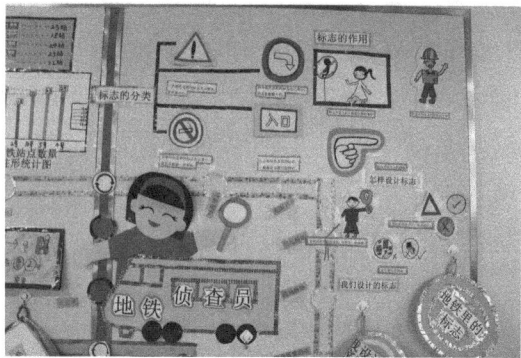

"地铁侦查员"墙饰环境

园哪里需要标志、怎样绘画标志才能让别人一看就明白等，运用之前的相关知识一起为幼儿园和社区设计了很多游戏规则、安全提示等标志。过渡环节时，幼儿在一起观察、发现、讨论了各种各样的标志，他们发现标志的外形、颜色不一样，功能也不一样。

　　探究不同标志的同时，地铁里穿着不同制服的工作人员也引起了"小侦查员们"的注意，戴着红帽子、拿着大喇叭的是在地铁里疏导人群的志愿者，穿着白上衣、拿着墩布的是保洁阿姨等。幼儿用绘画、谈话等方式把这些发现记录了下来。同时，这个发现也引起了幼儿的思考：这些工作人员的工作对于乘坐地铁的乘客有什么意义？我们能为他们做些什么？在寻找答案的过程中，幼儿感知到了如果没有这些工作人员的服务，自己在乘坐地铁时便会遇到很多麻烦，所以要听从他们的指挥和安排，体谅、珍惜他们的劳动成果。最后，在开展"乘坐地铁的规则"活动时，我们以图文并茂的形式梳理、制作出了乘坐地铁的规则。

大班主题"坐地铁"小单元活动表

主题目标	小单元	集体活动	区角	日常活动	家园合作
1. 在体验和探索中，运用多种方式表达自己对地铁的所见所闻，感知地铁为人们生活出行带来的方便和快捷。 2. 乐于发现有关地铁的新鲜事物，大胆提出疑问，并设想解决问题的方法，并用不同的方式表现出来。 3. 理解并遵守乘坐地铁的规则，能够做到初步自律，有初步遵守社会行为的规则的意识和行为。	地铁智多星	社会：我们身边的地铁 数学：统计车站（公园、医院、图书馆、商场） 美术：我眼中的地铁 谈话：坐地铁的感受	建构区：搭建地铁、桥梁 益智区：地铁拼图 图书区：地铁的历史（站名的来历、内部的装饰）、路线图大搜集	在过渡环节开展"地铁新闻播报站"活动，与幼儿一起畅谈自己在地铁中发现的新鲜事。	1. 鼓励家长与幼儿一起乘坐地铁，并交流感受。 2. 收集与地铁有关的文化、历史等材料。
	地铁调度室	社会：我的一天 我的秋游计划和时间赛跑 数学：认识钟表 语言：时间滴答 音乐：快乐的时间	美术区：我的一天 益智区：时间棋 地铁时刻表 地铁线路图 表演区：打击乐《快乐的时间》	在日常生活中，注意培养幼儿的时间观念，不浪费时间，不迟到。	1. 家长与幼儿一起订订"我的周末计划"，并实施。 2. 与幼儿一起制作"我的时刻表"，并遵守其内容，懂得珍惜时间。
	地铁侦查员	社会：乘坐地铁的规则 标志的作用 制定班级公约 美术：我设计的标志（家庭、幼儿园、社区）设计地铁员工作服 新型地铁 数学：标志的分类 谈话：地铁里的新鲜事	美工区：我设计的标志 设计地铁员工工作服（剪纸、绘画）设计地铁车厢 图书区：地铁里的新鲜事 益智区：标志的分类	在离园前，请幼儿对照班级公约相互评价，总结自己一天的表现。	1. 和幼儿一起收集并整理关于地铁工作人员、标志等资料。 2. 与幼儿一起制订"娃娃的家庭生活准则"，并鼓励幼儿遵守。
主题墙饰环境					

兴趣拓展——可爱的我
（小班）

主题由来

在亲子活动中，我们发现有的幼儿拉着家长的手不松开，有哭闹的情绪反应；有的幼儿不肯参加集体活动，在活动室里跑来跑去，影响其他幼儿的活动；还有的家长生怕自己的孩子表现不好，就包办代替，帮幼儿回答问题、帮幼儿动手做事，限制了幼儿的手、脚、脑的主动探索。通过观察，我们发现幼儿对自己有一定的了解，知道自己的姓名、年龄、性别等，同时也有一定的自理能力。来到幼儿园这个新的环境，接触到陌生的老师、小伙伴，幼儿的心里难免会感到不安与恐惧，因此，拟通过本主题活动，缓解幼儿的分离焦虑情绪，帮助幼儿尽快地适应幼儿园生活，喜欢幼儿园的生活，并能和同伴友好相处；提高幼儿的自我意识，培养他们的独立性和自信心；引导他们每天都能高高兴兴地上幼儿园，做个可爱的宝宝。

主题目标

1. 情绪安定、愉快，逐步建立与教师、同伴的依恋情感。

2. 感知自我，了解自己的能力，能大胆向同伴讲述自己的年龄、性别、喜好。

3. 学习区分自己和他人的物品，不乱翻动他人的物品。

4. 学会与同伴友好相处，感受集体生活的快乐；喜欢老师和同伴；愿意做自己力所能及的事情。

5. 大胆尝试用绘画、制作等方式表现自己，体验参与各种活动的快乐。

6. 能够注意倾听他人讲话，用语言与他人交往。

主题墙饰创设脉络

本主题墙饰选取四个动作不同、材质不同的天线宝宝为背景。因为天线宝宝的肚皮是个小电视，所以我们将预设的四个小主题，呈现在天线宝宝的肚皮上。本主题创设了"我快乐""我自己的""我喜欢的""我会做的"四个小板块（见彩插图37）。

创设案例

我快乐

情绪对 3 岁幼儿的支配作用很大，这个年龄段的幼儿对成人表现出强烈的依恋，初次离开父母，会表现得极为不安，与同伴之间的交往对他们的情绪有很大影响。快乐是一种情绪，我们要用快乐的情绪去影响幼儿。为此，我们尝试从缓解幼儿的分离焦虑情绪入手，使幼儿尽快适应幼儿园的生活。在"我快乐"小板块中，请家长和幼儿共同制作了精美的自我介绍海报，并配上一张幼儿自己挑选的笑得特别开心的照片，因为这张照片是幼儿在玩得最开心的时候照下来的，所以幼儿都能说出自己是因为什么事情才笑得这么开心，在讲述时能唤起对当时发生的事情的美好、快乐的回忆。我们将海报呈现在紫色天线宝宝的肚皮上，由于版面限制，只能呈现两张，就随时更换展示，其他海报夹在天线宝宝手提的镜框

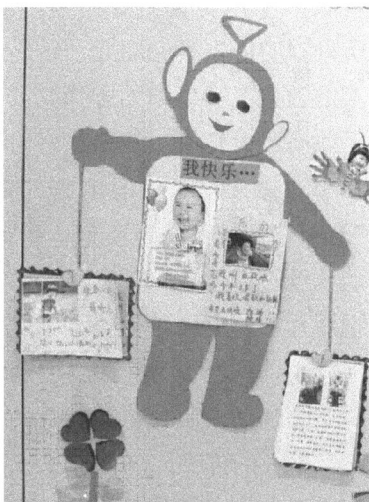

"我快乐"墙饰环境

中，供幼儿随时翻阅。在一日生活的过渡环节中，幼儿都愿意去看看自我介绍的海报，向其他幼儿介绍自己，通过这样的介绍，幼儿在较短的时间内认识了不少好朋友。在幼儿有情绪的时候，我会引导幼儿看一看自己快乐时的照片，通过回忆快乐的事情减少分离焦虑。在幼儿来园的一日生活中，我也随时捕捉幼儿的快乐心情、表情，用相机拍下来，再放给幼儿观看，让幼儿直观地感受到：我在做什么的时候是快乐的？快乐的时候心情是怎样的？因为每天都会拍摄不同幼儿的照片，通过讨论我们决定把幼儿快乐瞬间的照片洗出来发给家长，同时让家长也感受到幼儿在园是快乐的。幼儿把照片带回来后，我们又围绕放在什么地方进行了讨论，最后一致决定，教师帮助配上简单的文字说明，和自我介绍海报放在一起，呈现在天线宝宝手提的镜框中，这样幼儿随时可以看到自己和同伴的快乐瞬间，引导幼儿在园的一日中都能保持快乐的心情，并学会分享同伴的快乐。

我自己的

为了培养幼儿爱护、整理自己物品的意识，提高相应的能力，培养礼貌行为，学会区分自己和他人的东西，不乱翻动他人的柜子、书包，我们创设了"我自己的"板块。在活动"我的小标志"中，请幼儿先选择喜欢的小动物图片作为自己的小标志。美美说："我要小兔子，我就喜欢小兔

子，我们家有只小兔子，我要把小兔子贴到我的毛巾旁边，让它看着我的毛巾。"听到她的话，其他幼儿也纷纷挑出自己喜欢的动物，给小动物选择它要住的家——毛巾格和水杯格。幼儿选好后看着格子里的小动物又有了新的想法，美美对我说："老师，我想和我的小兔子照张相。"其他幼儿也纷纷要求和自己喜欢的动物合影，把照片布置在绿色天线宝宝的身上，因为地方小，只展览了几张，在幼儿的提议下我们随时更新照片，让每个幼儿都熟悉自己和他人的标志。为了让幼儿较快地区分出自己和他人的物品，通过活动"我的朋友在哪里"，请幼儿在幼儿园中找一找属于自己的东西，如我的小床、我的储物柜

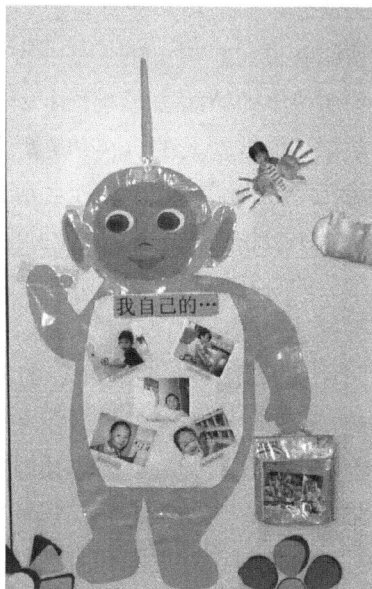

"我自己的"墙饰环境

等，并告诉幼儿不能动他人的东西。幼儿记得比教师还清楚呢，开始时教师检查毛巾水杯时会问："××小动物的家里没有毛巾（水杯），是谁的小标志？"幼儿就会告诉教师这个小动物代表的是哪名幼儿，后来幼儿学会自己去检查了，就会提醒没放毛巾或水杯的幼儿。幼儿在洗手、喝水时也会和小动物打招呼，对自己和他人的东西分得很清楚。有一次淇淇尿了裤子，轩轩马上跑过去从淇淇的储物柜里拿淇淇的备用裤子，因为着急、柜子也高，轩轩拿裤子的时候把淇淇的外衣、帽子都碰到了地上，淇淇看见了不高兴地说："你把我的衣服弄脏了。"轩轩愣住了，委屈地看着我和淇淇。给淇淇换完裤子后，我和幼儿进行了讨论，先表扬了轩轩帮助他人的好行为，同时问淇淇："你为什么不高兴？"淇淇说："那是我的柜了，老师说过，不许动别人的东西。"通过谈话引导，幼儿知道了他人的东西要征得人家的同意才是有礼貌的好孩子。如何在生活中不断培养幼儿这种良好的意识和能力呢？我们就把幼儿在生活中的点点滴滴记录下来，例如，幼儿忘摘毛巾了，其他幼儿看到后会说："我帮你把毛巾摘下来行吗？"幼儿画完画后，先画完并且洗完手的幼儿想要帮助刚画完要去洗手的幼儿时就会问："我帮你把画放到你的柜子里，行吗？"我们把记录下来的幼儿平时自己整理物品、不乱翻他人物品的行为的照片，布置在了天线宝宝的手提袋里，

供幼儿随时翻阅，以提醒幼儿养成礼貌意识。

我喜欢的

每个人都有自己的喜好，幼儿的喜好也是贴近自己的生活的。在"我喜欢的"板块中，我们开展了谈话活动"我喜欢"，从幼儿喜欢的玩具入手，与幼儿共同讨论"我喜欢什么样的玩具"，收集幼儿及其喜欢的玩具的合影，并配上简单的文字说明喜欢的理由，幼儿可以在平时和同伴交流、分享自己喜欢的玩具。这个板块以黄色天线宝宝作为墙饰背景。发现不少幼儿有挑食的情况后，我们通过活动"壮壮和小小"，把幼儿园一日三餐吃的各种食物拍成照片请幼儿观看，从中挑出自己喜欢的食物，并说一说为什么喜欢这种食物。唯唯说："我喜欢吃木耳，我奶奶说吃木耳可以排毒。"我问："唯唯喜欢吃木耳，你们喜不喜欢吃呀？"幼儿抢着说："喜欢。"幼儿了解到各种食物都有不同的营养，不应该挑食，要喜欢吃各种食物，身体才能健康。我把食物照片投放到黄色天线宝宝手中拉着的汽车头中，让幼儿认识、熟悉幼儿园常吃的食物，带幼儿对食物进行简

"我喜欢的"墙饰环境

单的归纳分类：水果、蔬菜、肉类、豆类等；将小汽车的车身做成分类盒，请幼儿进行分类操作。在生活中引导幼儿讨论：我喜欢和老师、小朋友一起做什么游戏？我喜欢帮老师做什么事情？……并以照片、图片的形式呈现在墙饰中，逐渐萌发幼儿喜欢做事、乐于做事的积极情感。

我会做的

小班幼儿处于身体迅速发展的时期，而动作的发展又是其重要的标志。幼儿动作的发展不仅对他们的身体发育有益，而且对他们的思维发展都有重要的影响。在"我会做的"板块中，我们将幼儿在园日常生活中的点滴进步呈现在红色天线宝宝身上，包括刚入园的我学会六步洗手法、我会大口吃饭不用老师喂、我会自己穿衣服、我会塞秋衣不露小肚皮等这些生活自理能力等。通过学习，幼儿掌握了一些技能，我们也呈现在墙饰中。莎莎涂色较均匀，把大苹果都涂满了红红的颜色，没有出轮廓线，我们就请

她把苹果亲自贴到红色天线宝宝墙饰的小电视中，请她说一说怎样才能涂得既干净、又均匀还不出轮廓线，说得不完整处我们就帮她组织语言，补充完整请她再次复述。这样，除了为幼儿提供了展示自己能力的平台外，还提高了幼儿的语言表达能力，也是幼儿经验的一种分享。幼儿间存在个体差异，所以我们并不是整齐划一地要求。每个幼儿都可以展示自己学到的技能，只要能较清楚地说出自己学会了什么、是怎样做的，并得到全班幼儿的认同，就可以展示到板块中。同时，为了保

"我会做的"墙饰环境

护幼儿的自尊心，我们把没有被大家选上的幼儿的作品投放到相应的区角进行展示。幼儿把在园内学到的技能回家展示给家长看，家长也给幼儿拍了照片带到园里来，我们也呈现在墙饰中，鼓励幼儿不断学习、进步，并把学习的经验与他人分享。

在活动"客人来了"中，我们引导幼儿学会用简单的礼貌用语主动与客人打招呼，招待客人时大方、热情。通过让幼儿做自己力所能及的事情，提高了幼儿的动手能力，增强了幼儿的自信心、自豪感。在丰富墙饰的过程中，我们请幼儿说一说"你还喜欢在墙面上放些什么"，幼儿纷纷表示喜欢花和动物，我们就带领幼儿一起增加了不同花瓣、颜色、形状的可操作的花朵。在动手操作、摆弄花朵的过程中，幼儿可以进行一一对应，也可以对花朵进行同色或间隔色的拼摆。

我们将幼儿可爱的大头照布置在太阳四射的阳光中，并选了一首儿歌《可爱的太阳》呈现在太阳中心，幼儿在学习朗诵儿歌的过程中，在关注着太阳光芒中可爱的照片时，心情也变得很阳光，可以通过与墙饰的互动、对材料的摆弄，随时关注环境，随时看到可爱的自己。

"可爱的太阳"墙饰环境

小班主题"可爱的我"小单元活动表

主题目标	小单元	集体活动	区角	日常活动	家园合作
1. 情绪安定、愉快，逐步建立与教师、同伴的依恋情感。 2. 感知自我，了解自己的能力，能向同伴讲述自己的年龄、性别，喜好。 3. 学会区分自己和他人的物品，不乱翻动他人的物品。 4. 学会与同伴友好相处，感受集体生活的快乐；喜爱老师和同伴；愿意做自己所能及的事情。 5. 大胆尝试用绘画、制作等方式表现自己，体验参与各种活动的快乐。 6. 能够注意倾听他人讲话，用语言与他人交往。	我快乐	故事：甜甜找朋友 歌曲：高高兴兴上幼儿园 体育：小猫捉老鼠 社会：快乐宝宝	图书区：投放自制图画书《甜甜找朋友》《高高兴兴上幼儿园》	在日常生活中，引导幼儿将自己身上发生的快乐事情讲给同伴听、与老师同伴分享自己的快乐。	每天和幼儿说一说幼儿在幼儿园里的同伴和快乐的事情。
	我自己的	生活：我和毛巾做朋友 我陪动物朋友一起睡 谈话：我的朋友在那里 幼儿园也是我家	生活区：投放幼儿从家里带来的玩具，鼓励幼儿与他人分享自己的玩具。	在过渡环节中，和幼儿一起观察班内的环境，知道自己和他人物品的位置。	和幼儿一起观察自己的家与幼儿园的家有什么不同，自己在家里放东西的地方、放在幼儿园是什么地方。
	我喜欢的	科学：送玩具宝宝回家 歌曲：我爱我的小动物 谈话：我喜欢 健康：壮壮和小小	建筑区：投放不同大小和高矮的罐、桶、小动物，供幼儿为小动物搭建楼房。	1. 在过渡环节中，和幼儿一起玩小游戏、手指游戏等。 2. 会将自己使用过的玩具、用品物归原处。	和幼儿一起玩他们喜欢的亲子游戏。
	我会做的	儿歌：轻轻 社会：客人来了 健康：不露小肚皮 美工：羊羊的五彩衣	美工区：投放各种彩纸，供幼儿练习撕、搓、卷、粘等技能。	1. 在墙饰中投放幼儿作品和照片，引导幼儿可以互相讲述。 2. 引导幼儿愿意为大家服务，能按要求收放、归整玩具用品。	鼓励幼儿自己的事情自己做，并将他的本领及时和老师交流、鼓励幼儿。
主题墙饰环境	我快乐；我自己的；我喜欢的；我会做的				

兴趣拓展——动物朋友乐园
（小班）

主题由来

幼儿和动物有着天然之缘，动物是幼儿成长过程中的亲密伙伴。在幼儿的心中，动物世界有趣而又神秘。他们喜欢聆听动物的故事，怀抱毛茸茸的动物玩具，翻看各种动物卡片和图书。同时，他们对动物也充满了好奇：小兔子的眼睛为什么是红的？大象为什么鼻子那么长？北极熊为什么不怕冷……幼儿对动物有着浓厚的兴趣。他们相互讲述着自己家养的小动物（如猫、狗、鱼、乌龟等），谈论着它们的趣事和生活习性。在过渡环节的时候，幼儿喜欢给自然角的小动物（小鱼、乌龟）喂食、换水。这些活动拉近了幼儿与动物之间的距离，他们愿意和动物做朋友。由此，我们创设生成了"动物朋友乐园"主题活动，使幼儿真正地走进神奇的动物世界。

主题目标

1. 畅谈自己喜欢的动物，感知动物的生活习性。
2. 认识有趣的动物，学习观察并说出它们的外形特征。
3. 学习使用不同的方式创造性地表现自己对动物的认识。
4. 萌发对动物的兴趣，乐意亲近小动物。
5. 培养幼儿爱护动物的情感和观察能力。

主题墙式创设脉络

整个主题墙饰以游乐园的场景呈现，并以幼儿熟悉的旋转木马作为背景。在主题下创设了"我熟悉的动物朋友""我想结识的动物朋友""我想要动物朋友快乐生活"三个小板块墙饰（见彩插图33）。在"我熟悉的动物朋友"中，幼儿将自己最熟悉的动物介绍给大家，并说出喜欢它的理由；幼儿还把收集的动物的照片和图片展现在主题墙饰中，使更多的幼儿熟悉、了解我们身边的动物。在"我想结识的动物朋友"中，幼儿交流着自己最想结识的动物朋友及原因，和爸爸妈妈一起收集动物朋友的特征和生活习性，并说说可以向动物学习什么，同时以绘画的形式记录下来和大家分享。在"我想要动物朋友快乐生活"中，幼儿在交流、分享动物的快乐的同时，将自制的快乐爱心卡呈现在旋转木马身上，让更多的同伴知道不同动物的快乐方式；同时生成了"保护动物方法多"活动，活动后幼儿把收集的好方法制作成小画册加以展示，并在体验活动中进一步激发幼儿保护动物的情感。

创设案例

我熟悉的动物朋友

动物是幼儿平常最喜欢讨论的话题之一，很多幼儿家里都饲养过小动物，还有的幼儿在动物园、图片、画册、图书及电视中熟悉和了解了许多动物的知识，他们对动物充满了喜爱之情。有的幼儿说："我喜欢小猫，它爱吃鱼很聪明。"有的说："小白兔爱运动，跳得高、跑得快。"还有的幼儿说："我们家里的小狗会转圈。"……由此生成了"我最喜欢的小动物"板块，幼儿可以选择自己喜欢的贴画，放在最受欢迎的小动物的头上，还可以比一比哪种小动物最高，在游戏的过程中幼儿初步感知到了高矮。在旋转木马下方是一列幼儿最喜欢乘坐的立体小火车，每个车轮上都是幼儿和爸爸妈妈一起收集的关于动物方面的小知识，通过转动车轮给动物找妈妈、穿新衣等游戏，幼儿在认识颜色和配对能力上都有了很大的提高。车厢里还收集了幼儿带来的

"我熟悉的动物朋友"墙饰环境

动物玩具，大家都愿意给同伴介绍自己带来的小动物，在交流、分享的过程中增强了语言表达能力和交往能力。

我想结识的动物朋友

瑞瑞从家中带来了一张马戏团的光盘，其中最精彩的是大象的托球表演——大象能够用鼻子托起球向上抛接进行表演，这也让幼儿对大象充满了兴趣，他们都想和大象成为朋友。由此我们开展了"大象有约"活动，针对小班幼儿的特点，请他们以"小小观察员"的身份，和爸爸妈妈来到动物园收集各种关于大象的资料。幼儿把他们在动物园里看到的大象以照片的形式展现出来，在过渡环节的时候经常跑到这里交流、分享自己看到大象时的情景。在这一过程中，幼儿关注更多的是大象的鼻子，"大象的鼻子可以摘苹果，大象的鼻子可以用来当水管洗澡，大象的鼻子还能荡秋千

呢……"幼儿用画笔展现出大象鼻子各种各样的本领并放在了旋转木马的身上。有的幼儿在自由活动的时候还到这里来模仿着大象做各种动作,有的学踢腿,还有的学大象做腹背运动。随着活动的不断深入,幼儿开始关注到了更多的动物,他们从家中把自己的动物图书带来和大家分享、交流。在谈论的这些动物中,生活在北极的北极熊是让大家最佩服的,于是结合幼儿的兴趣创设了小板块"与北极熊面对面"。幼儿知道北极熊生活在最冷的地方,是最不怕冷的动物。于是,我鼓励幼儿想一想怎样才能像北极熊一样不怕冷,幼儿的想法五花八门,有的幼儿认为用暖

"我想结识的动物朋友"墙饰环境

水袋可以不冷,有的幼儿认为多穿衣服可以不冷,还有的幼儿认为多运动可以不冷。第二天,幼儿把自己带来的照片与实物悬挂并放在了旋转木马的身上。幼儿在了解了北极熊是如何保护自己的同时,还学会了保护自己及让身体强壮的好方法。幼儿和爸爸妈妈一起收集了很多好方法。有的幼儿说:"我要每天坚持锻炼身体。"还有的幼儿说:"吃饭不能挑食,我们的身体才会强壮。"……我们将幼儿发现、收集的好方法制作成运动秘籍丰富在主题环境中,进行隐性指导,提醒幼儿在运动时避免运动伤害,学习自我保护。每次活动前,幼儿都打开运动秘籍翻一翻、看一看,培养了良好的户外活动常规。

我想要动物朋友快乐生活

班里饲养的小鱼、乌龟和小蝌蚪,大家都非常喜欢,它们是幼儿的好朋友。每天幼儿都来看看、喂喂它们。一天,京京和几个幼儿说:"你们看小鱼和小蝌蚪总是这么游来游去,小乌龟爬上爬下的,它们一定很快乐。"由此,幼儿自由地说起了动物的快乐。幼儿根据自己的想象大胆猜测,有的用身体动作表示抱抱、亲亲小动物它就快乐;有的认为每天照顾小动物它们就快乐,还有的用观察到的现象进行表述:"我每天都陪我家的小狗玩,它就快乐地摇尾巴。"幼儿用画笔或照片的形式把快乐的动物展示在墙饰上供大家分享,尤其幼儿在讲述动物的快乐时,自己也不由自主地乐了

起来，从而自然而然地萌发了关心动物、保护动物的情感。

在关心动物的情绪感染下，幼儿自发地与爸爸妈妈一起搜集资料，了解怎样才能使不同的动物快乐起来，一起讨论保护动物的方法有哪些。许多幼儿都表示要为动物搭建房子，最后决定在旋转木马的一侧用塑料玩具给动物搭建一座楼房。在实施过程中我紧紧抓住幼儿的兴趣点，生成了"保护动物方法多"小板块，和幼儿讨论保护动物的方法。在搭建中，幼儿化身为动物保护者，选择自己喜欢的动物图片，插放在楼房内，在楼房的每一层上还设计了点数门牌号。幼儿点数后，可以将数字房卡插放在门牌号上。通过游戏的形式，幼儿掌握了 5 以内的点数，感知了空间方位（上、下）。

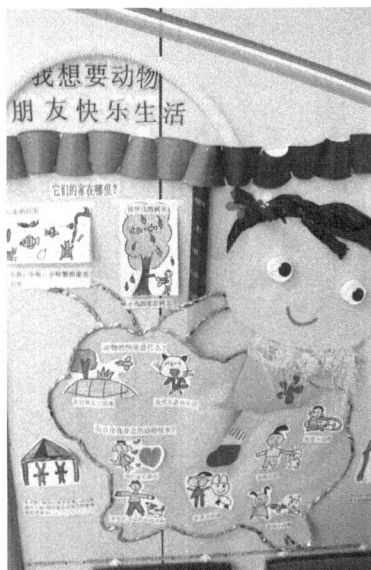

"我想要动物朋友快乐生活"墙饰环境

第三章 班级主题环境的创设

小班主题"动物朋友乐园"小单元活动表

主题目标	小单元	集体活动	区角	日常活动	家园合作
1. 畅谈自己喜欢的动物朋友，感知动物的生活习性。 2. 认识常见的动物，学习有趣地观察并说出它们的外形特征。 3. 学习使用不同的方式创造性地表现自己对动物的认识。 4. 萌发对动物的亲近兴趣，乐意接近小动物。 5. 培养幼儿爱护动物的情感和观察能力。	我熟悉的动物朋友	谈话：我喜欢的动物朋友用"因为……所以"造句 社会：我喜欢的动物排行榜 语言：我和小猫喜欢的故事 故事：我和小乌龟的故事 《猴子捞月》 《想飞的小鸟》	美工区：利用多种绘画形式（彩笔画、油画、水墨画、水油分离画、刮画、剪纸粘贴、泥工、粘贴）表现"我熟悉的动物朋友" 图书区：各种关于动物的书籍	1. 利用过渡环节分享幼儿自己带来的故事和儿歌。 2. 玩游戏"给小猫添菜"，引导幼儿利用图形喂小猫（贴上适当的菜肴）。	收集关于小动物的资料，幼儿与动物的照片，幼儿与动物之间的故事，喂养小猫的方法。
	我想结识的动物朋友	常识：介绍大象 社会：大象鼻子的用途 社会：与北极熊面对面 谈话：我像北极熊一样不怕冷 生成：我们应该如何运动 绘画：运动这样做	益智：小动物住新房 科学：给小鱼喂食 给小动物搭桥	1. 利用主题墙饰互动，玩"动物将报天气"游戏，让幼儿将动物图片与天气的变化连线。 2. 玩游戏"动物骨骼"，将动物的骨骼与相应的动物图片进行连线。	与家长一起收集关于动物的照片，过渡环节时与幼儿分享。
	我想要动物朋友快乐生活	谈话：动物饰演家 社会：动物的快乐 社会：如何保护动物的家 美工：设计宣传海报 美工：为小动物设计家	美工区：为小动物设计家 自然角：养些易存活的小动物，让幼儿在日常生活中学习照顾动物，观察动物的生长变化并做记录	1. 引导幼儿了解水里的动物，过渡环节时到到图书区翻看关于动物的书籍。 2. 过渡环节穿新衣，动物穿新衣，让幼儿给动物的皮毛与相应的动物匹配粘贴。	鼓励家长与幼儿共同制作动物皮房子。
主题墙饰环境		我熟悉的动物朋友；我想结识的动物朋友；我想要动物朋友快乐生活			

挑战成长——蜕变

（大班）

主题由来

在过渡环节，杨洋忽然大声地喊了起来："你们快来看，咱们班的小蝌蚪长出了两条后腿。"于是，幼儿纷纷跑过来争相观看。有的幼儿说："过两天还会长出两条前腿呢！"有的幼儿说："那它就快变成青蛙了。"还有的幼儿说道："蝴蝶也可以变，它是由蚕宝宝变成的。"幼儿对动物的变化非常感兴趣。于是，我问幼儿："那你们从中班升入大班，都有哪些变化呢？"由此，幼儿又开始谈论起自己和同伴的变化，从身高、服装、饮食到游戏、学习，天天发生在他们身上的变化成了幼儿关注的焦点话题。针对这些变化，结合本班有不少新入园插班生的情况，我们生成了主题活动"蜕变"，通过自主探究、合作学习、小组讨论等形式，引导幼儿感知他们是在不断地努力、不断地变化着的，懂得了通过自己的努力，掌握更多的本领，遵守各项规则，也能实现蜕变。

主题目标

1. 通过了解动物的蜕变过程，知道自然界各种事物都是在不断发展变化的。

2. 懂得只有掌握了更多的本领和遵守各项规则，才能实现蜕变。

3. 感知自己在不断地长大、不断地变化，知道要想实现自己的愿望，就需要不断地努力。

主题墙饰创设脉络

本主题墙饰以四季不同变化的剪影树和蝴蝶的生成过程作为背景，创设了"我了解的蜕变""蜕变正当时""蜕变将来时"三个墙饰板块（见彩插图42）。在"我了解的蜕变"单元板块中，以蝴蝶幼虫为背景，幼儿将自己对蜕变的了解展示在幼虫的身边，在幼虫的身上呈现的是会蜕变的动物。在四季剪影树的背景中展示的是动物蜕变的过程，由此使幼儿了解有哪些动物可以蜕变、知道它们是怎样蜕变的。在"蜕变正当时"单元板块中，以蚕茧为背景将"身体变化正当时""学习正当时""合作正当时""遵守规则正当时"等活动展示在上面，通过对比、发现、讨论的形式，使幼儿在活动中了解自己及同伴的成长和变化。在"蜕变将来时"单元板块中，呈现出美丽的蝴蝶，把幼儿的愿望以统计表格的形式展示在蝴蝶的一侧翅膀上，在翅膀的另一侧则展示了小组讨论的内容，说一说我们可以怎样实现自己的愿望，同时在蝴蝶的下面以信箱的形式展示家长对幼儿的期望。

创设案例

我了解的蜕变

在"我了解的蜕变"板块中，幼儿对蝴蝶的生长变化特别好奇，很想知道蝴蝶是怎样变得这么漂亮的、为什么叫蜕变。幼儿凭着他们的理解来猜测："蜕变就像变魔术。""蜕变就像我们手中的折纸。"有的幼儿反驳："蜕变好像不是这个意思，它意思是就像变了一个人似的。"我们把幼儿说的这些话分别记录下来，呈现在墙饰中蝴蝶幼虫的周围。在后面的活动中，幼儿还不时讨论这个话题。于是，我对他们说："那到底什么是蜕变呢？你们可以和爸爸妈妈一起去寻找答案。"带着疑惑，他们分别从网上、书店、图书馆、字典里找到了相关的知识。通过家园的共同协作，幼儿逐步了解到什么是蜕变、自然界里发生的种种蜕变，把可以

"我了解的蜕变"墙饰环境

蜕变的动物呈现在墙饰中幼虫的身上。由此，幼儿便开始谈论这些动物的蜕变过程，想了解它们是怎样蜕变的。幼儿带着求知的欲望，收集了不同动物蜕变的图片。有的幼儿提出把图片放到自然角中展示，这样就可以随时观看和讲述。大家对他的提议都非常赞同，此后每天在过渡环节时，大家都争先恐后地观看，有的还边看边交流。为了更好地激发幼儿的探究欲望，我们把这些动物蜕变的过程呈现在墙饰上的大树上、枝干上和草丛中，引导幼儿在墙饰中寻找、游戏，进一步感知他们通过自己不断努力，也可以实现蜕变。

蜕变正当时

幼儿了解了更多动物的蜕变后，越发地想知道，我们是不是也在蜕变？我们怎么能看见自己的蜕变？带着这个问题，我们进入到了"蜕变正当时"

单元活动中。结合大班幼儿的发展特点，我们从身体、能力和规则入手，开展了"身体变化正当时""学习正当时""合作正当时"和"遵守规则正当时"等系列墙饰互动活动。在"身体变化正当时"中，幼儿带来了自己在上小班和中班时曾穿过的衣服、鞋帽，他们看着自己小时候穿过的衣服都非常兴奋，拿着衣服在自己身上比划着，还争相和同伴交流："你的衣服才到你的腰。""你的袖子怎么都伸不进去呀？""唉，你看他的裤腿在膝盖上，太逗了。"听到幼儿的话语，我问道："怎么才能比较出原来衣服和现在衣服大小的差别？"有的幼儿说："可以把衣服对齐进行比较。"还有的幼儿说："我们可以用尺子测量不同时期穿的服装。"最后，幼儿把对比出来的数据在墙饰中呈现了出来，感知到了自己身体发生的变化。由于大班幼儿已可以进行合作化的学习，于是我和幼儿一起讨论：什么是合作？有的幼儿说："合作就是我们在一起做事。"还有的幼儿

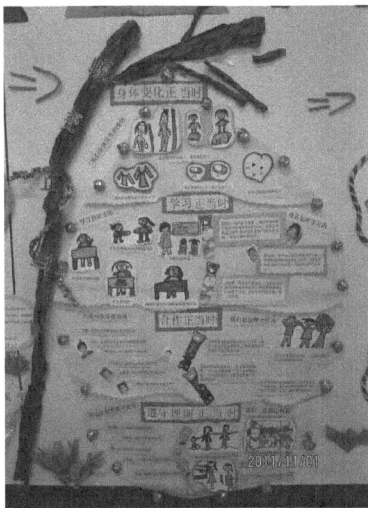

"蜕变正当时"墙饰环境

说："合作就是我做一会儿，她做一会儿。"幼儿通过亲身实践，体验到了合作的好处，并把这些好方法用绘画和图文并茂的形式展现在主题墙饰中。在做事之前，幼儿经常会到墙饰旁边看一看并相互交流可以怎样合作，逐步知道了什么时候需要合作，并了解了合作的好方法，从而感受到了与同伴合作学习、游戏的乐趣。

蜕变将来时

幼儿一天天地成长，他们每个人心中都有许多美好的愿望，就像墙饰中美丽的蝴蝶在飞舞。随着幼儿的竞争意识日渐增强，幼儿看到别人学到了新本领，自己也不甘落后。他们在一起比下棋、比跳绳、比讲故事等，由此产生了自己的愿望，我们把这些愿望以统计表的形式呈现在墙饰中蝴蝶的翅膀上，幼儿每天都围在墙饰前面向同伴介绍着自己的愿望。在大家的相互交谈中，有的幼儿会说："我们什么时候才能实现自己的愿望呀？"我对他们说："你们想一想，怎样才能实现自己的愿望？"有的幼儿说："我们每天都要练习。"有的幼儿说："要学习更多知识。"婷婷提出："我们可

以制订一份实施计划，按照计划去做就能更快地实现自己的愿望。"这个建议得到了大家的一致认可，于是生成了"我的未来不是梦"活动。幼儿以小组为单位讨论如何制订以及实施计划，幼儿把这些计划呈现在墙饰中蝴蝶的另一侧翅膀上。大家每天相互督促、对照着计划去做并相互鼓励，以此来逐步实现自己的愿望。在蝴

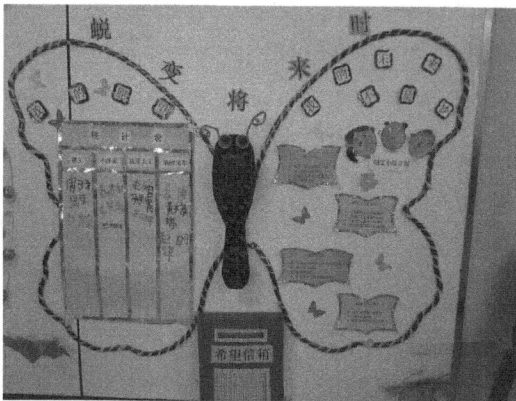

"蜕变将来时"墙饰环境

蝶墙饰的下面还专门设置了一个"希望信箱"，家长可以把对幼儿的希望、寄语以书信的形式投进信箱，每天幼儿都特别关注信箱中的来信，我们请识字的幼儿把信件读给全班幼儿听，让大家了解父母对自己的期望，增强责任意识，从而真正地实现蜕变。

专家点评

　　"变化"是每个幼儿每天都在经历的事情，其中蕴藏着丰富的教育契机和多方面的教育价值。教师敏锐地抓住了幼儿发现、议论蝌蚪和蝴蝶蜕变的机会，围绕他们的兴趣点，结合他们的生活经验，自然而有意义地引导幼儿开展了多样化的活动。

　　变化会带来差异，幼儿看到的差异有外形方面的——蝌蚪长出后腿了；有形态方面的——蚕宝宝变成了蚕蛾；有能力方面的——跳绳的数量、讲故事的水平；有意识方面的——遵守规则的意识、按照计划去做事的意识等。这些差异给幼儿提供了比较的绝佳机会，在比较的过程中，幼儿的思维能力得到了锻炼，为以后的抽象、概括能力的发展做了准备。

北京市教育科学研究院早期教育研究所副研究员　徐　明

大班主题"蜕变"小单元活动表

主题目标	小单元	集体活动	区　角	日常活动	家园合作
1. 通过了解动物的蜕变过程，知道自然界各种事物都是在不断发展变化的。 2. 懂得只有掌握了更多的本领和遵守各项规则，才能实现自我蜕变。 3. 感知自己在不断地长大、变化，知道自己的愿望要实现就需要不断地努力。	我了解的蜕变	谈话：我了解的蜕变 科学：各种动物的蜕变（可以分几次活动开展） 语言：蜕变的故事	美工区：制作动物蜕变连环画 益智区：动物蜕变棋 语言区：科学类及蜕变故事图书 自然角：投放动物蜕变的图片；将动物蜕变的过程作为进区标志	1. 在过渡环节开展"我说蜕变"活动。 2. 晨间活动时，请幼儿在自然角讲述动物的蜕变。	1. 从多种渠道收集关于动物蜕变的资料和图片。 2. 请家长说一说对蜕变的理解。
	蜕变正当时	科学：身体的变化 讨论：学习的好方法；什么时候应该怎样合作 社会：我们应该怎样合作；遵守规则大比拼；设计规则标志	美工区：设计标志 科学区：合作完成科学实验并记录 益智区：进行猜想，记录；分类；分解组成；棋王争霸 表演区：故事；歌舞表演 语言区：手偶讲述	1. 过渡环节活动："合作做做乐多""好玩的合作游戏"。 2. 引导幼儿制订生活、游戏、学习等活动的规则。	1. 引导幼儿在家中养成良好的学习和行为习惯。 2. 在公共场合提示幼儿遵守各项规则。
	蜕变将来时	社会：我的愿望；我的未来不是梦；制订小组实施计划；开展"我成长我进步"主题竞赛	美工区：绘画我的愿望；设计、制作计划表格 语言区：讲述我的愿望	1. 评选"进步小标兵"。 2. 在过渡环节开展"故事会"活动。 3. 在户外分散活动进行跳绳及体能练习。	请家长把对幼儿的期望以书信的形式投送到班中的"希望信箱"中。
主题墙饰环境		我了解的蜕变；蜕变正当时；蜕变将来时			

情景体验——轱辘轱辘
（小班）

主题由来

汽车是幼儿最喜欢的玩具，他们经常把塑料圈拿在手里当方向盘，用废旧轮胎滚着玩开汽车的游戏。在玩的过程中，幼儿还会模仿遇到红绿灯时警察指挥交通等场景。幼儿在游戏中发现轮胎上有花纹，会好奇地问花纹有什么用。有的幼儿会问汽车跑不动时为什么要喝很多油。带着幼儿的疑问和好奇，结合幼儿的认知和兴趣需要，我们与幼儿共同创设了"轱辘轱辘"主题。根据幼儿的生活经验，我们把遵守交通规则和乘车时应该注意的礼仪作为重点，让幼儿从小养成良好的行为习惯；同时，我们又把幼儿感兴趣的与汽车有关的加油站和会"轱辘"的轮胎创设在主题墙饰中，通过对汽车的进一步了解，引导幼儿在游戏活动中探索和发现轮胎花纹的用处，以及如何像汽车一样给我们的身体加油。在与墙饰互动的过程中，幼儿对汽车的种类和不同用途有了更深的了解。利用轮胎来丰富游戏活动，增强了幼儿活动的兴趣。

主题目标

1. 知道、了解并遵守生活中简单的交通规则和乘车礼仪。

2. 进一步了解有关汽车的知识和车轮的简单功能。

3. 乐于参加玩轮胎的游戏活动，增强身体的平衡与协调能力。

4. 乐于主动探究轮胎的多种玩法，乐在其中。

主题墙饰创设脉络

本主题墙饰以马路为背景，上面呈现的是公共汽车和小轿车，下面是会动的颜色不同、大小不同的四个轮胎。共创设了"汽车王国"和"车轮滚滚"两个单元板块（见彩插图 36）。

在"汽车王国"板块中，幼儿通过游戏"我是守规则的小司机"、谈话活动"危险的事情我不做"、日常交流"乘车礼仪我遵守"等，总结出了一些乘车的好方法并呈现在墙饰中的一辆公共汽车里，培养了遵守规则和文明乘车的好习惯。在"加油站"墙饰中，将饮水桶、喷水壶与加油站相结合，引导幼儿知道汽车需要加油，小朋友、动物、植物的生长也要"加油"，由此增强自护意识，进餐时不再挑食，会主动饮水，还经常去给小动物喂食、给植物浇水。

在"了不起的轮胎"板块中，幼儿把搜集到的不同类型轮胎的汽车图片和编配的歌谣呈现在第一个黄色的车轮中，用以了解车轮与车的关系。幼儿在户外活动时会经常玩轮胎，有时会推着比谁的轮胎跑得快；还有的幼儿会把轮胎堆在一起爬上爬下。我们把各种轮胎的玩法记录下来，呈现在第二个绿色的车轮中，通过户外体育游戏活动，带领幼儿探索和发现轮胎的其他玩法，感知轮胎的特性，发展幼儿身体的灵活性。在第三个红色车轮和第四个蓝色车轮中，幼儿通过给汽车安装轱辘，连线、找影子等游戏，满足了探究的欲望，提高了观察能力，对汽车的功能和特征有了更多的了解。

幼儿欣赏了故事《快乐的轮胎》后，和家长共同续编了故事的结尾，我们把续编的故事收集起来，呈现在墙饰中的轮胎商店里，幼儿经常借助轮胎商店把自己创编的故事讲给其他幼儿。在讲述"轮胎像什么"时，赵甫文说："老师，我发现轮胎会轱辘，呼啦圈也会轱辘。"赵甫文的话引发了其他幼儿也寻找、搜集生活中会滚动的物品和什么物品像轮子，以及和轮子相关的故事，轮胎商店里的故事多了，幼儿的想象力也越来越丰富了。

创设案例

汽车王国

幼儿玩"小司机"游戏时非常兴奋。刘浩洋说："杨仲琪开车撞我！"听到他的话，教师问："司机应该怎样开车最安全？"杨仲琪说："应该遵守交通规则，看红绿灯。"刘浩洋说："看到行人要停下来，不能开快车。"
"我们小朋友坐车时，应该怎么办？"教师提出了问题。常扩说："妈妈会让我系上安全带！"付冠轩说："不能把头伸到车窗外面去！"老师说："我们把这些规则告诉大家吧！"于是，幼儿制作了红绿灯和交通规则的标志放在背景墙上，提醒大家"我是守规则的小司机"。汽车与幼儿的生活密切

"汽车王国"墙饰环境 1

相关，在来幼儿园的途径上，有的幼儿说是坐私家车来的，有的幼儿说是坐公共汽车来的。于是，我们用街道、马路作为主题墙面，行驶的汽车和车轮作为主题单元活动墙饰。行驶在街道上的汽车、会动的车轮增添了幼儿对主题环境的兴趣。墙饰中汽车的座位上呈现的是"危险的事我不做""乘车礼仪我遵守"的画面。公共汽车里的司机、乘客很容易让幼儿联想到自己和爸爸妈妈坐车的场景，通过谈话、讨论、游戏等活动，幼儿把坐车时要注意的安全事项（不把头和手伸出窗外、礼貌让座、系好安全带等）

画了下来，丰富了环境墙饰的内容。

加油站

一天，幼儿在玩滚轮胎开汽车的游戏，付冠轩说："今天我爸爸去给汽车加油了，我的车也要加油，可是没有加油站呀！"老师说："好啊！我们来建一座加油站吧！"因此，在墙饰中又生成了"加油站"这个单元。有了"加油站"，幼儿"开"起汽车来跑得更快了。看到幼儿跑得满头大汗，教师提示："小汽车该加油了。"佳佳

"汽车王国"墙饰环境 2

问："汽车为什么要加油？"幼儿说："汽车加油就跑得快了。"还有的幼儿说："汽车加油就有劲儿了。"教师问："我们身体需要加什么'油'吗？"赵甫文说："我每天都吃钙片，妈妈说是给身体'加油'。"可欣说："我每天吃饭也是给身体'加油'！"丁丁皱着眉头说："我们都要'加油'，要有个自己的'加油站'就好啦！"第二天，方方从家里带来了洗衣机的软管，在一侧连接了幼儿的饮水桶，幼儿结束活动后经常会来这里"加油"，幼儿渐渐地知道了多运动、多喝水、吃有营养的食品就是给身体"加油"。随着"加油"游戏的进行，幼儿发现了在自然角给植物浇水、喂小动物、晒太阳也是在给动植物"加油"，因此，"加油站"又连接到植物角，幼儿找来喷水壶，每天观察着种植的各种花草，给它们加油。就这样，幼儿围绕着如何给汽车加油、给自己"加油"、给动植物"加油"展开了探讨，并亲自体验，去给植物浇水，还逐渐学着把体验的过程用图片记录下来，和大家互相交流，体验分享带来的乐趣。活动的开展，使幼儿的自我保护意识增强了，进餐时不再挑食，知道主动饮水了，还经常去给小动物喂食、为植物浇水。

车轮滚滚

在户外体育游戏活动时，有的幼儿把汽车轱辘推着走，有的幼儿比赛看谁的车轮跑得快。一天，李逸宸拿来一张照片，说照片上的秋千是爸爸用轮胎做的，幼儿看到后都非常羡慕。教师问："轮胎还可以怎么玩?"大家马上来了兴致。有的幼儿把

"车轮滚滚"墙饰环境1

车轮堆成山爬上爬下，有的把轮胎当山洞钻来钻去，还有的幼儿在轮胎里跳来跳去。回到教室里，教师和幼儿把玩轮胎的瞬间用相机拍下来，还把各种玩法用表格记录下来布置在绿色背景的车轮中，幼儿经常看着照片讲自己玩轮胎的好方法。通过玩轮胎，幼儿不仅了解了轮胎的特性，还体会到了轮胎带给我们的快乐。在活动中，幼儿体验、探索和发现了车轮的不同玩法，感知了车轮的特性，锻炼了身体的灵活性。在与环境的互动中，结合游戏幼儿进一步了解了汽车和轮胎的特征，对环境的变化更加感兴趣。

一天，凯撒正玩汽车找影子的玩具，这时游戏时间结束了，凯撒只好把玩具收起来。凯撒说："要是把游戏搬到墙上就好了，什么时候都能玩!"经过讨论，幼儿决定把汽车找影子和给汽车装轱辘的游戏材料布置到墙饰上的车轮中，这样就随时可以进行游戏了。

随着幼儿对汽车和轮子的认识的深入，我们在墙饰车轮中又增添了汽车连线、给汽车装轱辘、帮汽车找影子等游

"车轮滚滚"墙饰环境2

戏，幼儿进一步了解了汽车和车轮的关系。在四个车轮转动的过程中，幼儿看到了各种各样的轮胎花纹，转动轮胎找花纹的游戏又吸引了幼儿。幼儿在与墙饰的一轮又一轮互动中，加深了对环境的认识，满足了探究的欲望，增长了智慧。

113

小班主题"轱辘轱辘"小单元活动表

主题目标	小单元	集体活动	区角	日常活动	家园合作
1. 知道并遵守生活中简单和乘车的交通规则和乘车礼仪。 2. 进一步了解有关车的知识和车轮的简单功能。 3. 乐于参加玩车的游戏活动，增强身体的平衡与协调能力。 4. 乐于主动探究轮胎的多种玩法，乐在其中。	汽车王国	语言：马路上的车 美术：制作汽车 社会：未来往往的车 健康：怎样乘车 　　　加油站 　　　红绿灯 艺术：小司机 　　　三轮车 科学：汽车开来了 　　　汽车排队	美工区：制作汽车 　　　粘贴装饰汽车 益智区：汽车拼摆 　　　汽车连线 图书区：图书《识车大全》 　　《交通工具》 　　汽车图片 建筑区：利用积木、废旧材料搭建汽车城	1. 为幼儿提供有关汽车的图书和图片，引导幼儿观察各种汽车，了解各种车的特征和用途。 2. 在户外为幼儿提供轮胎、球、自行车、三轮车、碰碰车，供其活动。	1. 请家长搜集有关汽车、轮胎的书籍和图片，丰富幼儿有关车的知识。 2. 与幼儿一起利用家中的废旧物制作汽车。 3. 在日常生活中，引导幼儿认识一些简单的交通标志，学习遵守交通规则，培养良好的乘车习惯。
	轮胎像什么	语言：《快乐的轮胎》 故事：《红红的小东西》 健康：好玩的轮胎 科学：大家"滚"起来	美工区：轮胎添画 　　　花纹秀 图书区：自制图书《轱辘轱辘》《红红的小东西》	提供圆柱形积木、药瓶、各种小球等，鼓励幼儿探索什么东西能滚起来。	请家长与幼儿一起搜集能滚动的物品，让幼儿尝试什么东西能滚动。
	了不起的车轮	科学：装轮子 语言：《轱辘轱辘》	美工区：滚画 　　　画花纹	在自由分散活动中，幼儿自选游戏材料进行滚画活动。	家长可以引导幼儿观察自己家中的车轮的图案。
	我和轮胎做朋友	语言：《快乐的轮胎》 健康：好玩的轮胎	益智区：车轮滚滚 　　　连线 　　　找影子	在户外为幼儿提供轮胎、球、自行车、三轮车、碰碰车，供其活动。	家长可以带幼儿骑自行车，骑三轮车、滑滑板车，感受轮子的特性。
主题环境墙饰	汽车王国；车轮滚滚				

诗韵生活——《春晓》
（中班）

主题由来

  户外活动时，班上的铮铮发现树上长出了绿绿的嫩苗，高兴地叫起来："快来看呀！大树终于发芽了。"铮铮的这一发现，引起了全班幼儿的关注，幼儿你一言、我一语地讨论开了："我家门口的大树也发芽了，上面长了很多毛毛虫叶子""日坛公园里的桃树都快开花了，上面都是粉色的花骨朵。"……幼儿天生就具有与自然亲近的本能，大自然的变化总躲不过幼儿敏锐的眼睛。于是，"春天"成了我们班的热门话题，涵涵从家带来一幅《春晓》水墨画，画中展现的是一幅雨后清晨的春景图。幼儿一边欣赏，一边朗诵起《春晓》这首大家耳熟能详的古诗，从诗中感受春天大自然的美丽与多彩。我们和幼儿共同创设了主题墙饰，通过朗朗上口的古诗，鼓励幼儿探究春天的秘密，发现春天的变化，将快乐的活动与环境紧紧联系在一起，有效地促进了幼儿积极情感的发展，培养了幼儿积极向上、愉快乐观的性格，真正起到了润物细无声的作用。

主题目标

  1. 感知和发现春季气温、人们的活动、生物的生长变化等，感受春天生机勃勃的景象，体验季节变化的乐趣。

  2. 观察、发现春天的特征，认识春天的动植物，并尝试简单记录它们的变化。

  3. 愿意用多种方式表达自己对春天的感受，感知和体会人与自然的和谐关系，知道爱护动植物。

主题墙饰创设脉络

  本主题墙饰以古诗作者孟浩然的剪影站在亭台楼阁上欣赏四幅古色古香的春图为背景，以春晓的四句诗直接切入，创设了"春眠不觉晓""处处闻啼鸟""夜来风雨声""花落知多少"四个墙饰板块（见彩插图35）。在"春眠不觉晓"中，幼儿将自己找到的春天通过绘画的形式进行展现。在"处处闻啼鸟"板块中，幼儿把自己发现的春天动物的变化通过一系列观察探究实践活动加以展示。在"夜来风雨声"的板块中，幼儿和家长一起收集了有关立春、雨水、惊蛰、春分、清明、谷雨等节气的来历；转动的

"节气轮"让幼儿掌握与了解了春天的节气及气候的变化。在"花落知多少"板块中，和幼儿寻找、认识春天开的花，了解各种花的品质，寻找幼儿园里最美丽的花，感受春天百花盛开的景象。

创设案例

春眠不觉晓

早上，天气还有些微凉，到了中午，明艳艳的太阳就在天空中露出了笑脸。午饭过后，我和幼儿来到操场散步，幼儿发现小草从地下钻了出来，颜色嫩绿嫩绿的，很是耀眼。闹闹好奇地问道："老师，是不是春天来了？" "咦？春天在哪里呢？"我的疑问引起了幼儿的探究欲望。在随后的活动中，幼儿把春天天气的变化用温度统计表的形式记录在画框中，感受着春天温暖的临近。我也为幼儿制作了两个春娃娃，幼儿就把春天时他们喜欢的服装制作成小样板，在身上换来换去，展示着春天人们在服装上的变化，幼儿到底知道有关多少春天的事物呢？讨论活动引导幼儿自由畅谈自己知道的春天，在我的建议下，幼儿开展了"寻春"活动，把收集到春天的故事、儿歌、游戏制作成《春之歌》手册放在用盒子制成的围墙中，在过渡环节欣赏、游戏。还有的

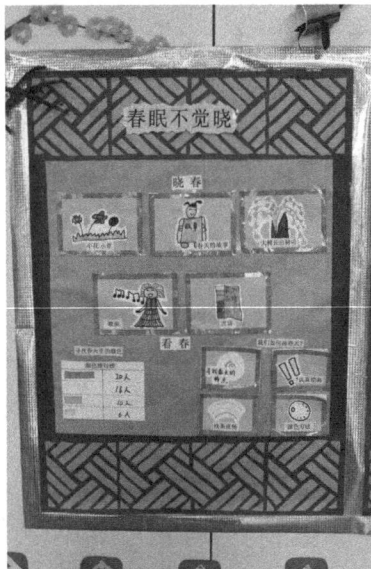

"春眠不觉晓"墙饰环境

幼儿用画笔将自己知道的春天描绘下来，展现在墙饰中，并为小板块起了个好听的名字"晓春"。通过畅谈自己知道的春天，幼儿寻找春天、探索春天的愿望更为浓烈。随后，"看春"活动的摄影展、"踏春"活动的新发现把整个"春眠不觉晓"画框装扮得满满的，让幼儿提前进入了春天的世界，感受着春天的气息。在这一过程中，幼儿观察自然、观察生活的能力逐渐提高，发现美、创造美的能力不断发展。随着主题活动的开展，画框下面的围墙上已经布满了幼儿寻找春天的足迹，春天的"围墙"也越来越丰富，春天也悄悄地来到了我们的身边。

我们的"大雁行动"

"春江水暖鸭先知"，顾名思义，动物是第一个能够感受到春的讯息的。

每天幼儿都争先恐后地交流自己发现的春天里动物的变化。有的说："小青蛙到了春天，该产卵生蝌蚪宝宝了。"有的说："我们家的小猫最近老掉毛，春天小猫也要脱毛换新衣。"还有的说："我知道燕子该从南方飞回来了。"……于是，"动物报春"的主题呈现在了第二个画框中，幼儿用绘画作品、照片、发现小记录、动物秘密小卡片、爱心便利贴等各种方式把自己寻找到的春天里动物的变化展示出来。还有的幼儿从家里带来了一张有关"动物迎春"的光盘与大家分享。在观看视频时，幼儿目不转睛地欣赏着小动物的迎春方式，当看到大雁排着整齐的队伍在空中飞行的时候，幼儿情不自禁地为大雁鼓掌。随后，幼儿围绕大雁为什么会排队飞行开始了讨论，抓住幼儿这一好奇的

"处处闻啼鸟"墙饰环境

心理，我们生成了"大雁行动"板块，各种大雁成长、生活的资料被幼儿收集后贴满了整个主题墙饰中，幼儿也了解了大雁排队飞的原因。随后，班里开展了"我学大雁"活动，幼儿以问卷的形式在全园进行调查，统计出生活中什么时候、哪些地方需要排队，将结果公布在主题环境中，然后和大班的哥哥姐姐以绘画"爱心小提示"卡的形式制订排队规则，张贴在幼儿园、班级的各个角落。幼儿还把创编的排队小儿歌以图片形式放在大小不同的大雁身上，呈现在主题墙饰中。"大雁行动"不仅满足了幼儿的好奇心，更让幼儿收获了行为、规则意识、自我约束等社会性的发展。

夜来风雨声

一觉醒来，外面淅淅沥沥地下起了雨。早早来园的幼儿，像遇到了久违的朋友般打着伞在院子里嬉戏。看着如丝般的春雨，我提议："孩子们，咱们来观雨吧！""春雨像一条细细的线。""春雨像一颗颗亮亮的珠子。""春雨像小朋友们脸上的泪水。"幼儿你一言、我一语地描述着这场春雨，并用稚嫩的画笔记录下春雨的美景，这一天，他们都沉浸在观雨的情境中。为了满足幼儿的好奇心，我们在主题中设计"观雨亭"来记录每次春雨来临的时间、幼儿的心情、动植物的生长情况；一首《春雨沙沙》的歌曲，

117

以图文并茂的形式呈现在了主题墙饰中，立刻引来了幼儿的关注，歌曲里卡通的种子、麦苗形象让幼儿每天都要看着图谱唱上好几遍。于是，我和幼儿又共同收集了春天植物生长的图片，幼儿把这些图片插换到歌曲中，创编了很多新歌曲，一本《春天的歌谱》诞生了，这里面记录着每个幼儿对春天的向往、对音乐的爱好。一场场春雨过后，春的脚步更加快了，轰隆作响的春雷、草丛里的小虫子、杨树上的毛毛花、喇叭一样的迎春花等这些幼儿喜爱的东西，一股脑儿地出现在了大自然中，幼儿好奇的探索、寻找春天的点点滴滴，每天的变化都让他们惊喜。我和幼儿分享着春天的美景，给幼儿讲述着节气的

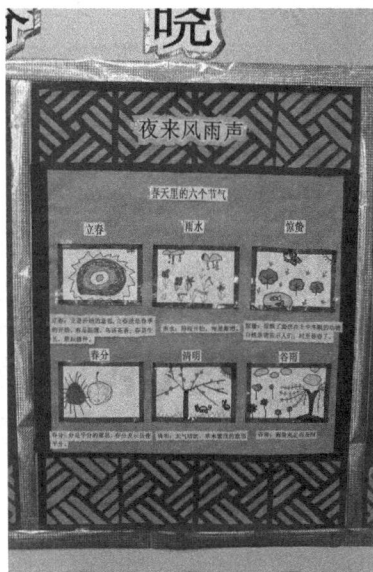

"夜来风雨声"墙饰环境

来历。幼儿和家长一起收集了有关春天气候变化及节气的图片，装饰在主题墙饰中的"节气转轮"上，滚动转轮，寻找节气，收获知识。幼儿还把每个节气时发现的变化记录下来挂在转轮的旁边。这个主题活动以主题墙饰为载体，根据春季的特点给幼儿搭建了感知春季特征的支持平台，满足了幼儿了解季节变化的需求，引导幼儿在探究身边环境变化的同时增强了对四季变化的适应能力。

花落知多少

人们常用"春暖花开"来形容春天气候温暖、百花盛开的优美景色。清明过后，冰清玉洁的玉兰花相继开放，地铁边、街道旁，随处可见春花的影子。幼儿和家长用相机记录下含苞待放的瞬间、用画笔描绘出竞相开放的景色、用表格记录下不同花的开放日期，所有这些都在主题墙饰的第四个画框中栩栩如生地呈现了出来。还有的干脆带来真实的花卉摆放在班级自然角中，班里宛若一幅春季百花图。幼儿观察着自己收集来的图片和实物，不断用手指顺着弯曲的花瓣边沿"行走"，他们发现了花有许多相同和不同的地方，一场"花儿大家庭"活动开始了，有的按花的颜色、按花的形状、按花的习性分类，还有的按花的功能分类。直观形象的图片和实物进一步激发了幼儿探索各种各样花的兴趣，同时也为幼儿留下了更多思

考的空间。于是，我进一步鼓励幼儿利用不同的材料制作自己喜欢的花，把一部分幼儿的作品收集在一起编成一本《花儿朋友写真集》，对此幼儿很喜欢，不时地去翻阅、交流；把另一部分幼儿的作品以"我最喜欢的花儿"为标题，变成主题墙饰的一部分。中班是培养幼儿良好行为习惯的最佳时期，在日常生活中，我们利用幼儿对花的了解与热爱，建立"花"和"幼儿行为"的自然联系，并以主题环境的形式呈现在幼儿的眼前，使幼儿直观、形象地了解到不同花的品格，鼓励幼儿像花一样，调整自己的行为，养成良好的行为习惯。在这样的过程中，幼儿树立了自信心，提高了创作的积极性，体验到了表现美、创造美的乐趣。

"花落知多少"墙饰环境

中班主题"春晓"小单元活动表

主题目标	小单元	集体活动	区角	日常活动	家园合作
1. 感知和发现春天气温、人们的活动、动植物生长变化等，感受春天生机勃勃的景象，体验季节变化的乐趣。 2. 观察、发现、认识春天的特征，认识春天的动植物，并尝试简单记录它们的变化。 3. 愿意用多种方式表达自己对春天的感受，感知自然与人与春天的和谐关系，知道爱护动植物。	春眠不觉晓	谈话：我知道的春天 我看到的春天 美术：春天颜色排行榜 绘画春天的景色 科学：寻找春天	美工区：绘画春天 制作春天的花 运用皱纹纸制作迎春花 折春花 泥工区：春的色彩	饮水环节后，伙伴间可自由讲述春天的故事并交流、分享。	请家长和幼儿一起收集关于春天的素材。
	处处闻啼鸟	社会：小动物如何迎春 科学：大雁来了 兔子来迎春 候鸟迎春 水里的动物来迎春 故事：《春天里的故事》	美工区：制作小动物 表演区：《春天里的故事》《小动物来迎春》《三只蝴蝶》 歌曲：《春天在哪里》	1. 过渡环节时进行谈话"春天里的变化"。 2. 收集并分享春天的故事。	收集春天的故事，自制图书。
	夜来风雨声	歌曲：《春天在哪里》 科学：春天里季节的变化 春天的六个节气 语言：《春雨沙沙》 音乐：《春晓》 故事：《春天在哪里》	表演区：《春天在哪里》《春雨沙沙》 集体舞蹈：《春晓》 科学区：听雨 春雨的颜色 春雷声	为幼儿提供相互交流的空间与环境墙饰，鼓励幼儿与同伴讨论话题。	1. 收集春天的歌曲并装订成册。 2. 制作图文并茂的自制图书。
	花落知多少	绘画：春天里常见的花 科学：百花齐放 花的用途 谈话：如何爱护花草树木 花儿朵朵 故事：《天山上盛开的雪莲花》《花仙子》	美工区：制作春天的花 绘画春天的花 剪纸：四瓣花 装饰：装饰花瓶	利用过渡环节进行谈话活动，引导幼儿畅谈如何保护花。	收集大量的春植物素材。
主题墙饰环境	春眠不觉晓；处处闻啼鸟；夜来风雨声；花落知多少				

第四节　班级主题墙饰创设的拓展案例

　　班级主题墙饰创设的拓展案例是配合重点案例推出的可参考借鉴的案例，同样经过我园多年验证，其目的在于拓展读者创设班级主题墙饰的思路，因地制宜，因人施策，不断创新。每个案例由主题由来、主题目标、主题墙饰创设脉络、主题小单元活动表构成，在图片呈现上以整体的主题墙饰为主，适当配有主要的小单元活动墙饰，如"民族魅力——葡萄架下的美丽传说""兴趣拓展——成长的味道""问题探究——启航"等。

民族魅力——葡萄架下的美丽传说
（大班）

主题由来

　　浓浓的眉毛、高高的鼻梁、闪烁的大眼睛，有点卷卷的棕色头发，戴着一顶精致的维吾尔族小帽，这就是我们班阿山，本学期新转来的维吾尔族幼儿。无论是他的相貌还是穿着，都让班里的很多幼儿成了他的崇拜者，一开口就能说出像唱歌一样动听的维语，更是让幼儿每天都追随在他的身后想一探究竟。"他的眼睛可真漂亮呀。""他说的是什么话，咱们怎么听不懂啊？""他穿的是长长的衣服，还戴着漂亮的帽子。""妈妈说了，阿山的家乡可美了，有好吃的羊肉串、葡萄和哈密瓜呢！"哈哈哈……在幼儿一片铜铃般的笑声中，阿山成了班上乃至全幼儿园的名人，一时间，幼儿对于这个来自天山脚下的幼儿喜欢得不得了。几天后，阿山的家长拿来了一张他们全家在葡萄架下载歌载舞的照片，幼儿爱不释手地互相传看，我突发奇想，提出建议："不如把阿山的照片放到墙面上，大家一起来认识这个可爱的民族娃娃吧？"我的建议得到了幼儿的赞同，短时间内就和幼儿一起创设了"葡萄架下的美丽传说"主题墙饰，通过寻找阿山家乡的美食和美景、欣赏动听的维吾尔族歌舞、制作有趣的乐器、开设热闹的巴扎集市等活动，幼儿从多角度更加深入地了解维吾尔族。我们还将五大领域的发展目标巧妙地融入主题活动中，使幼儿在充分感受维吾尔族的特色文化和知识经验的同时，提升语言、思维、想象、艺术表现、合作、自信等多方面的经验和能力，增强了民族自豪感。

主题目标

1. 欣赏、了解维吾尔族的服饰特点和民俗风情。

2. 感受维吾尔族音乐活泼、明朗、奔放的特点，增强民族自豪感。

3. 知道维吾尔族是一个能歌善舞的民族。

4. 能大胆用自己喜欢的方式表现维吾尔族的歌舞，富有个性地表达自己对维吾尔族民俗风情的理解和情感体验。

主题墙饰创设脉络

本主题墙饰以葡萄架下两个载歌载舞的维吾尔族少男少女为背景，分别创设了"聪明的阿凡提""长寿的秘诀""大阪城的姑娘""热闹的巴扎"四个墙饰板块（见彩插图39）。

在"聪明的阿凡提"中，一大串葡萄里记录了幼儿收集的阿凡提故事、征集的幼儿喜欢的故事排行榜，并在班里寻找"聪明的阿凡提"形象代言人，开展"阿凡提的聪明在哪里"和"我是聪明的阿凡提"竞赛等活动，让幼儿了解到阿凡提是我国维吾尔族乃至全中华民族家喻户晓的人物，并从故事中真正感受到了维吾尔族人们的聪明和智慧。幼儿还设计了统计分类表布置在墙饰中，将以"阿凡提"名字命名的商标品牌，包括服装、食品、文具、图书、游戏娱乐产品、餐厅等进行收集、分类和统计，感受到了品牌商品与我们的生活息息相关，并对我们生活

"聪明的阿凡提"墙饰环境

产生着影响。随着活动的逐渐开展，幼儿又将"聪明小提示"做成小纸条贴在葡萄的墙饰中，及时与大家分享自己的经验；评比活动"我们班的聪明豆"，通过讨论的方式制订出评选标准，鼓励幼儿积极动脑筋、想办法解决遇到的问题。

在"长寿的秘诀"中，家园共同收集最长寿的民族的图片，幼儿发现维吾尔族被称为长寿民族，于是我们开展了"健康秘诀大调查"，利用可更换的统计图表了解维吾尔族的长寿秘诀，使幼儿懂得健康涉及多个方面，要养成合理饮食、早睡早起、坚持锻炼等良好的生活习惯。幼儿以图文并茂的形式，找出身边存在的健康方面的问题；并以投票统计、评选建议的

形式，设计"健康秘诀好方法"；并以表格的形式，讨论、制订自己的"健康计划"，用自己喜欢的方法进行记录，装订成册展示在小板块中，供大家随时翻看、交流和分享。

在"大阪城的姑娘"中，灵动的新疆手鼓将维吾尔族的歌舞更加形象地展示了出来。色彩丰富的新疆歌舞图片吸引着幼儿驻足欣赏，幼儿根据图片的内容寻找维吾尔族舞蹈的动作特点，我们在维吾尔族特有的手鼓鼓面上制作舞者，将幼儿找到的各种动作在舞者的各部位进行标注。在欣赏和学习维吾尔族歌曲时，切分音与附点的唱法确实难住了幼儿。

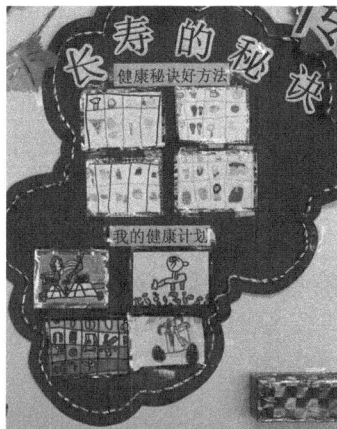

"长寿的秘诀"墙饰环境

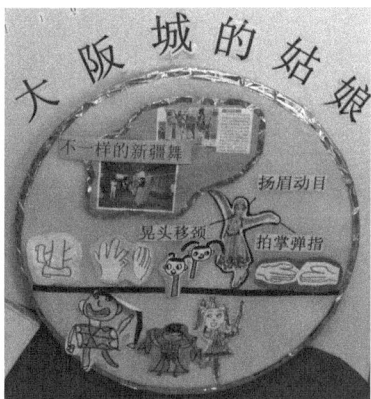

"大阪城的姑娘"墙饰环境

我们选择了维吾尔族《尝葡萄》这首歌，通过词谱对照的方法引导幼儿将歌词与节奏节拍正确对齐，直观、形象地对比出切分音与附点节奏的不同，还请幼儿尝试用实物摆出节奏，在不断互动的过程中，幼儿逐渐掌握了切分音和附点的唱法。幼儿绘画的维吾尔族小花帽、小马甲，用废旧材料制作的手鼓、热瓦普，成了游戏活动中的焦点。幼儿在自己喜欢的墙饰前唱着、跳着，深深地感受着具有维吾尔族特色的艺术表现形式，陶醉在维吾尔族动感的旋律中，通过自主、合作学习逐步提升了艺术表现力，丰富了运用多种方法和材料进行艺术创作的经验。

在"热闹的巴扎"中，以热瓦普为载体奏响了主题活动的序幕。幼儿查找资料，收集了维吾尔族人赶巴扎的过程，以连环画的形式记录了从商家运货和摆货、顾客精心挑选货品、商家和顾客讨价还价、双方成交顾客将货品买走的过程，了解了赶巴扎这种维吾尔族特有的买卖活

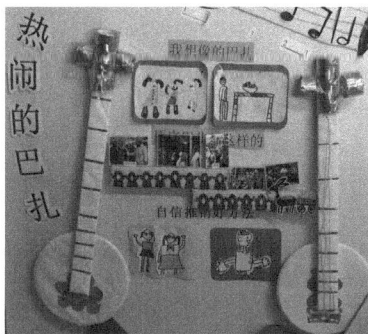

"热闹的巴扎"墙饰环境

动；利用插卡式的接龙图，呈现了幼儿春节逛庙会的场景，并随机生成了班上的角色游戏区，一起将探讨出的交往技巧、介绍货品技巧、讨价还价技巧以"窍门一点通"的形式呈现在热瓦普的琴面上。幼儿还用自己喜欢的大家又能看懂的方法设计自己商品的标志，创作宣传画，制订公平买卖的规则……通过一系列活动，幼儿对维吾尔族特有的买卖方式有了更深入的了解，并根据生活经验进行再现与提升，逐步提升了交往、交流、分析、合作、解决问题等方面的能力，在真实的情境中获得了发展。

大班主题"葡萄架下的美丽传说"小单元活动表

主题目标	小单元	集体活动	区角	日常活动	家园合作
1. 欣赏、了解维吾尔族的服饰特点和民俗风情。 2. 感受维吾尔族音乐活泼、明朗、奔放的特点，增强民族自豪感。 3. 知道维吾尔族是一个能歌善舞的民族。 4. 能大胆用自己喜欢的方式表现维吾尔族的歌舞，富有个性地表达自己对维吾尔族风俗风情的理解和情感体验。	聪明的阿凡提	语言：谈话：阿凡提的故事我来讲 综合：聪明的阿凡提在哪里 社会：收集有关阿凡提的商标 科学：阿凡提的聪明和民族的我 阿凡提卖树荫	美工区：制作阿凡提故事人物及场景 语言区：看图讲述 创编、续编故事 制作连环画《买树荫》 表演区：表演阿凡提和他的朋友	1. 在生活和学习中引导幼儿动脑筋想办法解决问题。 2. 你来试一试：用我的聪明帮助他人。 3. 每日一计《聪明宝典》。	1. 从不同渠道收集关于《阿凡提的故事》的资料、图片。 2. 收集制作阿凡提故事中人物的材料。
	长寿的秘诀	综合：收集维吾尔族老人长寿的秘诀 社会：美丽的新疆 健康：我的健康生活计划 营养塔 谈话：健康生活好方法	自然角：设置自制的营养食谱 表演区：维吾尔族舞蹈展演 节奏乐 语言区：制定五星生食谱	介绍每日食谱、餐前开展"食物大接龙"活动，丰富幼儿在营养方面的知识，鼓励幼儿不挑食。	1. 收集关于健康生活的图片、照片。 2. 发布"长寿征集令"。与家长共同实施晚间活动计划。
	大阪城的姑娘	美术：设计维吾尔族服饰花纹 制作维吾尔族小马甲 装饰维吾尔族小花帽 主题画：制作葡萄、热瓦普、小毛驴家 音乐：《小小舞蹈家》 音乐欣赏《绘葡萄》 打节奏练习	美工区：维吾尔族服饰展览 制作维吾尔族的服装服饰、乐器、民族娃娃等 表演区：设计节奏图谱 练习打节奏 表演维吾尔族舞蹈 角色游戏：阿凡提餐厅	过渡环节带幼儿欣赏维吾尔族乐曲，模仿和创编维吾尔族舞蹈动作。	1. 收集维吾尔族音乐的相关资料。 2. 亲子活动：欢乐的维吾尔族舞蹈大赛。
	热闹的巴扎	科学：颜色的变化 谈话：我知道的巴扎 社会：赶巴扎的好方法 美术：制作小商品 绘画：巴扎宣传画	角色区：我们一起赶巴扎 益智区："数学游戏"买树荫""货币换算 语言区：赶巴扎趣闻 美工区：巴扎上的美食	1. 引导幼儿说说过节的感受。 2. 分享买东西的乐趣。 3. 玩具分享、交换会。	1. 收集赶巴扎的相关资料。 2. 鼓励幼儿与家长一起去超市购物，丰富买卖经验。

主题墙饰环境：聪明的阿凡提 长寿的秘诀 大阪城的姑娘 热闹的巴扎

民族魅力——竹楼情思
（大班）

主题由来

在六一儿童节亲子活动中，伴随着美好、快乐的心情，我们来到了具有民族风情的中华民族园。在这里幼儿亲身参与了民族园中的一些特色活动，感触很深，特别是傣族的泼水节游戏，给幼儿留下了深刻的印象。回来后，幼儿一直在谈论并回味着泼水节时的情景——嬉戏的场面、爽朗的笑声，久久不能忘怀。有的幼儿说："怎么还有这样的节日，太好玩了。"有的幼儿说："我那天的衣服都被你们泼湿了。"这时，冉冉提出了问题："他们这个民族都住在什么地方？是怎么生活的？为什么要泼水呢？"一连串的问题在幼儿的脑海中涌现了出来，引发了幼儿对傣族的好奇。为了满足幼儿对傣族求知的欲望，在大家的共同讨论下，生成了"竹楼情思"主题活动。通过探究学习、实践参与、共同合作、家园协作等形式，帮助幼儿了解傣族的民俗风情及生活习惯，懂得要尊重少数民族。

主题目标

1. 了解傣族人们居住的竹楼，感知竹楼的建筑特点。
2. 在感知竹的特性的基础上，通过不同形式感受竹的精神。
3. 了解傣族人们的生活方式和民俗风情习惯，懂得尊重少数民族。
4. 参加跳竹竿的游戏，并尝试创编动作和节奏。

主题墙饰创设脉络

本主题以傣族最具代表的棕榈树和竹楼为背景进行展示，预设了"竹楼故事与传说""竹楼文化""竹楼里的生活""竹楼外的游戏"四个墙饰板块（见彩插图47）。

在"竹楼故事与传说"单元中，幼儿有这样的疑问：傣族人为什么要住在竹楼里？引发了关于竹楼故事和传说的探讨，深深吸引着幼儿。他们和家长一同收集有关傣族竹楼的故事与传说，相互交流、分享，把收集到的资料装订成画册，呈现在棕榈树树干的下方，以便在过渡环节随时了解和讲述。在这一过程中，幼儿认识了傣族人民居住的竹楼及竹楼的建筑特点。

在"竹楼文化"单元中，幼儿都非常喜欢竹子，因为它挺拔翠绿、四季常青。村寨旁，一丛丛、一片片的翠竹给我们带来了不一样的感受。于是，我们一起收集了竹林和竹楼的图片引导幼儿欣赏，有的幼儿找来了竹子，通过亲自看和亲手摸，使幼儿进一步了解了竹的特性，逐步感知了竹的文化和精神。特别是对于坚强精神，有的幼儿问道：什么是坚强？由此引发了幼儿的讨论什么时候需要坚强。同时，我们还引导幼儿在生活中也要像竹子一样，做一个坚强、挺拔的人。在这一过程中，幼儿把自己是如何克服困难的用画笔表现出来展示在竹楼里，供大家交流和分享。随着活动的不断开展，幼儿发现有很多东西都是用竹子制作的，便开始寻找、收集"我身边的竹制品"，

"竹楼故事与传说"墙饰环境

感知竹与人们生活的密切关系。幼儿把收集来的竹制品放在班中展示，也有的以图片和照片形式收集在竹楼的围栏处，方便大家随时取看和分类。通过活动的开展，幼儿了解了竹子的特性，感受了独特的竹文化。

"竹楼文化"墙饰环境

竹楼里人们的生活是幼儿最感兴趣的，也是最想了解的。在"竹楼生活"单元中，家长和幼儿共同收集、查找了许多竹楼里人们生活的资料，

用图片形式创设了"傣家人的生活"墙饰板块，幼儿在收集、查找的过程中了解了傣族人们的生活方式和习惯。在这里，幼儿最感兴趣的就是具有

"竹楼里的生活"墙饰环境

地域特点的傣族服饰，在大家的倡议下，开展了艺术活动"奇异的服饰"，幼儿在欣赏、观察服饰的过程中发现，傣族服饰多是手工编织和缝制的，特别是它的款式、色彩和配饰都非常与众不同，于是就特别想尝试设计傣族的服饰。在好奇心的驱使下，幼儿边探讨边制作，开展了"我当服装设计师"活动。幼儿把设计好的服装及花纹呈现在竹楼里，进行展示、分享。在墙饰小竹楼下面展现的是傣族的饮食文化，其中竹筒饭和菠萝饭深受幼儿的喜爱，因为它们与我们平时吃的饭不一样。有的幼儿提问：竹筒饭和菠萝饭是怎样做的？我们从制作的原材料入手，收集在制作过程中需要用到的材料，同时充分利用家长的资源，与幼儿一起制作。请家长带领幼儿寻找、品尝傣族风味的菜肴，把自己品尝的感受记录下来，把寻找到的美食和餐厅以照片的形式展示在环境中，与大家共同分享，引导幼儿从不同的角度了解傣族独特的饮食文化。

跳竹竿是最具傣族特色的民族体育游戏，幼儿都非常喜欢。在"竹楼外的游戏"单元中，幼儿通过欣赏跳竹竿图片了解了跳竹竿的游戏，在掌握了基本的跳法后，他们非常愿意尝试并进行练习。后勤的老师也参与到了幼儿的游戏中，为幼儿制作了精美、实用的竹竿，幼儿在开始跳的过程中遇到了困难，他们便以小组的形式商讨到底应该怎样跳竹竿，在不断实

践的过程中验证，并把总结出来的好方法在墙饰中竹楼外的草地上展示、分享。在此过程中，幼儿还创编了手上和脚上的动作，跳出了不同的节拍，同时以图文并茂的形式进行呈现，使大家了解到更多跳竹竿的方法。每次跳竹竿前，大家都会到墙饰前看一看、说一说。有客人来时，幼儿还兴奋地教客人怎样跳竹竿，真正体验了跳竹竿带来的快乐。

"竹楼外的游戏"墙饰环境

大班主题"竹楼情思"小单元活动表

主题目标	小单元	集体活动	区角	日常活动	家园合作
1. 了解傣族人们居住的竹楼，感知竹楼的建筑特点。 2. 在感知的基础上，通过不同形式感受竹楼的精神。 3. 了解傣族人民的生活方式和民俗风情习惯，懂得尊重少数民族。 4. 参加跳竹竿的游戏，并尝试创编动作和节奏。	竹楼故事与传说	谈话：我了解的竹楼 故事：《竹楼传说》《竹楼故事》 认知：傣家竹楼	建筑区：搭建竹楼 美工区：用不同材料制作竹楼 语言区：讲述竹楼故事与传说 益智区：竹楼拼图	1. 在过渡环节中讲述竹楼的故事与传说。 2. 开展交流活动"话说竹楼"。	1. 从不同渠道收集关于竹楼的故事与传说。收集有关竹楼的图片。
	竹楼文化	认知：我身边的竹 讨论：竹的特性 社会：我要像竹子一样	美工区：用不同方法制作竹制品 益智区：配对游戏 语言区：讲述我和竹子	1. 引导幼儿寻找我们身边的竹制品。 2. 日常生活中，开展"我像竹子一样"的竞赛评比。	与幼儿一起收集、寻找竹制品。
	竹楼里的生活	认知：傣家人的生活 社会：独特的傣家饮食 艺术：寻找傣族餐厅 美术：奇异多彩的傣族服饰 音乐：傣族歌舞	美工区：利用多种不同材料装饰傣族服装、设计傣族服饰花边 表演区：傣族歌舞表演 制作：傣族的美食	在过渡环节中，欣赏及表演傣族歌舞。	1. 收集傣族人生活、服饰的图片及相关资料。 2. 请爸爸妈妈带幼儿寻找傣族餐厅尝傣家饭。 3. 爸爸妈妈在家与幼儿共同制作傣族美食。
	竹楼外的游戏	欣赏：跳竹竿 讨论：跳竹竿遇到的问题我们应该怎样跳竹竿（制订游戏规则） 体育：跳竹竿	体育循环区：跳竹竿	1. 幼儿设计跳竹竿的动作。 2. 制订跳竹竿游戏的规则。	1. 收集跳竹竿的相关资料。 2. 带领幼儿参与傣族跳竹竿的游戏。
主题墙饰环境	竹楼故事与传说；竹楼文化；竹楼里的生活；竹楼外的游戏				

民族魅力——风情俄罗斯
（大班）

主题由来

大大的眼睛，卷卷的头发，白白的皮肤，这就是我班新转来的马拉特，他来自俄罗斯。幼儿对他感到非常好奇、新鲜，觉得他和大家不一样。因为马拉特不会说中文，于是经常有幼儿问我："老师，马拉特生活在什么地方？那里到底是什么样呢？"有的幼儿说："爸爸告诉我俄罗斯那里冬天可冷了。"琪琪小声地说："我家有一个套娃就是俄罗斯的，可漂亮了……"幼儿经常谈论着有关俄罗斯和马拉特的话题。为了让幼儿更多地了解俄罗斯，了解马拉特的故乡，我们通过自主探究、小组活动、合作学习等多种形式开展了"风情俄罗斯"主题活动。

主题目标

1. 了解俄罗斯族的童话故事，理解故事内容并能讲述。

2. 知道套娃的由来及其蕴意，引导幼儿运用多种不同的形式制作套娃。

3. 了解俄罗斯族的民俗风情尤其是传统节日的风俗习惯，并能富有个性地表达。

主题墙饰创设脉络

本主题以俄罗斯最具代表性的城堡和工艺套娃为背景，创设了"俄罗斯族的童话""俄罗斯族的套娃""俄罗斯族的节日"三个墙饰板块（见彩插图34）。

俄罗斯族是一个纯真、善良的民族，世界上成千上万幼儿的欢乐童年就是在美丽的俄罗斯童话的陪伴下度过的。在"俄罗斯族的童话"这个小板块中，幼儿非常好奇，想知道俄罗斯族还有哪些童话。于是，班里发起了"俄罗斯童话总动员"的活动，幼儿和家长一起收集了很多俄罗斯童话故事，并在墙饰上开展了"故事排行榜"的大比拼，一本本耳熟能详的故事吸引着幼儿的目光、勾起了家长对童年往昔的回忆，《小红帽》被评选为最受喜爱的故事。墙饰套娃里《小红帽》故事中的精彩瞬间被幼儿绘画成连环画、其中的可爱人物形象被制作成小玩偶，幼儿还图文并茂地制作出了《小红帽》的画册，邀请好朋友在环节游戏中讲述、续编、仿编故事。幼儿把编故事的好方法、编好的故事也都一一呈现在套娃的墙饰里，幼儿可以随时到这里来讲述。在这一过程中，幼儿对于故事中的主人公小红帽非常感兴趣，纷纷从不同的方面表达对小红帽的看法，说一说"我眼中的小红帽"，有些幼儿还争相说"如果我是小红帽会怎样做"。教师把幼儿说的这些话记录在套娃的墙饰背景中、编成剧本投放在表演区里。根据《小红帽》的故事，幼儿发起了"遇到危险怎么办"的问题大讨论，谈话、记录、寻找避险方法等活动一一呈现在主题墙饰中，提高了在生活中的自我保护意识，体验了俄罗斯族的童话故事带来的不一样的感受。在找故事、听故事、讲故事、演故事、编故事的过程中，主题墙饰真正成为幼儿自主学习、快乐游戏的天地。

"俄罗斯族的童话"墙饰环境

　　俄罗斯族套娃家喻户晓，深受人们的喜爱。在"俄罗斯族的套娃"活动中，幼儿从家中收集来了许多不同神态、不同服饰、不同大小的娃娃，看得大家眼花缭乱。乐乐好奇地问："它们为什么要这样互相套着？"由此引发了幼儿了解套娃来历的愿望，他们和爸爸妈妈一起查找套娃的美丽传说，并把这些装订成册，方便随时阅览、了解。幼儿通过观察套娃身体上的设计，开展了"给套娃找不同"的活动，幼儿从花纹、图案、大小等角度找出了每个套娃的独特之处，并动手设计自己的套娃，开展"秀秀我的套娃"活动，在这一过程中，教师鼓励幼儿利用不同的材料和方法装饰、制作套娃。幼儿看着墙饰上大大的套娃身体中套着自己设计、制作的小套娃，都亲切地称其为"好朋友套娃""套套娃""欢乐娃"，看到幼儿手拉手其乐融融的样子，我们以友爱为主题，开展了社会活动"你中有我，我中有你"。在这样的氛围和活动中，幼儿知道了相互关爱是一种美德，感受到同伴合作是一种快乐。每天的过渡环节，幼儿都引以为荣地讲述着自己做的有意义的事，还随时把自己发现的好人好事以绘画、摄影的形式呈现在环境中，与大家共享。通过活动，幼儿的友爱互助意识明显增强。

　　随着圣诞节的到来，幼儿都在积极准备着节日的装扮和活动，感受着节日的氛围，他们互相说着自己是怎样过圣诞节的情景，并把自己过节时的照片带来交流，制作成影集，放在套娃的身边随时翻看分享。在此过程中，幼儿发现了俄罗斯族还有很多的节日，于是，在"俄罗斯族的节日"小板块中，又收集了俄罗斯族的节日——复活节、丰收节、洗礼节等，并以画册的形式投放在环境墙饰中，一页页精彩的画面展示了俄罗斯族不同节日的喜庆场面，使幼儿进一步了解了这个民族传统节日的风俗习惯。每个画面中载歌载舞的人们成了幼儿讨论的焦点，尤其是天鹅湖舞和踢踏舞深受幼儿的喜爱，于是，我们一起通过视频更直观地感受了俄罗斯族舞蹈的魅力。幼儿在了解了舞蹈的特点以及基本动作和舞步后，都跃跃欲试地模仿其中的舞步，还以小组的形式设计、编

"俄罗斯族的套娃"墙饰环境

排《天鹅湖》音乐剧。幼儿把自己创编的动作用绘画的图例展示在环境中，让全班的幼儿学习、分享。即使在表演区跳舞时，幼儿都要过来看看、学学这些动作，每当设计了新的动作还不忘及时画出图示补充到墙饰上，以此体验俄罗斯族的舞蹈带给自己的快乐。可爱的套娃里不仅套出了同伴之间的友情，还套出了幼儿主动学习的兴趣，给了幼儿丰富的想象空间和创造天地，使幼儿的潜能得以激发，同时也不断体验着成功的喜悦以及由此带来的自信。

大班主题"风情俄罗斯"小单元活动表

主题目标	小单元	集体活动	区角	日常活动	家园合作
1. 了解俄罗斯族的童话故事,理解故事内容并能讲述。 2. 知道套娃的由来及其蕴意,引导幼儿运用多种不同的形式制作套娃。 3. 了解俄罗斯族的民俗传统节日是其风俗习惯,并能富有个性地表达。	俄罗斯族的童话	故事:《小红帽》《三只小熊》《黑天鹅》 认知:童话故事的故乡 讨论:我眼中的小红帽 如果我是小红帽 美工制作:童话故事画册	建筑区:搭建俄罗斯城堡 美工区:用不同材料制作俄罗斯城堡 绘画连环画故事书《小红帽》 语言区:看图讲述 创编故事《小红帽》 表演区:表演《小红帽》等童话故事	1. 在过渡环节中开展"故事大王"竞赛。 2. 谈话:话说小红帽。	1. 从不同渠道收集俄罗斯的童话故事。 2. 收集有关城堡和童话故事的图片。
	俄罗斯族的套娃	语言:套娃的传说 认知:套娃的由来 艺术:美丽的套娃 社会:你中有我,我中有你	美工区:用不同的方法制作套娃 绘画装饰:漂亮的套娃 益智区:套娃拼图	1. 欣赏:精美的套娃。 2. 讲述:友爱的我。	请家长和幼儿一起收集、寻找有关套娃的资料。
	俄罗斯族的节日	社会:俄罗斯族的节日 节日里的盛装 艺术:节日里的歌舞 舞蹈:小天鹅踢踏舞 美工:俄罗斯族的服饰	表演区:踢踏舞 小天鹅舞 美工区:利用多种不同材料装饰节日服装 语言区:俄罗斯族的节日	1. 过渡环节:学习踢踏舞步。 2. 谈话:俄罗斯族的节日。	1. 请家长通过多种形式帮助幼儿了解俄罗斯族的节日。 2. 带领幼儿和芭蕾舞踏舞观看舞《天鹅湖》的表演。
主题环境墙饰:俄罗斯族的童话;俄罗斯族的套娃;俄罗斯族的节日					

民族魅力——香巴拉的小卓玛

（大班）

主题由来

新学期伊始，在"我的假期生活"分享活动中，天天说了一个让所有幼儿都产生共鸣的故事——一部童话与神话相结合、非常有趣的动画片《小卓玛》。故事里，小卓玛和她的伙伴与不好的行为斗智斗勇、保护美丽的藏羚羊群的故事，让幼儿久久不能忘怀。小卓玛善良、勇敢、聪明、友好的品质更是幼儿喜欢这个人物的原因，这也成为幼儿热议的话题。随着年龄的增长，幼儿在与人合作、交往等方面的经验需求越来越多，而小卓玛的美好品质也正激发了幼儿完善自我的意愿。于是，我们抓住幼儿的这一发展需求创设了藏族主题"香巴拉的小卓玛"，在活动中，幼儿通过分享交流、小组合作、实践体验等方式，初步了解了藏族的风俗民情，知道并掌握了交友方法，在生活中能够尝试简单运用。

主题目标

1. 了解藏族女孩小卓玛勇敢、聪明、友好的品质，激发向小卓玛学习的愿望。

2. 在欣赏、学习的过程中，了解藏族歌舞的特点，并大胆尝试仿编舞蹈动作。

3. 了解生活中的多种通讯方法（邮件、电话、网络），知道通讯与人们生活之间的关系，并乐于尝试运用。

主题墙饰创设脉络

在幼儿的建议下，本主题墙饰以布达拉宫剪影前一个舞动着长袖的藏族小女孩在广场上舞蹈的情境作为背景，她的身旁是三个精美的转经筒。分别创设了"勇敢的小卓玛""聪明的小卓玛""友好的小卓玛"三个墙饰板块（见彩插图45）。

在"勇敢的小卓玛"小板块中，幼儿踊跃地历数着小卓玛的勇敢事迹。班级中的小画家琪琪建议要把这些喜欢的故事画下来做成一个小画册，悬挂在转经筒的上面，这样大家就可以每天翻看喜欢的动画片了。教师问："小卓玛每次遇到困难时都能够自己想出好办法解决问题，我们能不能也像她一样，不怕困难、开动脑筋处理自己的事情呢？""当然可以啦！"幼儿自信地说。在开展"我遇到过什么困难""解决问题的好方法"等活动时，幼儿纷纷交流自己的困惑，分享着自己的成功经验。幼儿把自己的困难用绘画的形式记录下来，统计后发现他们提出最多的还是在练习跳绳时的那份胆怯与害怕。针对这个现象，我们和幼儿一起设计"勇敢者的游戏"，鼓励幼儿开动脑筋创编跳绳的多种玩法，进而增加幼儿对跳绳的兴趣。最

"勇敢的小卓玛"墙饰环境

后，幼儿以小组的形式对"遇到的困难"进行了分类、整理，同时用绘画的形式标注出了相对应的解决方法。为了与更多的好朋友分享这些小窍门，我们将其粘贴在小卓玛舞动的长袖上。这也让幼儿在遇到困难时有章可循，逐步提高了解决问题的能力。

聪明是小卓玛的又一个特点，在进行"聪明的小卓玛"小板块活动时，我们便和幼儿聊起了"什么是聪明""怎样才能变聪明"，幼儿你一言、我一语地各抒己见，各有各的道理，于是我们将这些"聪明的小火花"记录在"聪明秘籍"中，悬挂在了转经筒的旁

"聪明的小卓玛"墙饰环境

边，方便幼儿日常取阅。小卓玛不仅聪明勇敢，而且能歌善舞，"向卓玛学藏族舞蹈"是幼儿最喜欢的活动之一。在家长的帮助下，幼儿收集了有关藏族歌舞的视频、图片、音乐等。每次一听到《天路》《在那东山顶上》这些歌曲，大家就会情不自禁地舞动起来，日常活动中也总能听到他们哼唱的声音。在学习完藏族歌曲《快乐的小格桑》后，幼儿更是希望为他们喜爱的小卓玛量身定做一首歌曲，于是"我创编的小卓玛歌词"活动在班级中紧锣密鼓地开展起来。幼儿通过集体的讨论、分组研究等，很快就发现了歌词的特点，只要替换歌词中的人名、爱好及长大后的愿望就可以完成了。于是，创编歌词的好方法便在大家的共同智慧下用图文并茂的形式记录了下来。

小卓玛在动画片中有很多好朋友，每次在她有危难时都会有朋友来帮忙。于是在"友好的小卓玛"单元中，幼儿都想知道她是怎样结交到这么多好朋友的。"什么是友好？""什么是友谊？""他们之间又有什么区别？"通过这一系列谈话，幼儿明白了友谊是人与人之间的一种美好情感，而友好则是对待他人的一种态度。幼儿将这些区别用分类对比的方式绘画出来，呈现在了转经筒上。恰巧幼儿园开展了"与河南幼儿园手拉手"活动，对于远方的伙伴，怎样才能维持这份珍贵的友谊呢？希希提出用写信的方式，但是浩浩觉得这样太麻烦了，打电话最方便，还有幼儿提出利用网络更方便，既能看到视频又可以听到对方的声音。到底哪种方法最好呢？我们都来试一试吧！于是，幼儿分小组开始了"与

"友好的小卓玛"墙饰环境

远方朋友交流"的活动，一封封书信、一种种聊天的方式都呈现在了转经筒上，活动中幼儿亲身体验到了通讯与人们生活之间的关系，掌握了写信的基本格式、打电话的方法及网络交流软件的简单使用方法。大家把这些好的经验绘画并粘贴在转经筒上，每次想与朋友联系时就可以转动这神奇的转经筒，结交到更多的朋友。

138

大班主题"香巴拉的小卓玛"小单元活动表

主题目标	小单元	集体活动	区角	日常活动	家园合作
1. 了解藏族女孩小卓玛勇敢、聪明、友好的品质，激发向小卓玛学习的愿望。 2. 在欣赏中、了解的过程中，了解藏族歌舞的特点，并大胆尝试仿编藏族舞蹈动作。 3. 了解生活中的多种通讯方法（邮件、电话、网络），知道通讯与人们生活之间的关系，并乐于尝试运用。	勇敢的小卓玛	故事：《小卓玛》 社会认知：藏族娃娃 神奇的布达拉宫 设计"勇敢者的游戏" 美工：藏族哈尼卡 设计藏族服饰	建构区：搭建布达拉宫 美工区：制作藏族哈尼卡 绘制唐卡 设计藏族服装 语言区：小卓玛的故事 藏族的传说 转绘藏族筒的故事 表演区：小卓玛的故事	1. 通过观看小卓玛的故事，鼓励幼儿战胜困难的精神。 2. 利用过渡环节鼓励幼儿挑战藏族游戏"闯朵"。	1. 多角度收集小卓玛的故事。 2. 寻找藏族服饰的照片。
	聪明的小卓玛	歌曲：《小格桑》 创编的小卓玛歌词 歌曲：《我爱雪莲花》 舞蹈：《小格桑》 美术：绘画藏族娃娃 剪纸藏族娃娃	建构区：利用辅材搭建布达拉宫 搭建布达拉宫的三座塔 美工区：编织藏族围裙 绘画藏族面具 语言区：我说藏族美食 表演区：小格桑的舞蹈与歌曲	1. 请幼儿收集、分享藏族歌曲和舞蹈，畅谈该自己的感受。 2. 请幼儿创编藏族舞蹈中的手位脚位动作。	收集藏族音乐、舞蹈的视频、藏族的故事传说、藏族的美食图片。
	友好的小卓玛	讨论：如何结识远方的新朋友 信的构成 社会：寄信的方法 我设计的邮票 我给爷爷奶奶与封信	建构区：利用多种连接的方法将白塔与布达拉宫穿透相连 美工区：石头画 语言区：我来教你讲礼仪 表演区：打击乐《雪莲花》	在过渡环节时，与幼儿共同创编"闯朵"的多种玩法，可以套小牛，用包击打小牛。	向家长征集关于藏族的小游戏，通过改编，让幼儿在过渡环节享受多彩丰富游戏的乐趣。
主题墙饰环境	勇敢的小卓玛；聪明的小卓玛；友好的小卓玛				

<h1 style="text-align:center">民族魅力——朋友，撒拉姆</h1>
（大班）

主题由来

开斋节的前一天，班里几个回族幼儿兴奋地对我说："老师，撒拉姆！明天我们要过开斋节了。"其他幼儿听到后既好奇又遗憾，不知道为什么只有他们回家庆祝开斋节。幼儿奇怪地问我："撒拉姆是人名还是地名？""撒拉姆是个节日吧？"大家你一言、我一语地互相猜测着。"撒拉姆是汉语里'你好'的意思，"亮亮骄傲地说，"开斋节是我们回族人最重要的节日。到了开斋节，我们都会穿着漂亮的衣服，一起去清真寺做礼拜。"天天歪着头问我："老师，为什么我们不过开斋节？"然然说："我和他们一起过开斋节吗？为什么要去清真寺过节？"从幼儿的对话中我发现，幼儿表现出了对回族幼儿生活的极大兴趣。为了满足幼儿乐于交往、了解回族人们的风情习俗、感受多民族一起快乐生活的需求，我们和幼儿一起创设了"朋友，撒拉姆"主题活动，以此满足他们的好奇心。

主题目标

1. 了解回族的风俗习惯，感受少数民族文化的独特魅力，通过对比和发现，能较客观地评价自己和同伴。

2. 乐于与他人合作，大胆表达自己与回族同伴的交往故事，抒发喜爱他们的情感。

3. 在生活中积极寻找与同伴交往、建立友谊的途径及方法，体验与同伴交往的乐趣。

主题墙饰创设脉络

本主题墙饰以两个卡通的回族娃娃手牵着三个信封为背景，引导幼儿感受我们和宁夏的回族小朋友心连心、手牵手的真挚情感。在"朋友，撒拉姆"大主题下，我们预设了三个小单元"我了解的朋友""朋友的故事""我们的友谊"。

在"我了解的朋友"活动中，幼儿大胆地走出班级，通过调查、访问的方式，在幼儿园里寻找回族朋友。以一封封小书信的形式，将回族幼儿幸福大家庭的照片展示在墙饰中。开展请回族小朋友讲述幸福生活故事的活动，帮助幼儿了解回族家庭成员的特殊性。在收集回族的特色食品、观看了食堂叔叔制作美味的过程后，幼儿提问："除了食品，他们过节的时候会穿什么衣服？会住在哪里？做什么事？会像我们一样放鞭炮吗？……"带着幼儿的问题，我与幼儿收集图片、照片、通过对比，统计发现了回族的服饰特点，了解了回族建筑物中的特色花纹。"我为回族小朋友设计美丽的服饰"活动的成果展示在了区角中。利用多种废旧材料制作的精美回族小吃投放在了角色游戏区。在活动中，幼儿了解了回族朋友与我们的相同与不同，认识了特殊的回族朋友，并主动观察回族小朋友身上的优点，绘画与回族朋友认真学习、共同进步的故事内容。在对比和发现的活动中，幼儿了解了回族的风俗习惯，能较客观地评价自己和同伴，更愿意在合作游戏中去发现同伴的优势，利用彼此的优点共同进步。

在"朋友的故事"墙饰互动中，我们引导幼儿和宁夏的回族小朋友一起学做社会人，关心他人，通过大带小、尝试设计计划书等活动增强幼儿的责任心，每一张幼儿收集的照片都记录了和回族小朋友快乐活动的场景，每一幅图画都用稚嫩的画笔表达着自己和回族小朋友的友谊。在"夸夸我的回族朋友""说他们的开心故事"活动中，幼儿通过手中的画笔展示了他们交往的幸福瞬间。希希说："淘淘最爱劳动，从不迟到，每天都第一个来幼儿园锻炼身体。""晨晨的衣服最干净，总是穿得整整齐齐，而且他从不挑食。"有的说："依依最有礼貌，每次看到老师都主动问好。"超超是个不爱吃肉的幼儿，在幼儿园的一次体检中，保健医说超超太瘦了，有些营养不良，不能挑食。这让他的回族好朋友晨晨非常着急，他希望好朋友能身体健康、不生病，于是和妈妈一起为超超量身制作了一本《美味菜谱》，以此帮助超超增强体质。收到礼物后，超超非常感动，也亲自动手给晨晨设计了一本《简笔画大全》。朋友间的相互帮助让他们之间的友谊日益深厚，他们将这个故事设计成了《我的友谊故事》一书，激发了其他幼儿制作《我的友谊故事》系列图书的热情，制作后纷纷悬挂在主题墙饰中。每当幼儿翻看到这些感人的画面时，他们再次发现了回族小朋友的优秀品质：勤劳、聪明、坚守信念、有诚信、乐于助人。小板块的活动让各民族幼儿之间建立了深厚的友谊，使他们感受到了朋友在一起的快乐，发现了同伴身上的优点，包括互相商量、协作解决问题等。

在"我们的友谊"中，园长办公室里的一幅回族字画吸引了幼儿的目光，大家纷纷议论说："这样的字体真有趣，就像画画一样，一笔写下来似的。"随后，幼儿走进园长办公室，询问字画的来历，原来是宁夏回族自治区的回族小朋友送的礼物。幼儿问我："为什么要送礼物？""因为我们都是回民幼儿园的小朋友。""你喜欢他们吗？想和他们做朋友吗？"我追问道。爱读书的凡凡说："当然想了，我还想和他们建立深厚的友谊呢。"什么是友谊？幼儿就此展开了讨论。有的说："友谊就是友好，谁有困难就互相帮助。"有的说："友谊是我生病的时候，依依打电话问候我，我觉得很开心。"于是，幼儿画出了自己对友谊的理解，并粘贴在墙饰上，讲述自己和同伴交往的故事。随着对友谊的理解，幼儿便又想到了宁夏回民幼儿园的幼儿，想和他们成为好朋友。有的幼儿提出想制作心愿卡寄给他们，表达心愿；有的幼儿提出想学写书信。在大家的倡议下，幼儿亲手设计制作的心愿卡、图文并茂的书信、友谊树被寄到了宁夏回民幼儿园的大班。

交往的愿望更激发了幼儿对宁夏回民幼儿园小朋友的关注，幼儿说：宁夏小朋友的家是什么样儿的？他们的幼儿园里有滑梯吗？他们玩些什么玩具？学习和生活是什么样儿的？还有幼儿关心在回民幼儿园里做什么操。我问用什么方法才能找到答案，幼儿提出可以用网络视频聊天、打电话、写信、发短信、电子邮件等方法，还把每种方法的优点记录下，用对比记录表的方式呈现在主题墙饰中，便于大家选择使用，随着幼儿对这些方法的尝试，幼儿对宁夏回民幼儿园小朋友有了更多的了解，也有了更多的交往。

"朋友，撒拉姆"整体墙饰环境

大班主题"朋友，撒拉姆"小单元活动表

主题目标	小单元	集体活动	区角	日常活动	家园合作
1. 了解回族的风俗习惯、感受少数民族文化的独特魅力，通过比和和发现，能较客观地评价自己和同伴。 2. 乐于与他人合作，大胆表达自己与回族同伴的交往故事，抒发喜爱他们的情感。 3. 在生活中积极寻找与同伴交往、建立友谊的途径与方法，体验与同伴交往的乐趣。	我了解的朋友	社会：我身边的朋友 美丽的服饰 我们这样过节 美术：小小设计师 美丽的建筑 语言：夸夸我的朋友 回族的故事大调查 好吃的回族食品	美工区：绘画、设计回族服饰 制作回族小吃 建构区：搭建回族风情园 角色区：清真阁餐厅	1. 了解关于回族的感人故事传说，欣赏回族建筑特点。 2. 寻找制作小吃的材料，和同伴制作常见小吃的制作方法。	征集回族小朋友照片，家长配合幼儿共同收集有关回族的故事照片、文字，带幼儿在生活中品尝回族特色小吃。
	朋友的故事	社会：我与好朋友 快乐生活 讲述我们的生活时光 歌曲：幸福的回族	美工区：我的好朋友 美丽的相册 语言区：讲述自己与同伴交往的故事	利用过渡环节，让大家一起介绍自己好朋友的优点，说说每天交往中的新故事。	与回族幼儿一起收集快乐图片、幸福生活的快乐说明。
	我们的友谊	社会：制订游北京的计划 书信是这样写的 语言：我的祝福 绘画心愿卡 美工：绘画友谊树 制作礼物	美工区：绘画"美丽的宁夏" 建构区：可爱的首都 我眼中的北京 语言区：送祝福（看图讲述） 与北京独特的友谊的故事	1. 交流、分享制订计划的方法。 2. 欣赏同伴的绘画作品，感受宁夏与北京独特的生活气息和氛围。	引导家长与幼儿共同收集有关北京、宁夏的各种图片，提升幼儿的生活经验。
主题墙饰环境：我了解的朋友；朋友的故事；我们的友谊					

兴趣拓展——成长的味道
（大班）

主题由来

在一次"我长大了"的活动中，幼儿有趣的谈话以及对成长的理解让我感受到幼儿长大了、进步了。琪琪比着自己的身高说："看我长得多高，心里美滋滋的！"妞妞很不屑地说："那有什么？妈妈表扬我有进步，我心里甜甜的！"帅帅怯怯地说："爸爸说我长大了，要我自己睡，我不愿意长大，心里酸酸的！"最后，小小唱的一首《味道》引起了全班幼儿的好奇："大家说的怎么都是味道呀？"幼儿纷纷议论："好吃的东西才有味道呢！"我及时引导："那你们觉得在长大的过程中还会有什么味道呢？"这种提法让幼儿感到很新奇，兴奋地相互议论，泽泽高举着小拳头发出倡议："我们就来找找长大的味道，好不好？"由此，我们用"味道"为切入点，创设了"成长的味道"主题，逐步引导幼儿体会在成长过程中的酸甜苦辣，有针对性地开展各项活动，培养幼儿乐助人、喜探究、善合作的习惯，从而体会成长和进步的快乐，获得更多的自信。

主题目标

1. 知道自己的长处，同时能了解和发现同伴的优点，感受成长中的进步。

2. 愿意帮助身边的人，能运用不同的方式表达自己的爱，体验乐于助人的乐趣。

3. 喜欢与同伴合作探究，感受通过探究获得的快乐和信心。

4. 尝试合作解决生活和学习中遇到的问题，感受合作的重要。

主题墙饰创设脉络

本主题墙饰选用不同材料做成的四个长梯为背景，预示着幼儿不断进步的成长历程。在主题下，预设了"乐于助人，爱的味道""喜欢探究，智慧的味道""善于合作，快乐的味道""天天向上，收获的味道"四个小板块（见彩插图32）。

"乐于助人，爱的味道"引导幼儿关注和收集发生在我们身边的好人好事，预设了活动"我身边的好人好事"，幼儿剪贴了很多报纸、图片贴在粉色小桃心的梯子上。幼儿说："粉色的桃心表示献爱心，所以我们把好人好事贴在粉色的梯子上!"幼儿也感受到了人与人之间需要多一些关爱、多一些帮助,这样我们的社会大家庭才会充满爱的氛围。随着活动的开展,幼儿发现每天报纸、网络上都有关于助人为乐的报道,"我们长大了,也可以为别人做好事了!"随即在"我做过的好事""我想做的好事"活动中,幼儿提议用对比的方式在粉色梯子里将两个内容做成可更换式的宣传简报,每天简报中都有新内容,这里成了幼儿最为关注的焦点。幼儿在不断地分享、交流的同时了解了同伴的更多优点,活动对幼儿的前期经验进行了梳理,使他们对以后做事情有了较明确的规划,培养了他

"乐于助人,爱的味道"墙饰环境

们做事情的计划性和条理性。当幼儿越来越喜欢帮助他人时,我们又开始在班级中招募"爱心志愿者",和大家讨论当志愿者的条件,并以绘画的形式让幼儿展示自己的爱好和优势。由于参与的幼儿太多,只能装订成图册让小志愿者向大家介绍自己,为自己拉选票,幼儿觉得谁可以当爱心志愿者,就可以向梯子下面的小盒中投一张选票。确定了小志愿者后,"我们该如何为别人献爱心呢?"针对我提出的问题,幼儿设计了"爱心倡议书",幼儿自主设计爱心倡议书的宣传语、标志性的动作放在宣传册里,设计标志发给弟弟妹妹;在爱心行动计划中,幼儿感到有困难,我就利用一个大表格和幼儿共同商讨计划的内容,把他们认为最重要的用红笔做出标注。经过集体讨论幼幼把大表格填写成了一个红色的大桃心,上面记录了时间、次数、给谁献爱心、怎样献爱心等,为爱心行动做好了充分的准备。最让幼儿津津乐道的事情就是和社区的爷爷奶奶们一起过重阳节,幼儿用不同的形式表达了对爷爷奶奶的敬爱。师幼儿共同将活动过程做成图书,给幼儿提供了回顾、感受的空间,进一步增进了幼儿关爱他人的情感。

"我想当科学家,我想坐'神九'飞上天!"科学梦想是幼儿努力探究的动力,通过什么途径引导幼儿去努力实现梦想呢?在"喜欢探究,智慧的味道"小单元中,开展了"我是科学家"的活动,共同收集和介绍著名科学家小时候的故事,以书册的形式悬挂在第二个绳梯中,科学家的智慧、

解决问题的好方法深深地吸引着幼儿，更加深了幼儿对科学探究的好奇和想当科学家的愿望。幼儿在班里开展了"我爱动脑筋"大讨论，提出了诸如哪些地方需要我们动脑筋、什么时候需要我们动脑筋、动脑筋的好处是什么等问题，针对这些问题我给出了这样的引导："我们快来动动脑筋给这些问题找找答案吧！"幼儿在纸条、包装袋上记录自己的想法并系在绳梯上，慢慢地，又将自己的科学小发现、生活中的智慧点子系在绳梯的两侧，大家相互分享，尝试在生活中进行试验，并定期更换，使幼儿充分感受到了生活、学习中处处需要动脑筋。我们还开展"点亮智慧人生"活动，鼓励幼儿和家长一起收集生活中的小窍门，在日常游戏环节中幼儿拿着各自的图卡和大家分享，简单了解和探究其中的科学含义。结合科学区开展"我是科学小能手"的科学实验材料制作和收集活动，我们不断挖掘家长的教育资源，让家长参与到幼儿的创新、探究活动之中，鼓励家长将此过程拍成照片带来做成相册呈现在墙饰中，进一步满足幼儿喜欢探究的愿望。

在"善于合作，快乐的味道"小单元中，最大的亮点就是幼儿可以自主拼摆梯子，梯子由一块块积木组成，幼儿可以合作将梯子拼摆成不同的形状，这也正符合小单元主题的含义。其中预设了三个方面的活动"生活中的合作""游戏中的合作""学习中的合作"。与幼儿分别探讨三个方面需要合作的事情有哪些、应该怎样进行合作，幼儿分组进行讨论，分别在三个板块中用绘画、标记的方法记录合作的感受和经验，我们鼓励幼儿在实践中尝试，选择最为有效的合作方法，在丰富小单元的同时不断提升自己的合作意识和能力。

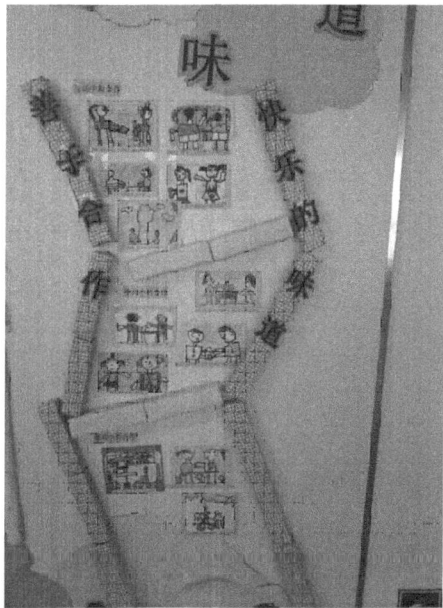

"善于合作，快乐的味道"墙饰环境

进步的味道是幼儿最愿意品尝的，在"天天向上，收获的味道"小单元中，与幼儿共同商量后，我们从学习、游戏、运动三方面用评比的方法引导幼儿感受和表现自己与同伴的进步。子腾提议在墙饰中使用竹梯，表示小朋友像竹子一样天天长高、天天进步。"这个主意太棒了!"幼儿自由组合分为三组,每组负责一项,把评比内容做成图表呈现在竹梯中,我鼓励幼儿发现学习中的小博士、游戏中的小明星、运动中的小健将,随着预设活动的开展,在生活、游戏中不停有新发现,每一名幼儿都在进步,都在感受着进步的快乐、收获的自信。

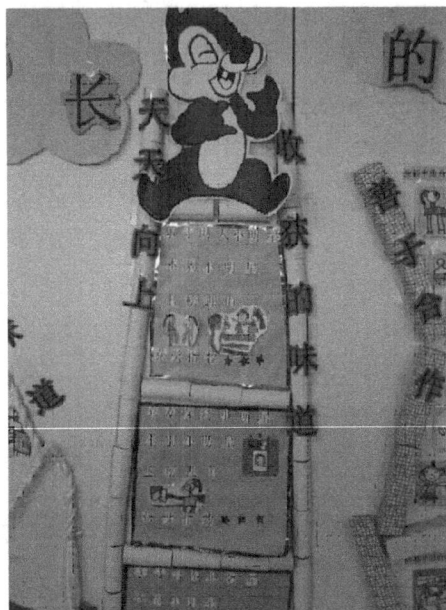

"天天向上,收获的味道"墙饰环境

大班主题"成长的味道"小单元活动表

主题目标	小单元	集体活动	区角	日常活动	家园合作
1. 知道自己的成长，同时能了解同伴和自己成长中的优点，感受成长的进步。 2. 愿意帮助身边的人，能运用不同的方式表达自己的爱，体验乐于助人的乐趣。	乐于助人、爱的味道	社会：身边的好人好事 谈话：我做过的好事 设计：我想做的好事 语言：老师节日快乐 综合：爱心倡议书 招募小记者 访问老师 "忆重阳，老少同欢乐" 联欢活动 歌表演：幼儿园里好事多	美工区：制作教师节、重阳节礼物 语言区：看图讲述 续编故事结尾 自制图书：我身边的好人好事 我爱老师 我和爷爷奶奶同欢乐	过渡环节时，引导幼儿讲述自己的"爱心"故事，每天开展"请让我来帮助你"活动，为同伴或其他班的幼儿做一件好事，从中体验爱的不同味道。	1. 多方面收集发生在我们身边的"好人好事"并制成图册。 2. 培养幼儿的爱心、制作爱心图书。
	喜欢探究、智慧的味道	科学：我是科学家 你长我短 我爱动脑 电磁实验 有趣的数阵 生活中的小药门 我是科学智慧小能手 综合：点亮智慧人生 习活：讨论 制订秋游亲子活动计划	科学区：电路游戏实验 记录实验结果 数学游戏操作材料 图书区：制作名字宝典 表演区：练习打节奏	1. 开展"夸夸我们班的小博士"活动，分享科学活动的乐趣。 2. 鼓励幼儿在生活、学习中观察和发现事物的细微变化，并大胆猜想。	1. 收集各种废旧物品。 2. 与家长共同收集生活中的小药门。

主题目标	小单元	集体活动	区角	日常活动	家园合作
3. 喜欢与同伴合作探究，感受通过合作获得的快乐和信心。 4. 尝试合作和解决生活和学习中遇到的问题，感受合作的重要。	善于合作，快乐的味道	综合：生活中的合作　游戏中的合作　学习中的合作 社会：值日生分工　小组合作制订教师节、重阳节采访计划 数学：我的刷牙统计 分享活动：交流亲子外出活动的感受	制订各区角合作游戏的规则 美工区：鼓励幼儿合作完成一件作品 表演区：设计节奏图谱　练习打节奏　合作表演歌舞	1. 每周组织两次"我带弟弟妹妹做游戏"活动，体验大带小的乐趣。 2. 开展班级间的合作活动——制作"合作宝典"，分享合作的经验。	收集亲子有资料感受　家园共有资料及家长、幼儿感受。
	天天向上，收获的味道	语言：我升班了 绘画：国庆畅想 社会：变化中的我　我的愿望 谈话：评比"进步小明星" 亲子活动收获　运动会的收获	语言区：自制图册 益智区：分类　分解组成 科学区：棋王争霸赛	每天利用过渡环节鼓励幼儿"秀秀我的小进步"，感受自己和同伴的进步。	收集外出活动的相关资料，制作相关图册。
主题墙饰环境	乐于助人、爱的味道；喜欢探究、智慧的味道；善于合作、快乐的味道；天天向上、收获的味道				

兴趣拓展——旋转世界
（中班）

主题由来

"波斯猫眯着它的双眼，波斯猫垫着它的脚尖……"咦，哪里来的音乐？我循声走过去，原来是熙熙带来了一个电动的陀螺，它不仅能旋转，还能够同时发出七彩的光亮和好听的歌声，一下子班里的幼儿就被这神奇的旋转陀螺吸引了过去，这个陀螺成了班上的"焦点"……恒恒看着停止了转动的小陀螺问道："为什么它开始转的时候特别快，后来就倒下来不转了？"幼儿你看看我、我看看你，然后一起来找我寻求答案，我摇摇头说："老师也不十分清楚，我们分头问问爸爸妈妈和朋友吧，明天再来解决这个问题。"我想：我们可以让幼儿去找一找除了玩具陀螺可以旋转外，还有什么事物可以旋转，了解旋转在我们生活中的作用，还能和幼儿一起发掘旋转中蕴涵的更深刻的知识和意义。由此，"旋转世界"这个主题便在我们班上诞生了。幼儿在各种活动中感知旋转、解密旋转、游戏旋转，还学会了制作多种旋转小玩具的方法，他们在神秘的旋转世界里愉快地探索、学习着。

主题目标

1. 在玩玩具的过程中体验不同的旋转，感受旋转的乐趣。

2. 在操作中探索有关旋转现象背后的科学意义，探索物体旋转的简单原理。

3. 乐于发现生活中的旋转，感知旋转与我们的关系，并尝试加以简单地利用。

主题墙饰创设脉络

在大主题下，我们预设了三个小单元，分别是"生活中的旋转""有趣的旋转""旋转的秘密"（见彩插图43）。在幼儿带来的旋转玩具中，精致的八音盒是大家的最爱，他们兴奋地提出用八音盒中跳芭蕾舞的小女孩作为墙饰的背景。根据大家的建议，我们将主题墙饰变身成为一个小舞台，在制作了灯光和帷幕的同时，我们还利用不同的材料，制作了三个翩翩起舞的跳芭蕾舞的小姑娘。幼儿非常喜欢这个场景，有的女孩子甚至还会在墙饰前学着跳芭蕾舞。

在进行"生活中的旋转"单元活动时，幼儿纷纷化身"小侦探"到生活中去寻找和发现神秘的旋转现象。聪明的阳阳在幼儿园里发现了钟表的表针是旋转着走的；细心的小雨看到播放故事的磁带是转动着的；小茹告诉我们她发现了家里的电风扇只要一按开关就能够旋转起来；可欣说妈妈在洗衣服时衣服会在洗衣机里不停地左转转、右转转；紫轩说爸爸每天开的汽车，轮子是转着向前走的。幼儿每天都有新的发现，并且将这些发现用照片、图片、绘画等方式记录了下来。还有的幼儿带来了风车、呼啦圈、陀螺、竹蜻蜓等自己喜欢玩的旋转玩具与大家分享，于是我们将这些物品呈现在主题墙上，他们在路过时都会不自主地吹一吹、转一转这些小玩具，感受着旋转带给自己的乐趣。

"生活中的旋转"墙饰环境

"飞啦，起飞啦！"滔滔伸展着小胳膊在操场上一面高兴地喊着一面旋转着身体，迎面而来的暖风把他的衣服吹得鼓鼓的，从远处看去就像小陀螺。不一会儿工夫，更多的幼儿也加入到了"小陀螺"的游戏中了。我故作神秘地对幼儿说："除了自身旋转外，操场上还有别的旋转的东西吗？大家赶紧去找一找、玩一玩！"幼儿听完都睁大了眼睛，兴奋地到处找。他们有的拿起了呼啦圈，有的推出了大轮胎，有的相互滚起了皮球，有的扔起了飞盘。"这些玩具只有一种旋转的方法吗？"我一副困惑的样子问道。幼儿哈哈笑着纷纷表示不止有一种玩法，然后争先恐后地向我展示着。呼啦圈可以套到胳膊上转着玩、在腰上摇着玩、放在地上推着玩、竖起来转着玩；皮球可以两个人滚着玩、可以在原地转着玩、还可以用手指转球；大轮胎不仅可以推着玩，还可以原地转着玩等。幼儿在火热的交流和展示中，碰撞出了许多智慧的小火花。为了让更多的幼儿能够体验游戏时的快乐，大家决定一起制作一本《旋转新玩法》的图书，悬挂在"生活中的旋转"小单元中与同伴分享。当这本图书落户在墙饰中以后，更加激发了幼儿研究旋转游戏的兴趣，我们的书从薄变厚，从一本变成几本……

在进行"有趣的旋转"小单元活动时，幼儿发现并总结出了很多带给人们快乐和方便的旋转。幼儿骑在旋转木马上，小马随着音乐上下旋转，这是他们在游乐场玩得最开心的游艺项目；车轮的旋转给人们的生活带来了方便，这是幼儿日常生活中最能体验和感受到的；芭蕾舞演员在舞台上旋转身体跳舞，这个表演让幼儿觉得新奇而有趣，给他们带来了艺术和美的享受；和爸爸妈妈一起旅行时见到的发电风车，让他们觉得神秘而好奇。大家将这些有趣的、有意义的旋转通过图片和绘画等方式呈现在主题墙饰上共享，"有趣的旋转"这个话题在班中热闹地进行着。

"有趣的旋转"墙饰环境

随着对旋转现象的了解，几个巧手的幼儿已经跃跃欲试地想要自己制作小陀螺了。他们找来硬纸板、瓶子盖、纽扣等材料，有的画、有的剪、有的打孔，制作得热火朝天。这种热情也引起了其他幼儿的制作兴趣，纷纷来观看他们的制作成果。在成果展示的时候，大家看到这些小陀螺中有的能转，有的却转不起来，这是为什么呢？幼儿拿起能转的陀螺和不能转的陀螺对比，在此起彼伏的讨论声中，发现陀螺的形状、打孔的点是陀螺能不能转起来的关键。选择制作陀螺的材料要注意不能太重，否则转的时间会很短。经过一次次细致的讨论后，幼儿归纳总结出制作陀螺的步骤图以及"制作陀螺小窍门"的图示，展现在墙饰中提示大家如何才能制作

"旋转的秘密"墙饰环境

出旋转得更好、更快、更稳的陀螺。步骤图成了游戏活动时间幼儿的关注焦点，我们班的自制陀螺也越来越多，越来越漂亮了。

在感知了旋转这个神秘现象、简单了解了蕴藏在其背后的科学意义的基础上，我们开展了"旋转的秘密"这个单元活动。

"旋转这么好玩、这么方便，我们应该怎么利用旋转呢？"带着老师提出的疑问，幼儿很快搜索和收集到了怎么利用旋转的资料以及生活小常识。例如，怎么鉴别完整的鸡蛋是生还是熟？因为固体比液体稳定，轻轻地旋转鸡蛋，能够转起来的就是熟鸡蛋。有的幼儿在喝粥、喝汤时总怕烫，于是老师和幼儿做起了游戏，用筷子让粥慢慢旋转起来，过一会儿再来感觉一下还热不热。幼儿高兴地将这些新发现和好方法用自己的画笔记录下来。与此同时，家长和幼儿一起收集了很多旋转在科技方面的应用，例如，风吹动扇叶旋转进行风力发电、螺旋桨的旋转会让飞机起飞等。我们的墙饰随着幼儿的研究逐渐丰富起来，幼儿也从不同方面了解和感知到旋转现象对我们生活的意义。

随后，幼儿还发现旋转的方式也有不同：有用电的，有用风的，还有人为的。我们就在墙饰的最下面开辟了一块"旋转大分类"的空间。在游戏的过程中，幼儿进一步观察、发现了生活中的旋转现象，了解了有益的旋转和有害的旋转，并尝试从不同角度对旋转进行分类，初步感知到事物的多面性，探索旋转的积极性更加高涨……

中班主题"旋转世界"小单元活动表

主题目标	小单元	集体活动	区角	日常活动	家园合作
1. 在玩玩具的过程中体验不同的旋转，感受旋转的乐趣。 2. 在操作中探索有关旋转的科学意义，探索旋转后的科学原理。 3. 乐于发现生活中的旋转，感知旋转与我们的关系，并尝试加以简单地利用。	生活中的旋转	科学：你见过哪些旋转；有用的旋转 艺术：欣赏芭蕾舞《小天鹅》；欣赏杂技表演	图书区：投放自制图书《我见过的旋转》 表演区：投放《小天鹅》的音乐	与幼儿交流自己在生活中发现的旋转，并能够大胆地表达出来。	提示并鼓励家长在生活中有意识地观察、发现生活中的旋转现象，并能简单地发现其中的科学道理。
	有趣的旋转	科学：它们是怎样转起来的 体育：好玩的旋转 美工：制作风车	美工区：投放剪刀、彩纸、绘画花纹的辅助材料 户外活动：玩呼啦圈、轮胎、三轮车	1. 与幼儿一起探索呼啦圈和轮胎让转起来的多种玩法，感受小车带来的快乐。 2. 引导幼儿一起欣赏女孩子转起来的漂亮裙子，感受旋转带来的乐趣。	在家庭生活中，家长可以与幼儿一起玩"迷迷转"等游戏，与幼儿一起感受旋转带来的快乐。
	旋转的秘密	科学：旋转的好处和危害；怎样让它们转起来 美工：好玩的陀螺；我设计的陀螺	美工区：投放不同形状、不同材质的材料，让幼儿制作陀螺；制作陀螺的步骤图 科学区：投放幼儿制作的陀螺、玩具陀螺	过渡环节时，为幼儿提供有趣的玩具，如旋转陀螺、风车、旋转娃娃等，让幼儿亲身感受旋转的乐趣与秘密。	1. 通过网络互动，鼓励家长根据内容与幼儿一起探讨有关旋转的知识。 2. 可以为幼儿购买可旋转的玩具，如陀螺、风车等。
主题墙饰环境		生活中的旋转；有趣的旋转；旋转的秘密			

问题探究——启航
（大班）

主题由来

初春三月，是充满梦想的日子。当晒得黝黑的小葛抱着一艘船模出现在大家面前时，幼儿满眼都是好奇："你怎么变黑了！是晒的吗？没到夏天呢，你去哪里了？"一连串的问题换来了小葛一串串的笑声："告诉你们，我看见好大好大的海了，我做梦都想坐大轮船，我就是坐着这样的船出海的！"一句话放飞了幼儿梦想的翅膀，我及时参与进来："坐船是小葛的梦想，你们的梦想是什么呢？又应该怎么去实现呢？"幼儿的畅谈带来了新的教育契机，在幼儿的强烈要求下，我们创设了"启航"主题。用这个"启"字，目的就是启发和培养幼儿爱探究、懂合作、有信心、常进步，有良好的学习和生活习惯，增强责任意识，给幼儿以知识的启迪、行为的启迪，促使他们建立做一名合格小学生的自信，尽可能地接近梦想的终点。

主题目标

1. 能主动参与各种探究活动，体验与同伴合作学习的乐趣，获得成功的体验。

2. 了解老师及家人对自己的心愿，并能通过自己的努力来实现他们的心愿。

3. 能结合身边的人和事开展自主探讨，增强责任意识。

4. 能通过自己的努力取得进步，并能看到他人的进步，增强自尊和自信心。

主题墙饰创设脉络

当幼儿知道要选四艘大船"扬帆远航"时，争着带来收集的图片和船模玩具，都希望大家乘着自己心爱的大船抵达梦想的终点。经商量后，决定用投票的方式选出心中最爱的"梦想之船"呈现在墙饰中。当小水手神气地站在船头举起右手，幼儿都不约而同地高声喊道："启——航——啦！"本主题墙饰以四艘正在向远方行驶的大船为背景，创设了"进步号""探究号""心愿号""责任号"四个小板块（见彩插图40）。

由于环境墙饰是幼儿自己评选出来的，所以他们表现出了极大的关注。在"进步号"的小单元中，我们利用船栏和烟囱引导幼儿了解和讨论什么是进步、自己想在哪些方面进步，以问题卡的形式穿插在船栏和烟囱上，幼儿可以随时拿下来交流，再随时添加新的内容，从中幼儿可以了解自己的不足，明确进步的目标，有目的地去努力。不论是集体探讨还是分组讨论，幼儿都表现出了强烈的"我要进步"的愿望和信心。在评选"进步明星小组"时，幼儿提议将"进步号"上抛下的四条锚设为四个小组，幼儿自愿组合，给自己的小集体起有意义的名字，投票确定各组的标志；在绳索之间呈现评选明星小组的方式、条件和规则，以表格的形式定期进行评选。每名幼儿都积极参与，充分体现了大班合作学习的特点，这个幼儿共同探讨的过程也是他们不断提升自信心、共同进步的过程。

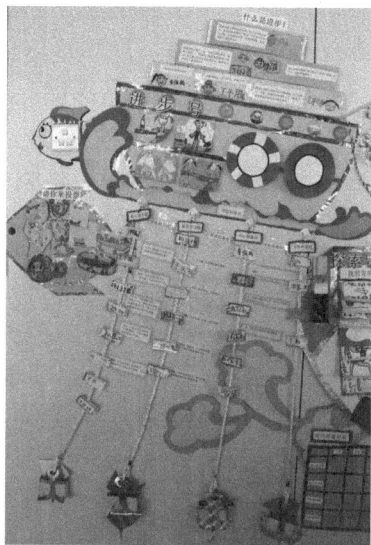

"进步号"墙饰环境

主动探究是大班幼儿的学习特点，在"探究号"的船身上，幼儿划分出了几个活动呈现的区域，将学习目标融入其中，让爸爸妈妈帮忙收集了"脑筋急转弯""如何仿编诗歌""神机妙算"等五大领域的多项活动。幼儿把脑筋急转弯做成题册插在船舷的救生圈里，并在游戏和过渡环节随时你问我答，锻炼反应能力；将集体活动中仿编的诗歌以图文并茂的形式张贴出来，丰富同伴的词汇；"神机妙算"是子腾的最爱，他给大家带来了好多题卡插在船舷的储物盒里，每天，他都会兴致勃勃地选择题卡请小朋友口答或编应用题，并随着同伴的完成情况及时更换题卡，其他幼儿也纷纷效仿，所以这个小栏目常常成为我班的焦点。琪琪被大家亲切地称为

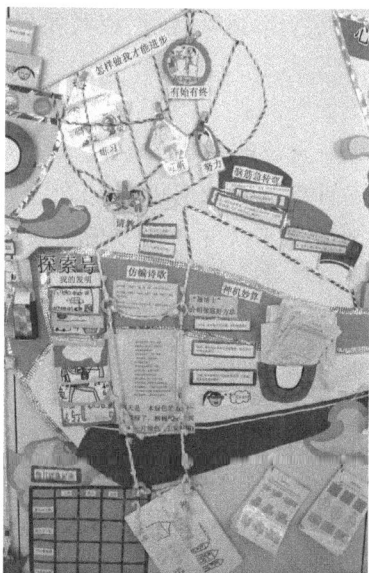

"探究号"墙饰环境

"题博士"，他不仅做题快，还会为大家介绍一些做题的好方法，因此专门设立了"题博士温馨提示"，供幼儿借鉴。随着幼儿探究欲望的不断增强，

他们搞起了自己的小发明，由于人人争相参与，幼儿提出将发明画成图解，在船舱处做成"百叶窗"，这样便于大家随时翻看、给同伴提出合理的建议。在这一过程中，多功能、多形式的创设手段以及丰富的创设内容满足了幼儿的好奇心和探究欲望，对幼儿学习行为、思维习惯的养成，合作交流、创造能力的提升，以及良好性格培养具有重要的影响作用。

爸爸妈妈对幼儿未来即将开始的学校生活充满了希望，在"心愿号"里，爸爸妈妈为自己的宝贝写下了心愿，其中最多的是关于学习生活、身体健康、快乐成长等方面的，还有对未来小学生活的憧憬，热情洋溢的话语让幼儿感动地流下了眼泪，幼儿将这些心愿做成漂亮的救生圈图书挂在船舷上……但是有的幼儿也提出不想上学，我及时引申："如果心愿实现不了，我们该怎么办呢?"幼儿分组商量出了排解心情的好方法，如可以用同伴互

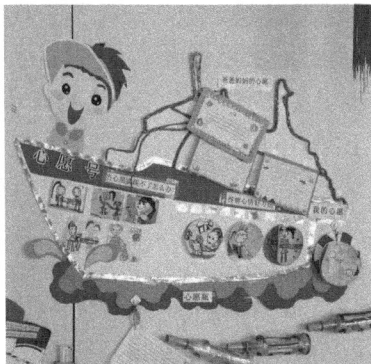

"心愿号"墙饰环境

助、外出散心、弹琴唱歌、坐飞机去旅游的方式来排解心中的不快，使幼儿明白当心愿不能达成时要想办法解决，幼儿选出了他们认为最有效的方法做成圆形的舷窗，预示心愿号承载着幼儿很多的智慧，使幼儿更有信心去面对未来的学校生活。

责任的话题对幼儿来说是不易理解的，我们就以现在流行的网络形式，将责任号的船舷做成了"楼主论坛"，幼儿感到这个提法很有趣，纷纷当起了"楼主"，针对什么是责任、小朋友的责任是什么积极发表自己的见解，探讨解决的方法，"小楼主"们还相约在生活和游戏中担负什么责任。论坛热在班里越来越流行，豆豆、

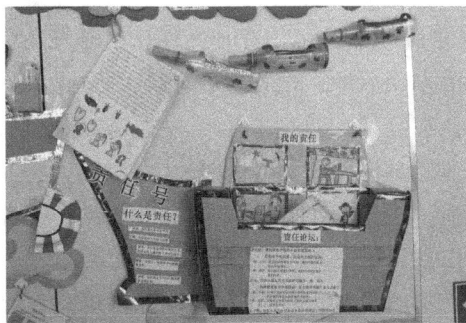

"责任号"墙饰环境

妞妞等几名幼儿自主商量开设了"责任小明星论坛"，鼓励大家发现身边的"责任小明星"，把他们负责任的事情画下来再配上简单的说明"上传"到论坛中，幼儿通过这种互动方式增进了对责任的理解，也感受到了责任对自己和他人的重要性，在这种逐层递进的探究中，幼儿的责任意识不断地增强。

大班主题"启航"小单元活动表

主题目标	小单元	集体活动	区　角	日常活动	家园合作
1. 能主动参与各种探究活动，体验与同伴合作学习的乐趣，获得成功的体验。 2. 了解自己的心愿，对能老师及家人对自己的心愿，并能通过努力来实现他们的心愿。	进步号	谈话：什么是进步 　　　我想在哪些地方进步 综合：谁能当明星 　　　评选进步小明星 绘画：我的成长故事 　　　毕业照	美工区：利用各种废旧材料自制图书，进行意愿画、命题画等意愿画活动收集和欣赏式不同表现形式的绘画作品，分享自己和同伴的创作成果，获得美的体验	1. 评选"进步小明星"，引导幼儿大胆发表自己的见解。 2. 在过渡环节轮流开展"夸我自己""夸我的好朋友"活动，引导幼儿不断发现自己和他人的进步。	1. 引导幼儿每天和爸爸妈妈一起记录自己的进步，不断获得成功的感受。 2. 鼓励幼儿以积极的状态迎接学校生活和学习。
	探究号	科学：脑筋急转弯 　　　神机妙算 语言：如何仿编诗歌 谈话：温博士温馨提示 设计：我的小发明	语言区：投放收集的诗歌记录表仿编诗歌提供幼儿自制图书，汇总幼儿自制故事袋子围裙故事头饰、手偶投放幼儿自制玩偶 科学区：合作玩科学小实验	1. 开展"温博士温馨提示"活动，引导幼儿交流做题的好方法。 2. 引导幼儿交流时能够做到轮流发言，理解别人的意见并且围绕主题进行谈话。	鼓励家长继续参与班级系列科学小实验的活动，收集和制作素材料，为幼儿的发展提供帮助。

主题目标	小单元	集体活动	区角	日常活动	家园合作
3. 能结合身边的人和事开展自主探讨，增强责任意识。 4. 能通过自己的努力取得进步，并能看到他人的进步，增强自尊和自信心。	心愿号	语言：爸爸妈妈的心愿 谈话：心愿实现不了怎么办 综合：排解好方法 比较幼儿园与小学的不同	语言区：收集爸爸妈妈的心愿、同伴间互相交流 不断收集幼儿关于心愿的想法，在语言区中探讨 美工区：绘画"排忧解难的好方法"	1. 开展"畅想心愿"活动，引导幼儿表达自己的想法和感受。 2. 评选"小老师"，培养幼儿的主动性、自理能力。	收集家长的心愿，引导幼儿感受家人对自己的关爱和期望。
	责任号	语言 讨论：什么是责任 我的责任是什么 综合：我是小楼主 评选：责任小明星论坛	语言区：开设"楼主论坛"，交流有关责任的问题 美工区：设计楼主的个性标志 设计制作"责任小明星"标志、奖品	开设"楼主论坛"，过渡环节探讨幼儿发现的责任方面的问题，引导幼儿与同伴探讨解决问题的方法。	家园共同配合，有意识地培养幼儿的责任感。
主题墙饰环境	进步号；探究号；心愿号；责任号				

第四章　班级区角游戏环境的创设

第一节　班级区角游戏环境的创设理念

一、班级区角游戏环境的概念

区角游戏环境是班级教育环境的重要组成部分，是由教师和幼儿共同创设的幼儿自主参与下的游戏环境。主要目的在于通过投放活动材料、创设区角墙饰，给幼儿搭建自主学习、游戏活动的平台，以促进幼儿五大领域全面发展，满足幼儿个性化的自主发展需要。

本章主要从幼儿主动发展、探索学习的角度出发，联系主题教育活动、集体教育活动、生活活动来探讨创设班级区角游戏环境的内容。它与集体教育活动、户外游戏活动、生活活动是相互联系、相互转换、相互补充的。

二、班级区角游戏环境创设的意义

区角游戏环境作为相对宽松的活动环境，能满足幼儿多方面发展的需要，尤其是墙饰环境和活动材料的隐性指导、同伴之间的相互交流与合作，能够较好地引发幼儿的积极参与、主动探索，从而有效地促进幼儿在快乐自由的活动中自我学习、自我探索、自我发现、自我完善。

三、班级区角游戏环境创设的特点

（一）自然融入幼儿的兴趣

区角游戏环境的创设主要应再现幼儿的兴趣，给幼儿营造较为宽松的氛围，让幼儿的兴趣得以发挥、发展。

（二）体现幼儿自主参与区角的互动

区角游戏环境中幼儿操作的重要对象是游戏材料，幼儿自主参与材料的互动便成为区角游戏环境创设的主体，与墙饰环境的互动主要体现了幼儿互动的轨迹、获得经验的过程。

（三）引发幼儿自主探究

由于区角游戏环境的创设围绕幼儿的兴趣、贴近幼儿的生活、立足幼儿的经验和学习特点，能够较好地引发幼儿自觉地投入游戏，专注于对材料、对环境的探究。

（四）延伸、拓展生活游戏和学习的经验

区角游戏环境延伸和拓展了主题活动开展中需要持续操作、探索的内容，同时也拓展了集体教育活动中需要继续深入探究的内容，对拓展幼儿的生活、游戏及学习经验起到了重要的推动作用。

四、班级区角游戏环境创设需要注意的问题

（一）注重创设的过程

在区角游戏环境创设的过程中，要抓住环境创设隐含的"点"，以激发幼儿的好奇心和求知欲。活动与环境的关系是相辅相成、互相关联的。活动依靠环境来吸引幼儿的注意，而环境的创设需要活动来表现，要根据主题目标和活动情况及时调整，使环境真正有效地促进幼儿的发展。

（二）强调材料投放的多样性与层次性

注意要扩大物化材料的多功能性，淡化以知识技能为导向的验证性操作材料，教师在投放材料时要体现幼儿的个体差异、年龄特点以及最近发展区，做到投放适时、适量、适度，及时调整，适时推进，使区角成为幼儿不会说话的老师。

（三）把握幼儿的年龄特点

针对不同年龄班的特点，清晰地理解和把握阶段性培养目标，有针对性地选择创设环境、投放材料，力求能够满足幼儿现阶段的实际发展需要。例如，在小班无意注意占主要地位，那些鲜艳、饱和的色彩能够抓住幼儿的目光，针对这一现象，在区角环境的色彩搭配方面应尽量选择红、黄、蓝、绿这些为低年龄幼儿认识和接受的大色块，让幼儿一进教室就有一种童话般的视觉感受。可爱、夸张的卡通动物造型，更为幼儿所爱不释手，结合这一特点，在选择区角环境内操作材料的造型方面，可以多以低年龄幼儿熟悉的小兔、小鸡、小狗等动物为主要造型，其中穿插一些幼儿爱看的卡通动物形象吸引他们。

（四）贴近幼儿的生活

环境创设的内容要贴近幼儿的生活，激发幼儿活动的兴趣。例如，娃

娃家深受小班幼儿的喜爱，因为家的情景环境（如沙发、桌椅、煤气灶等）和物品材料（仿真水果蔬菜、餐具、照相机、电话等生活用具）为幼儿所熟悉，为幼儿营造了一个自然、温馨的家庭氛围，使幼儿真正感受到了现实的家庭生活的气息，增加了幼儿游戏的真实性。

（五）捕捉有价值的活动

在区角游戏中，当幼儿的探究欲望和兴趣点非常高时，教师要注意及时捕捉教育契机，通过区角墙饰和玩具柜空间为幼儿搭建探索学习的平台，可尝试将学习性与娱乐性融入环境，充分发挥环境的教育功能，满足幼儿学习的欲望和兴趣。例如，大班幼儿喜欢自主探索与学习，喜欢参与竞赛和挑战性的游戏，特别是棋类游戏。为了更好地发挥环境墙饰的功能，教师针对棋类游戏的特点，在益智区和下棋较好的幼儿探讨下棋过程中总结出的好经验和方法，与幼儿共同创设"一招定先后""玩棋的好方法"和"冠军榜"等相关的区角环境，幼儿在环境的支持下可以带着同伴研究下棋的方法，不断总结出新的经验，既提高了下棋的水平，也发展了逻辑思维能力。

第二节　班级区角游戏环境的创设思路

一、班级区角游戏环境的创设策略

班级区角游戏环境的创设，重在以本班幼儿为中心，主要应围绕幼儿的兴趣、发展需要、生活经验及学习需要，及时捕捉教育的契机，从不同方面、不同角度切入，创设适合于本班幼儿发展的区角游戏环境。例如，为延伸主题活动、集体教育活动相关内容的区角游戏环境，创设"学学做做空间"；结合幼儿对身边事物的好奇心创设"小问号大板块"；针对本班幼儿弱势领域方面的发展需要创设，"挑战大本营"（需要对本班幼儿进行全面、客观地测评分析，做出判断）；根据幼儿好玩的天性创设"趣味游戏打擂台"，展示幼儿对身边游戏的关注、探索与创新；根据幼儿进一步的学习发展需要，创设"小智星变变区"，通过对原有游戏材料的再"加工"，提升材料的游戏价值，以促进幼儿的进一步学习需要；根据不同年龄班幼儿阅读的需要，创设"快乐小书屋"等。只要是幼儿感兴趣的、能满足幼儿发展需要的内容，都可以利用合适的空间进行区角游戏环境的创设。

二、班级区角游戏环境的创设形式

（一）学学做做空间

学学做做空间，主要是指在主题活动、集体教育活动、生活活动等开展过程中，根据幼儿的兴趣及发展的需要继续延伸相关内容时，在区角创设专题内容的游戏环境。例如，在主题环境创设的过程中，幼儿对某一个活动内容想继续探究时，作为主题环境的延伸创设区角游戏环境，将收集的资料或物品投放在区角内，以满足幼儿探究的欲望，满足主题内容本身所需要的延伸与拓展，同时也满足幼儿相关经验的积累。如中班开展的"吉祥满族"民族主题活动中，幼儿对满族服饰和旗头非常感兴趣，幼儿通过多种渠道收集了各种服饰的资料图片展示在区角环境中，漂亮的服饰诱发幼儿产生了自己设计和制作服饰的愿望。于是，在教师的引导下，幼儿收集了相关材料投放到游戏区，并创设了"我最喜欢的花纹图案"及"花纹设计在什么地方最好看"等探索板块，诱发了"学学做做满族服装"游戏活动。一系列的服饰制作游戏活动促进了幼儿之间的相互交流和经验分享。因此，主题活动与区角游戏环境的整合不仅使幼儿的活动具有"可持续发展"，也帮助幼儿拓宽了思考问题的广度与深度。

（二）小问号大板块

根据幼儿的兴趣爱好，当幼儿在生活、学习、游戏中遇到问题时，给幼儿搭建解决问题的活动空间，引导幼儿学习分析问题、探索解决问题的好办法。例如，冬天到了，天上飘下了雪花，幼儿会好奇地问："为什么天冷的时候会下雪？"这时，利用区角的墙饰环境可展现幼儿探索问题的轨迹，透视幼儿在探索中的成长历程。

（三）挑战大本营

区角游戏环境的创设主要针对本班幼儿，教师作为幼儿的引导者，还要注意把握幼儿的整体发展水平，认真分析幼儿五大领域的发展状况，在分析优势与不足的基础上，针对幼儿发展中的弱势创设"挑战大本营"游戏环境，引导幼儿主动挑战较为弱势方面的活动。例如，在中班幼儿发展测评中，我们发现幼儿音乐、舞蹈方面发展较弱，针对这一问题利用卧室空间创设了"我演我秀我最棒"小舞台，投放了丰富的表演材料，在教师的指导下，幼儿在这里不断上演自己学到的歌表演、舞蹈，而且还为歌曲创编动作、进行表演，这样大大增强了音乐表演能力和舞蹈能力。

（四）趣味游戏打擂台

游戏是幼儿的本性，好玩的游戏更是吸引幼儿玩得不厌其烦、乐此不疲，因此，给幼儿搭建一个收集趣味游戏的平台，通过"比比谁的游戏最好玩"擂台赛活动，引导幼儿关注身边好玩的游戏，并向大家介绍玩法，通过大家一起玩一玩，玩出水平，玩出新花样。例如，我园大二班幼儿发现传统的翻绳游戏特别好玩，教师利用门口一块空间创设了"翻绳游戏大比拼"环境，给幼儿投放各式各样的彩色小翻绳，会玩的幼儿画出了基本的翻绳步骤图放上去，教大家玩，玩一段时间后，幼儿玩出来许多新花样，幼儿又把所有的新花样画出来，装订成了《翻绳新玩法》小册子，让大家再去尝试挑战。

（五）小智星变变区

幼儿园在学期的开始都会结合不同的区角给幼儿投放一些新玩具，但随着幼儿游戏水平的提高，原有的游戏材料对幼儿不再具有吸引力，教师作为幼儿游戏的支持者，在研究幼儿与游戏材料互动的基础上，和幼儿共同探讨如何把材料变一变让它更好玩。例如，小班益智区一开始投放了游戏材料"不同形状的螺丝"，在后续的游戏中，教师又投放了各种不同的汽车，创设了"汽车运货忙"情境，幼儿通过给汽车安装车轮、给汽车装货等游戏，提升了动手动脑操作的能力。

（六）快乐小书屋

阅读是幼儿终身学习的基础，同时也可为幼儿入学进行各科学习打下良好的基础，因此，早期阅读是幼儿学习发展的重要活动。针对幼儿阅读方面的发展，我园在各班创设"快乐小书屋"阅读环境：小班以创设游戏化的阅读区环境为主，例如，在《大狮子的许多许多辫子》阅读活动后，在阅读区投放带有长毛的大狮子、小马、山羊等小动物，幼儿通过给小动物整理小辫讲述故事内容；中班以创设互动式的阅读区环境为主，大班以创设探究式阅读环境为主。

第三节　班级区角游戏环境创设的重点案例

班级区角游戏环境创设的重点案例，是在班级区角游戏环境创设中经过验证、常用的典型案例。不同类型的案例从区角材料的投放、区角墙饰的创设以及教师在区角游戏环境创设中的支持与引导，充分体现了不同区角中有趣的操作游戏活动对促进幼儿发展方面的独特价值，如"学学做做空间——趣味纸雕""小问号大板块——猴子捞月""挑战大本营——俄罗斯城堡""趣味游戏打擂台——鞋子对对碰""小智星变变区——汽车运输忙""快乐小书屋——《大狮子的许多许多辫子》"等。

学学做做空间——趣味纸雕
（大班）

案例描述

在楼道里，我和幼儿共同创设了趣味纸雕园公共游戏区域，整个环境墙饰以森林为背景，到处都装饰着纸艺立体动物与植物。通过家园合作，幼儿和爸爸妈妈共同收集了很多立体折纸步骤图，我和幼儿将这些步骤图制作成图书投放在纸雕园内。

今天，然然和灿灿选择了此活动区，一起学折立体大雁。灿灿将纸拿在手中摆弄了一番，自己看了一下，对照老师制作好的范例说："我怎么折不好呢，怎么样才能像老师折的那样立起来呢？"旁边的然然说："你可以看墙面上的步骤图一步一步地折呀！"灿灿听了，马上对照步骤图认真

区角案例"趣味纸雕"墙饰环境 1

地折了起来，但还是折不好。于是，我走过去说："遇到什么困难了？"她眉头紧皱、噘着嘴说："我的大雁老是折不好，它总是立不起来。"我说："别灰心，可以请咱们班折纸最棒的小朋友帮帮你啊。然然，快帮帮她吧！"说着，然然重新拿来了一张纸，一步一步地教灿灿。"我会折啦！"这下灿灿很有信心地折了起来，虽然折得不是很好看，但她真的能按正确的方法折了，最后她还对大雁进行添画，使它显得栩栩如生。这时，然然用手动一下，大雁的翅膀便一下一下地扇了起来，整只大雁好像一下子活了起来，

正在展翅飞翔。周围的幼儿一下子惊叹起来，纷纷模仿，也想做一只会飞翔的大雁。幼儿对会飞的大雁津津乐道，爱不释手，连几个平时注意力不容易集中、总爱出点小花样的幼儿也对它目不转睛。

从这次偶尔的经历中我发现了教育的契机，大班幼儿喜欢更有挑战的新事物，立体折

区角案例"趣味纸雕"墙饰环境 2

纸作品能给他们带来美的享受和挑战。大班幼儿已经有了一定的自主学习能力，教师需要为幼儿提供支持，而不需要手把手地教。为了能让幼儿自己解决问题，我们根据不同的折纸类型投放了不同层次的步骤图，如简笔绘画式步骤图、照片式步骤图、彩色折纸逐步折叠式步骤图等。幼儿可根据自己的能力和需要选择适当的辅助工具进行折纸，在原有水平上得到发展。

案例分析

大班幼儿已经有了一定的自主学习能力，在自主探索基础上的尝试、发现会让他们获得更大的发展。通过这个案例，我进一步领会了支持幼儿自主探究的引导方式。

首先，当幼儿有一定的操作经验时，可以利用同伴资源。不同的幼儿动手能力发展水平不一，有的幼儿动手操作能力较强，能主动探索操作方法，可以充分发挥这样的幼儿的优势，让他们帮助小伙伴，幼儿有其自己的视角，同伴之间的帮助更容易被接受；同时，也会促进帮助人的幼儿进一步探索制作更有挑战性的作品，体验同伴互助带来的快乐。

其次，当幼儿不懂得操作方法时，可以提供范例及图示。幼儿在折纸时，能自主地对照范例或步骤图进行尝试，对幼儿具有一定的引领作用。当幼儿通过自己的探索终于找到并掌握正确的操作方法时，由于这种折叠方法是幼儿自己探索出来的，是经过他们头脑建构出来的，对于他们以后的学习会有很大的帮助。

最后，随着幼儿探索过程的递进，可以调整材料投放的层次性。教师

为幼儿准备的材料，应能够随着幼儿的操作、探索过程的发展而变化，适应幼儿不断提出的新要求、新挑战，且具有可发展性，帮助幼儿经过不断的摸索和尝试，积累各种经验、提高各种能力、构建新的认识结构，从而不断发展。

专家点评

如何促进幼儿主动学习一直是一些教师的困惑。在该案例中，教师展示出来的教育机智给我们提供了一些可参考的经验。

折纸对一些幼儿来说比较困难，如果教师像往常一样，在集体活动中讲解折纸步骤，然后让幼儿自己动手，这部分幼儿肯定学不会，即使在教师手把手的帮助下当时会折了，但未必能够掌握折法。案例中的灿灿就是其中之一。案例中的教师将折纸步骤示意图展示在区角，鼓励灿灿自己探索；在灿灿无法独立完成时，教师又建议其同伴然然给予帮助；在灿灿和然然共同制作了一个"会飞的大雁"并引起其他幼儿的注意和模仿之后，教师则开始准备不同类型的折纸示意图，支持和鼓励幼儿折出更多的花样来。在这一系列的活动中，幼儿始终是处在学习主体的地位，而教师始终在观察、思考和提供帮助，观察幼儿遇到的困难，提供必要的帮助，并为幼儿未来的学习设置新的"困难"……

中华女子学院儿童发展与教育学院副院长　余珍有

学学做做空间——趣味编织
（大班）

案例背景

编织一直以来在装饰中占有一定的地位，幼儿在生活中也经常可以接触到。例如，编织的相框、给娃娃编的头发等，幼儿对它们都有浓厚的兴趣。由此，我们因势利导地在区角活动中投放一些绳子、丝线等，引导幼儿在区域活动时利用这些材料制作编织品。

教师提供了材料后，在此基础上如何让幼儿进行艺术性的创作，并体验创作的喜悦呢？于是，我结合幼儿的年龄特点，投放一些半成品、成品、步骤图，幼儿在观察、讨论的过程中探索制作的方法，明确一个完整的编织制品需要打轮廓、添画，选择合适的辫子进行剪接、粘贴，并运用实心及空心绕法将辫子盘绕、互接才能完成。其目的是通过活动将幼儿对事物的无意观察引向有意观察，引导幼儿进一步探索编织品的奥秘，激发创作的欲望。

案例描述

　　幼儿最喜欢的区域游戏时间开始了。希希来到了美工区，打开桌子上的百宝箱，看见里面有一些不同颜色的丝线和细包装带，盒子上面贴着一张编织相框的步骤图。希希问："老师，这是干什么用的？"我告诉她可以编美丽的相框用来放照片。她答了一声表示很新奇，并马上拿着百宝箱走到座位旁坐下。

　　希希选择了一根漂亮的金色丝线（编织相框用的线），开始在圆形锯齿边的模板上缠绕起来，刚开始她手中的丝线始终在一个锯齿边缘上反复地缠绕。我在一旁轻轻地提醒她："别着急，你看看步骤图。"她似乎受到了一些启发，开始将缠绕后余下的丝线向另

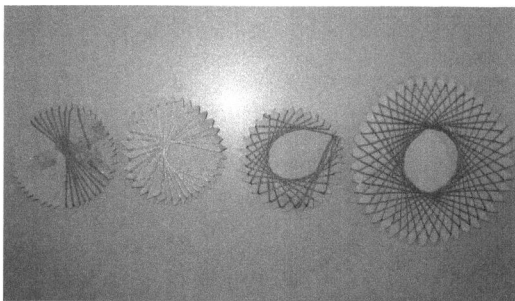

区角案例"趣味编织"墙饰环境

一个锯齿拉去，拉到后又开始反复缠绕。我又轻轻拍了拍百宝箱上的步骤图，并用手指在步骤图上画丝线的走向，从一个锯齿绕向邻边的锯齿边缘，绕一个挪一个，最后形成一个圆。希希看后大受启发，手中的丝线拉向旁边锯齿边缘，第一根丝线用完了，她又取了一根同样颜色的线继续缠绕，绕着绕着又没有规律了。我告诉她："有规律的缠绕才能变成一个美丽的相框，要有次序，一根丝线用完再结一根，可是你刚才那根丝线却没有和上一根丝线连接上。"希希连忙抽回丝线回到原来的地方，用系扣子的方法将丝线连接起来。我问她："这里有这么多颜色的线，能不能让你的蜘蛛网变得更漂亮呢？"这回希希用粉色的丝线连接了一段，就这样两种颜色交替编织，终于完工了。教师和同伴看见了，说："你编的相框可真好，而且颜色一层一层，真漂亮。"希希高兴极了，拉着旁边的同伴来欣赏她编织的相框。第二天，她从家里带来了自己的小照片放到了相框里，引来了周围同伴的羡慕。之后，每当区域活动时，大家都会踊跃参加编织活动。

案例分析

编织属于难度较大的美工活动，有很多幼儿担心失败而不敢尝试，为了让幼儿克服畏难情绪，我提供了半成品、成品、步骤图，供幼儿欣赏、观察。教师提供什么样的材料、创设什么样的环境，需要准确把握幼儿的现有能力水平。在此案例中，我主要采取了以下两种引导方式。

1. 通过观察，了解幼儿在活动中的难点。希希对编织相框这样一个活动产生了新奇感并选择尝试编织，但是对于如何编织相框的样子显然还不了解，从而导致她刚开始在锯齿边缘上没有规律地反复缠绕，但经过教师言语、动作及百宝箱上步骤图的暗示，希希终于能用丝线在锯齿边缘上模仿步骤进行编织了，这也说明原先不了解编织方法的难点解决了。

2. 在解决难点的基础上进一步拓展幼儿的经验。在引导幼儿学会编织的同时，还注意对艺术审美的开发，我通过语言的暗示使希希产生了利用两种颜色的丝线交替编织的方法，希希尝试之后获得了巨大的成功感，也使相框更具艺术的美感。

小问号大板块——猴子捞月
（大班）

案例描述

《猴子捞月》的故事幼儿都很喜欢，依据幼儿的兴趣点，我在益智区投放了自制"猴子捞月"材料，在游戏中蕴涵隐性的教育功能。一开始，我们选取了便于幼儿取放的立式纸盒作为背景，在纸盒旁边制作了一棵大树，同时准备了若干只小猴子图片，在其身体上放上数字卡片1～20，按小猴子身上的数字有规律地排列。

随着游戏的深入，我观察到幼儿在游戏区的一些表现，听到了他们的讨论，与幼儿一起变通了游戏玩法和规则。一天，琛琛和天翔一起玩"猴子捞月"，琛琛一

区角案例"猴子捞月"操作材料

本正经地对天翔说："你们的小猴子都是按数字从大到小的顺序排列，你

看，我的小猴子身上的数字是从小到大排。"我走过去好奇地问天翔："小猴子还会用什么样的排列方式捞到月亮呢？"天翔说："我要让我的小猴子更聪明、更有本领，我把小猴子的衣服上写上算术题，有加法，还有减法，我们看看谁先找到捞月亮的小猴子。"说完，他们在每个小猴子的身上都写了一道算术题，开始新一轮的游戏。在活动区评价的时候，我及时肯定了他们在这次游戏中创新的游戏玩法，引导幼儿说出了"猴子捞月"的多种玩法并探索更多的玩法，设计、制作了《游戏秘籍》。

在游戏中，幼儿注意到不仅小猴子的身上可以有变化，月亮的身上也可以有变化。皓皓说："咱们可以把月亮上也标上数字，这样就可以通过小猴子身上的数字提示，让小猴子连接起来的得数和月亮身上的数字相吻合。"第二天一大早，皓皓和李安怡不约而同地来到益智区里，一个人写题，一个人布置月亮卡片，很快就掌握了游戏方法。

我还引导全班幼儿一起根据"猴子捞月"游戏规则创编不同的应用题，在场景的描述中，有条理地说出创编应用的基本方法，启发幼儿用绘画的形式记录下创编游戏的方法，幼儿在一道道的加减运算题中体会着与同伴合作游戏的快乐，同时也学会了使用相关的数学语言和词汇——"因为……一样""谁比谁多""合起来是多少""剩下的是小猴子是几"。幼儿在多变的游戏中发展了数学能力。

小问号大板块——争当制作小鼓手
（大班）

案例描述

区域活动是幼儿自主发现、自主学习以及和同伴合作游戏的活动形式之一。它灵活多样，能开发幼儿的潜能，满足每个幼儿的不同发展需要，是最受幼儿欢迎的活动之一。在活动区里，教师要善于发现幼儿感兴趣的事物，捕捉幼儿偶发事件中隐含的教育价值，巧妙地把握时机，做幼儿的引导者。

在连续几天的美工区活动中，我发现小画家们不再设计漂亮的鼓面了，而更多的是在活动区里欣赏一下以前设计的鼓面就走开了。这天，我发现晨晨拿着一张设计好的鼓面低着头好像很为难的样子，便轻轻问了一句："需要帮忙吗？"她摇摇头说："这么漂亮的鼓面多好看，可惜，光是一张纸也不能发出好听的声音啊！"我拍了拍她的肩膀说："别着急，你看这儿有这么多的废旧材料，你可以试一试，看看什么材料更适合做鼓面，把你的想法说给大家听听。"

在活动区评价的时候，我有意识地让晨晨说出自己的想法，让幼儿共同讨论制作小鼓的材料。我好奇地问："什么样的小鼓能敲响？用什么材料做更合适？"小可说："一定得是能立在桌面上的，不然怎么敲？"王希说："里面还得是空心的，不然就没办法出声音了。"欣欣说："我想还得结实，不然敲两下就该坏了。"我连忙说："我们一起想办法来收集制作鼓的材料吧，看看哪种更合适。"第二天，幼儿带来了很多做鼓的材料，对能发出声音的小鼓充满了期待和好奇心。幼儿纷纷动手尝试制作，为了结实，宁宁选择了宽胶带的纸心儿做鼓身，用塑料袋做鼓面，可是无论怎么粘，塑料袋都会漏气，发不出声音。宁宁着急地说："老师，您看我的鼓面总是粘破了，怎么办啊？"我不慌不忙地说："你想想，什么样的绳子能变长短，一套就结实了？你看看妮妮的头发，答案就在那儿。"宁宁跑过去看了看，高兴地说："老师，您说的是皮筋儿，这样一套就好了，再也不会漏气了！"当天早上，宁宁做出了自己喜欢的小鼓。幼儿用小棍儿敲打着，聆听着小鼓发出的砰砰声，高兴极了。这时，我拿出了幼儿以前收集的照片对比着，启发幼儿给这个小鼓起名字，随后对他们说："图片上有这么多的小鼓，这些都能用废旧材料做出来吗？汉族的拨浪鼓、朝鲜族的腰鼓，还有新疆的手鼓，什么地方不同啊？在选择材料的时候我们要注意些什么呢？明天你们可以试试看！"

第三天一大早，幼儿拿着缎带、奶粉筒、茶叶筒、薯片筒制作鼓身，用串珠、吸管做鼓槌。浩浩将空罐子进行装饰，然后横着穿上缎带做成鼓，将鼓挂在身上，他说这个是堂鼓。小可用桶装方便面的盒子组合在一起，中间细、两头粗，因为这样就能做成朝鲜族的腰鼓。汉族的拨浪鼓最受欢迎，因为幼儿用笔帽、玩具球、螺丝扣拴在鼓面两端一晃动，就能像拨浪鼓似地发出声响。我们班的小展台一下子成了鼓的世界，幼儿在这里探索并找寻着自己想要的答案，制作的一面面玲珑多变的小鼓也让他们爱不释手。

小问号大板块——奇妙的色彩
（中班）

案例描述

随着年龄的增长，幼儿对身边的很多事物都产生了浓厚的兴趣。班里的小花开花了，小鱼长大了，都是他们感兴趣的。与此同时，他们对生活中常见的一些现象也充满了兴趣。磁铁到底能吸引哪些东西呢？为什么天又下起了雨？乒乓球为什么沉不到水里？……面对着幼儿浓浓的求知欲和好奇心，我们应该在区角中投放什么样的材料，才能够更好地激发他们的学习兴趣呢？怎样才能引导幼儿在区域游戏中，通过自己的操作及教师适时的指导获得知识呢？在观察幼儿

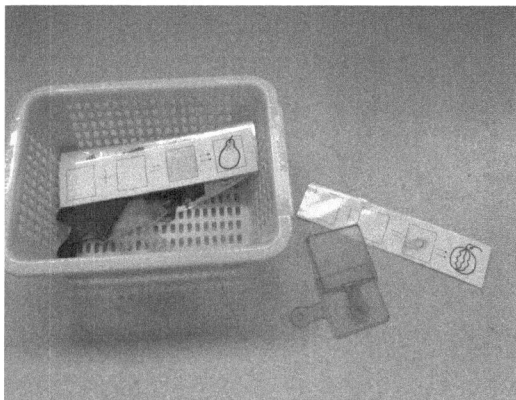

区角案例"奇妙的色彩"操作材料

游戏的同时，我也在不断地问自己，探索答案。

"哇！你看多漂亮啊！"每次在过渡环节时，幼儿都争先恐后地拿着万花筒看呀看，陶醉、感叹着阳光和颜色带来的神奇与美丽。那么，如何把幼儿这股对光和颜色感兴趣的热情进一步迁移到科学知识上学习呢？于是，我制作了"颜色变变"游戏材料，投放了各种颜色的半透明色板，同时用"□＋□＝□"的形式制作了颜色表格，幼儿可以把不同颜色的色板重叠在一起，拼出新的颜色，再把过程记录在表格中。

最初的几天，幼儿对这个新的玩具很感兴趣，喜欢拿着色板涂呀涂、画呀画，但是慢慢地就没有人再去玩了。我以为幼儿已经对颜色的探索失去了兴趣，但是他们玩万花筒的热情却并没有减少。看到欣欣拿着万花筒高兴地玩着，我问道："欣欣，你这么喜欢玩万花筒，为什么不喜欢玩这个玩具啊？""因为它就是涂啊涂的，没有什么意思啊。"原来，是玩具材料的本身让幼儿失去了兴趣。于是，我把颜色的表格做了调整，更名为"水果、蔬菜变变变"，一个香蕉加上一个苹果，会得到什么水果呢？通过对光板的实验，幼儿很快就发现黄色加上红色是橘红色。橘红色的水果有哪些呢？

对了，橙子啊！通过对玩具材料的调整，使用让幼儿更亲切和常见的水果、蔬菜的造型，让他们更加对游戏感兴趣。除了一个人玩，还可以两个幼儿相互出题来玩，这样就更有意思了。

案例分析

区角活动中的材料是开展区域活动的物质媒介，是幼儿构建知识的依托。材料是否有趣、可变、可操作，是否符合幼儿身心发展特点，直接影响幼儿主动参与的兴致。那么，在投放区角材料时应该注意什么呢？

1. 注重材料的趣味性。在投放玩具时，教师要关注幼儿的年龄和兴趣特点。中班幼儿对小动物、水果、卡通人物等这些可爱的形象都非常喜欢，教师若能够把这些元素很好地利用，融入到材料中，那么材料本身就能够更加吸引幼儿，从而促使幼儿在玩中学到知识。

2. 注重材料的多变性。中班幼儿有较强的探索欲望，对新事物感兴趣，教师提供的材料要富于变化，才能满足幼儿不断变化的兴趣。在此案例中，我把颜色的表格调整为"水果、蔬菜变变变"，让幼儿有了更多选择，有了更多自主尝试的空间。

在区角活动实践中，我们只有通过学习—研究—实践—反思—调整—再实践的良性循环，才能让每个幼儿与区角材料积极互动，促进幼儿充分、富有个性地发展。

挑战大本营——俄罗斯城堡
（大班）

案例背景

本区角环境是幼儿对主题墙饰"民族魅力——风情俄罗斯"中俄罗斯城堡兴趣的延伸，幼儿对俄罗斯城堡的建筑风格产生了好奇与兴趣，尝试搭建了"俄罗斯城堡"。

案例描述

近期，建筑区开展了"俄罗斯城堡"的主题构建活动，幼儿的兴趣都非常高，每次搭建都很专注和投入。这一天，在搭建的过程中，君君忽然皱起了眉头，说："咱们老是拿起积木往高里搭建，搭建房子的形状、结构与其他楼房区别不大呀，怎么能让人看出是俄罗斯城堡呢？"问题一提出，幼儿便纷纷议论起来。有的说："是咱们的大门搭得不像，太方了。"还有的说："咱们搭的屋顶都是尖的，不是穹顶。"云云赶忙说："那穹顶是弧形的，怎么搭呀?"果果说:"我们可以找替代物，用废旧纸壳剪成俄罗斯城堡的屋顶。"在一旁的琪琪马上说:"还可以用弧形的积木围边搭。"办法一出，立刻得到了大家的赞同，也开始关注到了俄罗斯城堡的结构搭建。

区角案例"俄罗斯城堡"墙饰环境

为了更清楚地了解俄罗斯城堡的结构，有的幼儿提议:"咱们可以一起收集俄罗斯城堡的图片和照片，对比一下，就能发现城堡的建筑特点。"于是，幼儿便开始从网上、图书、画册中收集相关的资料。在这一过程中教师引导幼儿有目的、有顺序地观察城堡的色彩、形状、门和窗户，发现城堡错落有致的位置关系，了解城堡的基本结构（包括穹顶、楼层、柱子、门等），并与幼儿共同创设城堡特点分解图的功能墙饰，通过墙饰给予幼儿支持和帮助。

幼儿对于城堡的搭建特点有了一定的了解后，能够按照基本的结构特点进行搭建。但在这一过程中，有的幼儿又发现了新的问题:"我们搭建的城堡上下都一样，和图片上的有些不一样，那到底应该怎样搭呢?"针对提出的问题，大家开始探讨。有的说:"你们看墙饰上城堡的图片，每层都是不　样的。"云云指着

区角案例"俄罗斯城堡"操作材料

图片说:"城堡从下面开始一层比一层小一些。"君君说:"那我们怎样才能搭出这样的结构呢?"于是，幼儿开始尝试不同的搭建方法，反复用不同的积木进行尝试。最后，他们终于找出了这种建筑造型的搭建方法，他们运用的搭建技巧是上面一层积木沿着下面一层积木的最里边进行搭建，也就是比下面一层积木小一圈的方法。幼儿在欣喜的同时，提议把这些成果用相机照下来，并打印出来呈现在建筑区的环境中，将经验与其他小朋友分

享。同时，他们还把在搭建中随时遇到的问题在墙饰中提出来，让大家帮助一起研究实践，找出好的方法，由此很好地解决了在搭建过程中出现的困惑，提升了搭建水平。

案例分析

幼儿在探究搭建的过程中会发现很多问题，教师要敏锐地抓住幼儿提出的问题，因势利导。在和幼儿的交流中，我有效地利用了幼儿的问题，提供了较适宜的指导。

首先，以幼儿在游戏中的问题为切入点。幼儿在搭建的过程中，提出了"怎么能让人看出是俄罗斯城堡呢""搭建的城堡和图片上的有些不一样，怎么办"等问题，这些问题涉及对俄罗斯城堡结构的把握，也直接关系到幼儿的搭建技巧。这些问题是提高幼儿搭建水平的关键所在，我准确把握了幼儿游戏进程中的困难，抓住这些问题，引导幼儿讨论，集体想办法解决，为幼儿提供了主动尝试想法的机会。

其次，以幼儿的问题为导向，创设支持性的环境。在捕捉到游戏中有价值的信息之后，我和幼儿一起收集资料，在环境中提供建筑示意图、图片等引导幼儿欣赏、观察、分析、讨论，在呈现方式上，我们以表格、对比图片、游戏等形式呈现在环境中，这其中蕴涵着兴趣的激发、结构技能的暗示、创造思路的诱发等，使环境真正体现了幼儿探究与学习的过程。由问题生成环境，再在与环境互动中产生新的问题，进而又生成新的环境……活动区的环境在幼儿手中不停地"说话"，静态的环境变成了幼儿研究、探索、发现的平台，成了展现幼儿的经验、想法，充分表达、表现并能与之对话的空间，真正体现了游戏的过程性与幼儿的发展性。

专家点评

观察幼儿的活动过程、反思自己指导的有效性是优秀幼儿教师必备的能力，观察幼儿是为了了解幼儿的现有发展水平和可能达到的发展水平、了解幼儿学习的过程和特点、反思自己的目的在于为幼儿的发展搭建支架。这个案例充分展示了教师的这些能力。

在这个案例中，教师详细记录了幼儿在搭建"俄罗斯城堡"过程中遇到的困难，如"那穹顶是弧形，怎么搭""俄罗斯城堡的结构是什么样的""怎样才能搭出俄罗斯城堡的结构"等；描述了幼儿在教师的引导下解决问题的方法和过程，如"用弧形的积木搭城堡的屋顶""在网上、书中查询俄罗斯城堡的结构""对照墙上的图片"等；分析了教师自己运用的指导策略及其适宜性，如创设与俄罗斯城堡有关的墙饰、通过问题"怎么能让人看出是俄罗斯城堡"引发幼儿搜集资料的欲望、通过提示观察图片内容的顺序等引导幼儿了解俄罗斯城堡的外形特征、参与搜集资料等。

中华女子学院儿童发展与教育学院副院长　余珍有

挑战大本营——滑动比赛
（大班）

案例描述

为了让幼儿探索有关力的现象，本周我们在科学区提供了各种自制材料，如不同质地的坡面（如吸管坡面、砂纸坡面、泡泡纸坡面、豆子坡面、塑料光滑坡面等）、各种各样的小车（如木制的、塑料制的、铁制的等）、不同高度的硬纸底托，引导幼儿用不同的坡面搭不同高度的斜坡。幼儿

区角案例"滑动比赛"操作材料

可以利用这些材料进行不同形式的组合，玩斜坡实验。

这一天，贞贞、紫遥来到科学区活动，他们在想办法搭建斜坡，让玩具汽车动起来，只是斜坡搭得有高有低。这时，贞贞发现自己斜坡上的玩具汽车没有旁边豪豪的玩具汽车开得快，就跟豪豪商量："我们互换一辆汽车玩，好吗？"互换后，贞贞发现自己的车子还是开得比豪豪的车子慢。很多幼儿好像都发现了这一问题，于是我引导幼儿讨论：汽车在高斜坡上开得快还是在低斜坡上开得快？幼儿又开始实验，一个搭高斜坡，一个搭低斜坡，然后比比谁的车子开得远、开得快。他们玩得非常高兴，在高兴的同时，好像悟出了一个道理——汽车在高斜坡上比在低斜坡上开得快。

为了增加游戏的难度，我引导幼儿讨论除了小车可以在坡面上滑动外、还有什么物体也可以滑动，请幼儿去找身边可以滑动的东西。贞贞先选择小积木和手纸筒在板上滑，把手纸筒竖着放，手纸筒慢慢地向下滑动；她又将纸筒横放，纸筒很快地向下滚动。贞贞高兴地说："纸筒滑得多快呀，

比积木要快!"她找来记录纸,将刚才的操作发现记录下来。一会儿,豪豪在区域中寻找了电池、圆柱形小积木,比较这两个玩具中哪个滑得快,边操作还边记录。这时,豪豪拿着一大、一小两个电池组对贞贞说:"这两个电池滚的速度不一样,大的电池滚得快,小的电池滚得慢。"贞贞说:"我也来试一试。"于是,她找出一大、一小电池组开始实验起来,她把小电池放在坡度大的斜坡上,将大的电池放在坡度小的斜坡上,发现小的电池滑得更快,就对豪豪说:"不对,是小电池滑得快。"两人争辩起来。这时我走过来,请他们介绍操作方法,贞贞先操作,豪豪发现贞贞将电池放在不同坡度上,说:"你这样不行,两个电池要放在一起比,这样才公平。"贞贞听了豪豪的话,将电池放在同一个坡度上,这下她也发现了大电池滑得更快些。

案例分析

在科学探索活动中,教师给予幼儿探索空间的大小以及教师以什么样的身份介入,直接影响着幼儿探究的兴趣,也影响着探究的结果。在上述案例中,我注意给幼儿提供广阔的自主探索空间。

首先,提供开放的材料支持幼儿探索。在科学区,我提供了不同质地的坡面、不同材质的小车、不同高度的坡面,幼儿可以自由组合,自主地选择操作材料,自主地选择操作方法,探索物体在斜坡上滑动的情况。

其次,教师作为一个参与者支持幼儿探索。在科学区中,幼儿的操作探索完全是独立进行的,教师只是处于观察的状态,没有对幼儿提出必须做什么、怎么做,幼儿在自由的空间里积极地学习、探索,他们的自主性得到了充分的发展。在幼儿有争议时,教师并没有将自己的意见或正确的做法告诉幼儿,而是引导幼儿交流各自的操作方法,幼儿在交流讨论中会发现问题的关键,逐渐学会实验的方法,对实验的操作方式、实验的条件有更多的认识。他们在这其中获得了探索的经验,学习能力得到了进一步提升。

挑战大本营——泡泡是什么形状的
(大班)

案例背景

一天,萱萱带来了一瓶吹泡泡的玩具,引起了大家的兴趣。萱萱把玩具分享给其他幼儿,大家轮流吹着玩。虽是个别幼儿轮换吹,可是泡泡一会儿飞高了、一会儿飞低了、一会儿不见了,整个活动幼儿都挺感兴趣。没想到第二天,大多数幼儿带来了吹泡泡的小瓶子交给我,有大的、小的。

无意间，我拧开几个瓶子拿出蘸肥皂水的一端一看，形状各不相同，有正方形的、三角形的、圆形的。看到这些形状不同的工具，我想，何不利用这一可能引发幼儿认知冲突的好机会，调动幼儿的好奇心和求知欲？于是，我开展了一次吹泡泡活动。

案例描述

今天我给幼儿准备了几种新的吹泡泡工具（有三角形的、正方形的、五角星形的……），并引导幼儿大胆猜想："你们猜猜，用这些工具吹出的泡泡是什么形状的？"幼儿争着说："三角形的、正方形的、五角星形的……"萱萱肯定地说："三角形吹出的就是三角形泡泡，五角星吹出的就是五角星的。"大家好像很赞同这种说法，都嚷嚷着说："对！"这时，琪琪冒出了一句："不是这样的，泡泡就是圆的。""你怎么知道的？"我走过去轻声问他："我看见的泡泡都是圆的。""那到底是什么样子的，我们一起试一试吧。"我鼓励他们把自己的猜测和实验结果画在表格内进行记录。话音刚落，小潘马上拿了一个三角形的吹泡泡工具蘸了一点泡泡水，吹了一下。"咦！怎么吹出个圆泡泡？"她有些怀疑地看着别的幼儿。铮铮拿着五角星形的工具说："我吹的也是个圆泡泡。"萱萱似乎还是有些不相信，她又拿着各种工具反复亲自尝试，最后的结果全是圆的，这才相信原来吹出来的泡泡都是圆的。过了一会儿，幼儿纷纷跑来向我汇报："是圆的，都是圆的，太好玩了。没想到什么形状的工具吹出来的泡泡都是圆形的。"活动结束了，幼儿还说着、笑着，显然还陶醉在刚才的活动中。

案例分析

《纲要》科学领域的内容与要求中强调，要"引导幼儿对身边常见事物和现象的特点、变化规律产生兴趣和探究的欲望"。在上述案例中，我注意用两种方式引发幼儿在活动中主动探索。

第一种方式是通过提问促进幼儿思考。我提出用不同形状的工具会吹出什么样的泡泡，主要是激发幼儿兴趣和探究的欲望，幼儿在整个活动中都非常积极主动，可以看出通过自己的尝试而获得的知识是幼儿最想要的，也最能激发幼儿内在的成就感。

第二种方式是猜想验证。《纲要》中指出，要引导幼儿"学习用多种方式表现、交流、分享探索的过程和结果"，我鼓励幼儿将猜测和实验结果画在表格上，如先猜想，最后尝试，看结果是什么样的。实验前后的对比体现了幼儿的探究过程，为下一步的分享、交流奠定了基础，也使幼儿体验了科学的探究方法。

挑战大本营——小动物吃得香
（小班）

案例描述

为了让幼儿练习小手的灵活性和锻炼使用小勺的能力，我们为幼儿投放了"小动物吃得香"游戏材料。我们选择了幼儿喜爱的各种小动物形象，为了让幼儿认识各种形状，我们将小动物的嘴巴做成了各种形状，还提供了不同材质的"食物"，如白米饭——白芸豆，菜——皱纹纸球，丝糕——海绵块，牛肉干——红豆，饼干——不同形状的、

区角案例"小动物吃得香"操作材料 1

不同颜色的、不同大小的百洁布，利用不同材质来增加难度。在工具方面投放了深浅不同的小勺、材质不同的小勺、还有小夹子，让幼儿感受使用不同工具时的不同结果和难度。

过渡环节时，涵涵来到生活区拿起了喂小动物的自制材料，从拿起了小豆子，又拿了一把勺子，用勺盛豆子，因为他盛了满满一勺的豆子，在送到小动物的嘴里的过程中，拿勺的手不稳，小豆子"稀里哗啦"地掉下来了，旁边的皓皓看到后"哈哈"笑了起来，涵涵生气地说："不许你笑我。"我知道，涵涵是觉得自尊心受到伤害了。我连

区角案例"小动物吃得香"操作材料 2

忙走过去说："涵涵就是着急了，想一下子多喂小青蛙吃点饭，只是盛得太多了撒出来了，没关系，老师帮你捡起来。"我一边捡一边看着皓皓，皓皓马上说："我也帮你捡。"捡完了，我提醒涵涵说："这个小豆子圆溜溜的，

很容易掉，你每次少盛一点，别着急，拿稳了就不会掉了，你试一试。"涵涵用小勺舀了几颗小豆子慢慢地送到小青蛙的嘴里，一颗豆子也没掉，他就这样慢慢地喂着小青蛙。皓皓在旁边也做着自己的游戏，他用小勺子盛起了大白豆子，因为豆子较大，他一次盛起了一颗豆子，还说："小猫，你吃白米饭吧。"又用小勺舀了一勺皱纹纸团成的球，说："你再吃一口菜吧。"但是纸球较轻、还有棱角，不能稳稳地待在勺子里，用小勺不好盛，他放下纸球，又用小勺子去盛海绵块，也遇到了同样的问题。这时，涵涵对他说："你用夹子就夹起来了。"皓皓听了，放下勺子拿起夹子试着夹了起来，纸球因为小，一下子就夹了起来，而海绵块较大、还有弹性，夹起来较费劲，他试了几次也没夹上来。后来终于夹起来

区角案例"小动物吃得香"操作材料3

了，他夹得兴起，把小盒子里的海绵块一块一块都夹到小猫嘴里，还说："这个丝糕是甜的。"又拿起两块"饼干"塞进了小猫嘴里，说："小猫，你吃饱了吧。"说完，他就把小猫翻过来，用手从后面的大洞中掏出了刚刚喂进去的东西放在小盒子里，因为要把这些东西分开放，他就用小手来分拣，我提出了建议："大的豆子用小勺舀出来，小的豆子用小手指捏出来。"因为东西都混在一起，要挑出来就比用勺子喂单一的东西要有更大的困难，有时舀大豆子时小豆子也被舀了上来，所以要耐心、细心、不着急。为了提高他的兴趣，我说："这是你给它买回来的食物，快把它们分开放好。"在我的帮助下，他很快地分开了。

在活动区评价时，我请涵涵来讲一讲怎么喂"饭"才不会掉，请皓皓来讲一讲是怎样收拾、分开物品的，对他们进行了鼓励、表扬，同时告诉幼儿喂完小动物后也用小勺和夹子分拣会更有趣。

案例分析

第一，有趣的游戏情境能增强幼儿参与的兴趣。幼儿的自我服务能力是在动手操作中慢慢培养、提高的，在"小动物吃得香"的游戏活动中，通过以物代物的方法（把各种材料想象成不同的食物），把小动物张开的嘴做成各种形状，幼儿可以选择喂圆形或其他形状嘴的小动物来增加游戏的

兴趣。在此基础上，我又增加了点数卡，让幼儿点数后有意识地喂相应数量的食物，让幼儿感受数量对应，同时有一定的任务意识。

第二，不同层次的材料给了幼儿主动尝试的空间。我们提供不同材质的"食物"以及大小、深浅、材质不同的勺子、小夹子让幼儿来练习。在操作的过程中，我们发现开始时幼儿多是选择使用小勺子盛不同材质的"食物"，因为豆子扁圆、光滑，用勺子能较快盛起来，而纸球和海绵不太好盛起来。投放了小夹子以后，幼儿的兴趣转到使用小夹子上，用小夹子夹不同材料的"食物"，发现用小夹子夹豆子较难夹，夹不住总是掉，而夹纸球和海绵就较容易。通过实践幼儿得出了经验，盛豆使用勺子，而纸球和海绵则用夹子夹，不同材料的投放让幼儿有更多的机会练习正确使用小勺、小夹子。

在游戏过程中，幼儿把小动物变成了自己真正要关心、照顾的对象，自然地和它们有了语言的交流。再将喂小动物的经验、主动使用餐具的兴趣与乐趣迁移到自己的进餐过程中，由于能力提高了，幼儿进餐也自然熟练起来，由此进一步增强了自信心。

趣味游戏打擂台——翻绳新玩法
（中班）

案例描述

玩是幼儿的天性；要发现、保持和引导幼儿固有的天性；以游戏为幼儿的基本活动。可见，游戏是儿童生活中必不可少的一部分。而传统的民间游戏更是给幼儿带来了许多欢乐。在我们开展的"翻花绳"民间游戏活动中，幼儿的热情很高，他们在体验传统游戏乐趣的同时，也积累了很多经验。

这天，几个女孩子围在可茹身边，出神地看着小翻绳在她的指尖穿梭。"可茹，你真棒！这个小乌龟是怎么翻出来的啊？你教教我，行吗？"一旁的幼儿迫切地想学会翻出小乌龟的方法。只听可茹高兴地回答："可以啊！你就是这样翻、这样翻，然后再这样翻……就行了！"转眼间，一个小乌龟又翻了出来，可是身边的几个幼儿都表示没看懂，还是不会翻，要求可茹再演示一遍。经过一而再、再而三的演示，幼儿还是不能翻出一个完整的小乌龟，以至大家都有些不耐烦了，学习的兴趣也大大降低。于是，我走到可茹旁边说："我也想学一学怎样翻小乌龟，你能再给我示范一次吗？"

于是，她又重新演示了起来。"等等，你可以给我讲得更明白些吗？这一步用哪个手指勾哪根绳？从哪儿勾的？"在我的追问下，可茹开始细细讲来："就是左手的中指去勾另一边的翻绳，然后……"在她讲述的过程中，有时又会出现"这样翻"的解释，于是我就又追问："怎样翻？哪个手指勾哪根绳？"以此来引导她讲清楚，同时也让一旁学习的幼儿听得更加清楚、看得更加明白。在可茹示范讲解一遍之后，我问幼儿："这次看懂了吗？"他们都表示因为可茹讲得清楚了，所以明白了好多。

我继续追问大家："那在教别人翻绳的时候，你应该注意些什么呢？在学习翻绳的时候，你又要注意哪些呢？"幼儿你一言、我一语地说着，最后总结出，在学习翻绳的时候可以一边看一边跟着小老师学，这样学得会更快；在教翻绳的时候，翻绳的速度要慢，而且要讲清楚每一步都是怎样翻的。可是怎样讲才能更清楚呢？幼儿说，不能总说"然后啊、这样啊"，讲得要简单。有的幼儿则建议把每种翻绳编一个小儿歌，这样学起来就更有意思了。同时，我们与幼儿一起讨论出了最想学会的翻绳，然后把这些翻绳的步骤图打印出来粘贴在墙上，幼儿可以通过自己的观察学习翻绳。我们还与幼儿一起总结了翻绳的小技巧，如手指要用力绷紧，不然绳就会不小心滑落；两人翻绳时要相互配合，不然也玩不好等。我们用图文并茂的方式记录下来，装订成《翻绳秘籍》挂在墙上。我们还鼓励家长在生活中多与幼儿玩翻绳的游戏，积累游戏经验的同时还增进亲子间的情感。经过一段时间的学习与练习，幼儿都觉得自己玩得最好，我们就开展了"翻绳之星"评比活动，获胜的幼儿可以获得彩色翻绳作为奖励。这样一来，进一步激发了幼儿玩翻绳的兴趣。

案例分析

幼儿群体是一个差异性较大的群体，所以在教育方式上"教无定法"，针对不同的幼儿、不同的游戏内容，要采取灵活多样的引导方式。在本案例中，我采取了多种方式激发幼儿翻绳的兴趣，使幼儿成功学会了翻绳。

1. 通过具体追问帮助幼儿提升经验。通过观察幼儿玩翻绳时的情景，教师发现幼儿在讲述翻绳方法的过程中，只会一遍一遍翻给他人看，讲解时喜欢"这样、那样"讲述，致使其他幼儿的学习兴趣逐渐降低。于是，教师便以一个"学习者"的身份加入到游戏中，用一句句具体的追问引导幼儿说得更清楚、明确，提升幼儿游戏的兴趣和水平。

2. 创设功能墙饰帮助幼儿克服难点。教师和幼儿一起布置了"翻绳的步骤图"墙饰供幼儿参考，还和幼儿一起总结了翻绳的小技巧，以图文并茂的方式装订成《翻绳秘籍》，这些墙饰环境为幼儿提供了有力的支持。

3. 开展延伸活动激发幼儿持续的参与热情。在班级开展竞选"翻绳之星""翻绳小老师"等活动，以竞选的方法激发幼儿学习和游戏的兴趣。

4. 家园合作拓展幼儿活动经验。鼓励家长在生活中多与幼儿玩翻绳的游戏，使幼儿积累游戏经验，同时还增进亲子间的情感。

趣味游戏打擂台——鞋子对对碰
（小班）

案例背景

天气冷了，幼儿来到幼儿园后纷纷在"秀"自己的鞋子，议论着鞋子的颜色、花纹、种类、谁买的等话题，不光谈论，还把脚放在一起比一比。在起床时，我发现班上还有一部分幼儿在穿鞋时会穿反，因为鞋子厚了，幼儿不太好分清左右，于是我们在活动区为幼儿投放了小鞋配对的材料。为了让幼儿能分清小鞋的左右，我在设计小鞋时考虑到把左、右鞋拼在一起构成一个完整的花样，这样就能较快把左、右鞋配成对。所以，我在同样颜色的左、右鞋上各画了一只眼睛、半张嘴，这样幼儿在把左、右鞋配对后，鞋上的花样就变成了一张笑脸。每双鞋的眼睛、嘴巴的形状和颜色不同。还有的鞋上是花纹，有波浪线、有小花、有星星、有不同数量的圆点等，圆点是幼儿点数时常用的，通过点数鞋上的圆点数量，才能把圆点数量一样的小鞋配在一起；波浪线、小花是让幼儿欣赏的，可以发展幼儿的绘画技能。

案例描述

投放材料后，幼儿在看到这些小鞋时，对鞋上的一只眼睛表示好奇，纷纷问我："老师，鞋上怎么有一只眼睛呀？"我说："还有一只鞋上也有一只眼睛，你快把它找出来放在一起看看。"听了我的话，小雅把另外一只也有相同眼睛的鞋子找出来放在一起，兴奋地说："是个笑脸。"琪琪又拼了另外一双鞋，说："是闭着眼睛睡觉的小鞋。"幼儿纷纷动手拼着小鞋，有的幼儿说："我给小花的鞋配好对了。"有的说："我给小星星的鞋配好对了。"但是我发现，鞋上有眼睛和嘴的小鞋好拼，幼儿只要把半张嘴拼成一张嘴，左、右鞋就不会放反。但是鞋上有相同花纹的小鞋，幼儿虽然能配在一起，但是会有左、右鞋放反的情况。我就让幼儿先观察有眼睛的小鞋，

引导他们发现两只鞋上有眼睛的地
方是凹进去的，脚尖和脚后跟的地
方能挨着时，中间是空着的，这样
的小鞋才配对了左右，穿在脚上才
舒服。幼儿通过不断地操作、慢慢
地实践，在配鞋中发现放反了左、
右鞋后，都能重新调整摆放。现在
多数幼儿已能很轻松地配对左、右
鞋，但在对小鞋的材料熟悉后，兴
趣降低了。

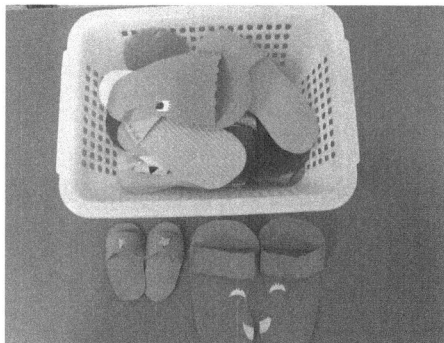

区角案例"鞋子对对碰"游戏材料 1

　　区域活动时，唯唯拿出教师投放的小
鞋的材料玩了起来，他把颜色、花纹一样
的找出来放在一起。琛琛看到了，也走过
来说："我和你一起玩吧。"征得了唯唯的
同意后，两人一起玩了起来。我心中一
动，走过去问他们："你们两个玩比赛找
鞋吧！"两个人都说好。我说："那我来给
你们当裁判，好不好？"两个人同意后，
我们把鞋混乱后放回筐里，我说"预备，
开始"，他俩马上开始找鞋配对起来，筐
里的鞋找没了以后，琛琛说："我找完了，
我第一。"我说："你们两个数一数看看自
己找了几双鞋。"两个人"1，2…"地数
了起来，数完后，唯唯配了 8 双鞋，琛琛
配了 6 双鞋，唯唯乐了，说："我是 8 双，
你是 6 双，我比你多，我是第一。"旁边的
子卿和小雅也被他们吸引了过来，看着他

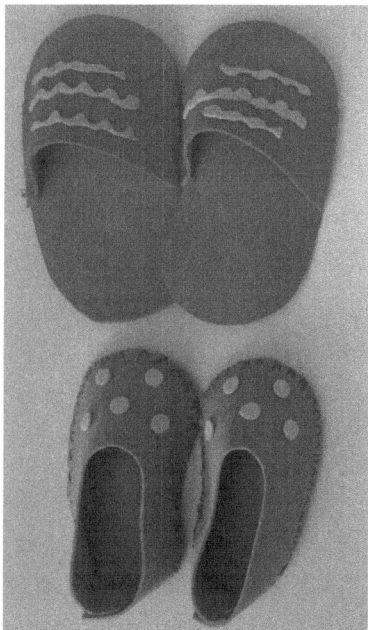

区角案例"鞋子对对碰"游戏材料 2

们比赛，并参加到他们的比赛当中来。看到幼儿都是把筐里的鞋子配好后
数一数谁的多来决定谁是第一名，我说："我也想来和你们比一比，好不
好？"幼儿都说好。我拿出一大、一小两双鞋，问他们："这两双鞋有什么
不一样？"他们说："这双鞋大，那双鞋小。"我说："这回换一种方法比，
我找大鞋，唯唯找小鞋，好不好？"子卿和小雅一起说："预备，开始。"我

们两个找了起来。我们两个比完了，子卿和小雅也要比，我说："我和唯唯比的是找大鞋和小鞋，你们不能比找大小了，要比别的。"子卿想了一想，说："那我找红色的鞋，你找绿色的鞋。"子卿和小雅高兴地玩了起来。

因为看到他们有趣地比赛，其他幼儿也都跃跃欲试，在他们比赛时，我又适当地介入，引导幼儿发现小鞋的不同之处，如："摸一摸这鞋有什么感觉？是什么材料做的？""上面的花纹是什么样的？"在美美给娃娃买了一双"绿色的五星鞋"后，幼儿又多了一种玩法，一个幼儿说鞋的样子，另一个幼儿快速地找出相应的鞋，每天益智区都传出幼儿开心的笑声。

案例分析

在区域活动中，教师既要引导幼儿，又不能让幼儿"按照教师的想法来玩"，这就需要恰当处理活动中教师与幼儿的关系，既充分体现教师的主导地位，又尊重幼儿在活动中的主体地位。在本案例中，我通过如下两种方式把握好这对关系。

1. 提供蕴涵多种教育目标的材料，体现教师的主导地位。我投放的小鞋配对材料，主要是根据日常生活中观察到的幼儿穿反鞋的情况而制作的。用不同的材质制作，是想让幼儿通过感知、触摸了解到不同材质的特性；装饰不同的花纹，主要是想让幼儿分出一双鞋，分辨出左、右鞋；在幼儿能配出一双鞋的基础上，还可以让他们练习点数、分类等。幼儿通过创造性的游戏"鞋子对对碰"实现了更多的发展。

2. 以参与者的身份介入，尊重幼儿在活动中的主体地位。《纲要》指出，教师应成为幼儿学习活动的支持者、合作者、引导者。在游戏过程中，我力求做到对幼儿的尊重，在幼儿的自发游戏中保护并支持了幼儿主体意识的发展。根据幼儿的经验水平和实际需要，我以玩伴的身份介入游戏，引导幼儿自主创新游戏的玩法、规则，实现了游戏的目的，准确把握了游戏的发展价值，给幼儿提供了宽松的探索环境和主动学习、发展的机会。

专家点评

小班幼儿穿反鞋几乎是必然的，以他们的心理发展水平和认知能力，不分辨左右属于正常现象。

幼儿现有水平与发展需要之间的差距是教师工作的空间。教师制作玩具小鞋，用它来代替真实的小鞋，引导幼儿注意到鞋分左右，正确地辨别左鞋和右鞋。在这个过程中，教师的步骤很明确，第一步，用整体图案中的半个图案（如一只眼睛）装饰一只鞋，引发幼儿对整体图案的心理需求。第二步，用整体图案中的完整图案（两只眼睛或一个完整的笑脸）帮助幼儿感知、注意左右，这是在帮幼儿进行辨别左右的准备。第三步，经过多次练习，幼儿逐步学会了分辨左、右鞋。

　　教师继续挖掘着玩具小鞋的教育作用，从分辨左右到配对、数数、分类，再到语言描述，教师对幼儿发展的引导和促进就在这愉快的游戏中进行着。

北京市教育科学研究院早期教育研究所副研究员　　徐　明

小智星变变区——夹子变刺多有趣
（小班）

案例描述

　　迪迪来到美工区，拿起了小刺猬和彩泥，用手把彩泥揉成一个圆球当水果，粘在小刺猬的刺上，做了一个又一个，玩得很高兴。他把小刺猬的身上都粘满了果子，又拿起了另一只小刺猬接着做水果。玩了一会儿后，迪迪把刺猬身上的彩泥收起来放进了盒子里，把刺猬和彩泥放进小筐收到玩具柜里，搬着小椅子来到了益智区。他看到子涵

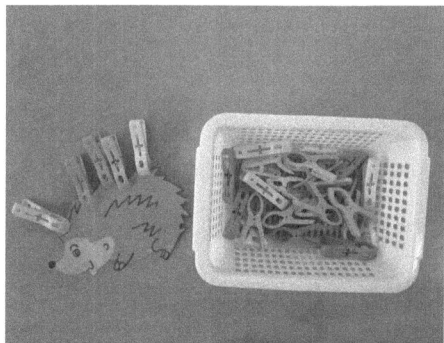

区角案例"夹子变刺多有趣"游戏材料1

在给小螃蟹用夹子安装腿，就和子涵一起玩了起来。把几只螃蟹的腿都装好后，迪迪站了起来走到美工区把小刺猬拿了过来，对子涵说："咱们给小刺猬夹夹子吧，用夹子当它的刺。"子涵说："那不行，小刺猬是美工区的，不能拿到益智区来。"我听到他俩在争执，走过去问："怎么了？"子涵告诉我原因，我说："你准备怎么拿夹子当刺呀？"迪迪拿起一个夹子夹在刺猬的一根刺上，说："小刺猬的刺是长的。"说完，又用夹子给小刺猬加长了刺。我说："迪迪想得

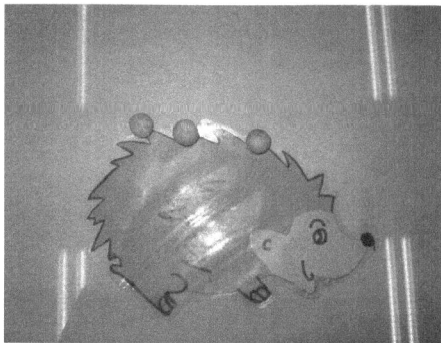

区角案例"夹子变刺多有趣"游戏材料2

第四章　班级区角游戏环境的创设

真好，小刺猬的刺长了，就不怕敌人了。"得到我的肯定后，子涵也拿起小刺猬玩了起来。迪迪说："我要给小刺猬装绿色的刺。"子涵说："我给刺猬装蓝色的刺。"两个人玩得很高兴。

案例分析

幼儿的学习活动往往与游戏、日常生活密不可分，我们要根据幼儿的发展水平制作各个活动区的辅助材料，融学习于有趣的游戏之中。

1. 挖掘材料的多种功能，一物多玩。投放在美工区的材料"小刺猬"是为了让幼儿练习泥工技能而制作的，其教育价值是：幼儿可以练习揉大小不同的圆苹果、长圆的梨等水果，给小刺猬背在背上。而这个"小刺猬"材料放在益智区时，教育价值又变成了练习点数、进行简单排序、通过使用夹子练习小肌肉等。一种材料有多种用途，充分利用材料，能最大限度地发挥材料的价值。

2. 各区角的材料可以相互融通，更好地发挥价值。迪迪能从帮着给小螃蟹装腿的游戏迁移到给小刺猬加长刺，这也提示老师：各区之间的活动是有联系的，各区的材料也是可以互相通用的，在美工区里的材料适应美工区的教育目标，而拿到益智区则可以更换为适合益智区的目标，创造性地使用材料，会让幼儿得到更多的发展。

小智星变变区——汽车运输忙
（小班）

案例描述

在益智区，我们为幼儿投放了粗细、颜色、形状不同的螺丝玩具，幼儿在辨别颜色、形状的基础上，还要找出一样粗细的螺丝钉和螺丝帽，并安装在一起，锻炼了小肌肉的灵活性。

一开始，幼儿对这种新玩具很好奇，每天都有幼儿拿出来玩。因为有三种粗细的螺丝，幼儿要对上，就要仔细找一找、试一试、拧一拧，但是熟悉后，幼儿的兴趣就减少了，有时候一连几天都没有幼儿去玩，有时幼儿拿来放到桌子上摆弄两下后就没有兴趣了。

一天，赫淼在益智区拿了螺丝玩具，从自己的口袋里掏出了一个小螺丝，和旁边的阔儿说："这是我爸爸修车用的，他的车上就有螺丝钉，是小的。"阔儿说："你爸爸修的是什么车？"赫淼说："我爸爸修的是自行车，他每天都用自行车带我来幼儿园，骑得可快了。"阔儿说："我爸爸开的是汽车，开得可快了。"赫渫说："那你爸爸的汽车上有这个螺丝钉吗？没有吧？"阔儿听了，一愣，不知如何回答。评价时，我留了一个问题请幼儿回家去问问爸爸妈妈："汽车上有没有螺丝钉？什么地方有？"第二天，阔儿就兴奋地告诉我："我爸爸说了，汽车上有好多的螺丝钉，方向盘上有，车门上有，车轱辘上也有。我还看过赛车换轱辘呢，把螺丝钉拧下来轱辘就卸下来了，把新轱辘装上用螺丝钉拧紧，赛车就又可以跑了。"

区角案例"汽车运输忙"操作材料

听了阔儿的话，我灵机一动，如果加上辅助材料是不是幼儿就能有兴趣呢？辅助材料就用幼儿现在感兴趣的汽车吧。我把汽车模型上的轱辘做成白色的，再用黑色的纸剪成圆形，中间剪成大小一样的洞，因为有三种粗细不同的螺丝，所以我做了三种车——自行车、小汽车、大卡车，它们的轱辘是小、中、大三种洞洞。因为大卡车是运货的，我又在大卡车的上面加上三个集装箱，也用螺丝来固定。一天，又到益智区来玩的赫渫，看到和螺丝玩具放在一起的新投放的汽车模型，问我："老师，这个汽车怎么玩呀？"我问："你看看这个汽车缺什么呀？"他看了看说："缺汽车轱辘。"又指着空白车轱辘说："这里还有洞。"我问："你找找，车轱辘在哪儿？"他马上找出了带着洞的轱辘，我说："车轱辘就是用螺丝钉装在车身上的，你快帮它把车轱辘装上吧。"他听完后，马上把车轱辘放在车身上，又拿起一个红颜色的螺丝钉，想把螺丝钉插进轱辘中间的圆洞中，可是他拿的螺丝钉比轱辘上的洞要粗些，所以插不进去。我提醒他换一个螺丝钉试试，他试了几个才找对和车轱辘上洞一样粗细的螺丝钉。他把汽车组装成功后，拿着向我和其他幼儿展示，引来了其他幼儿羡慕的目光。有几个幼儿也来尝试组装汽车，湛湛发现自行车、小汽车、大卡车的轱辘不一样大，中间的洞也不一样大，他把这个发现告诉了其他幼儿，幼儿对这个玩具重新投入了热情。

案例分析

幼儿是积极的活动者和主动的学习者，直接经验感知、操作和参与游戏活动是幼儿学习的主要方式。在开始接触螺丝玩具时，由于玩具色彩鲜艳、形状各异、粗细不同，有一定的难度，幼儿虽有兴趣去探索操作，但是随着对玩具的日益熟悉，对只是拧来拧去的重复动作，他们失去了玩的兴趣。我依据小班幼儿的年龄特点，为成品玩具提供辅助材料，激发了幼儿再次参与的兴趣。

1. 通过辅助材料增强游戏情境。"游戏化的一日生活"是实现小班教育目标的适宜途径，游戏是最适宜他们的活动。我通过增加辅助材料——车，创设有趣的游戏情境——给汽车装轱辘、装货物，使幼儿在游戏的过程中扮演"汽车修理工""装卸工人"等角色，在游戏的过程中，通过对材料的操作，感知了颜色、粗细等一一对应关系，发展了小手的灵活性。

2. 通过辅助材料丰富游戏内容。我投放了不同的汽车模型，使材料的选择余地更大。在材料的投放上，我考虑到根据螺丝的粗细不同，投放了三种车型，使用了幼儿熟悉的自行车、小汽车、大卡车，用三个轱辘来区分粗细，幼儿首先要把轱辘对应找对，再试着插对相同粗细的螺丝钉进行组装，在此过程中幼儿的认知能力、观察判断能力、动手能力都得到了提升。

快乐小书屋——我的名字大家认
（大班）

案例描述

到了大班，很多幼儿对文字逐渐敏感起来，也产生了认字的兴趣，他们经常拿自己的名字相互讨论，相互指认自己或同伴的名字。看到幼儿有兴趣，结合《纲要》中提到的语言领域目标，我们在图书区开展了"我的名字大家认"活动，将全班幼儿的姓名打印下来，再配上简单易懂的能诠释字音的图片。例如，"红"字，就配一个红色卡片。这样幼儿既掌握了字的读音，又初步认识了汉字。将图片装订成书，投放到语言区供幼儿阅读与翻看。活动中，很多幼儿对新投放的这本《我的名字大家认》图书很感兴趣，经常会有一些幼儿围过来看书，相互指认名字，比较看谁认识的名字多。我发现幼儿对这种图文

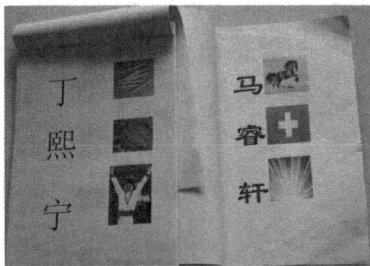

我的名字大家认——名字字典

并茂的形式很容易接受，而且很快全班幼儿的姓名就全被幼儿指认出来了。

看到幼儿的表现，我意识到，现在书上提供的内容已经不足以满足幼

儿的兴趣了，于是，我与幼儿一起讨论增加书中的内容。幼儿提出以小组的形式，分头去各班收集小朋友的姓名。收集后，我们把全园幼儿的姓名进行打印，与幼儿共同制作了《我的名字大家认（新）》这本书，新变厚了，内容变多了。区域活动时，幼儿们又三三两两地拿起来开始认读名字。一次，有一个幼儿问我："老师，我发现了一个问题，书上有很多字都相同，您看这个'张'字就有很多。"我微笑着回答："你观察得可真仔细，那你统计一下全园一共有多少个姓张的小朋友吧。"旁边有个幼儿听见了马上说："你可别数错了，我来和你一起数吧，两个人数肯定又快又准确！"就这样，幼儿通过同伴间的合作，既认读了汉字，又学会了一项新本领，就是"统计"，真是一举两得。

看到幼儿积极学习的态度我感到十分欣慰。我们在图书区的功能墙饰上创设了一个小单元"姓氏统计表"，幼儿不由自主地就会翻看《我的名字大家认（新）》这本书，并把自己的统计结果填写到"姓氏统计表"中，分享自己的经验，真正与墙饰进行互动。

《纲要》中明确指出："环境是重要的教育资源，应通过环境的创设和利用，有效地促进幼儿的发展。"为了让幼儿对汉字感兴趣，产生认读的愿望，我们还在班级环境布置中创设了"名字墙""我的小书签""活动室物品对应字卡"等，平时多引导他们去观察，时间长了，幼儿便逐渐记住了与事物对应的汉字。自由活动的时间，幼儿三五成群地进行认读，常常会因为能读出自己认识的字而欣喜不已，一些原本认读水平弱的幼儿在同伴的带动下，认读水平也有所提高。通过认读环境的创设和利用，幼儿和环境、幼儿之间形成了积极有效的互动，收到了较好的效果。

案例分析

幼儿时期是大脑发育的最佳时期，他们在生活中善于观察，对新奇的事物充满了强烈的探究兴趣，抓住幼儿的兴趣点，因势利导，能起到事半功倍的效果。在此案例中，我支持幼儿识字的愿望，并将其融入平时的活动中，通过营造认读氛围、制作创新的文字书籍、创设幼儿需要的认读环境，培养了幼儿识字的兴趣，拓宽了幼儿识字的空间，又使幼儿迅速认识了汉字，有效地促进了幼儿的发展。

在活动中，因汉字缺少图画的生动性、鲜明性，再加上幼儿易疲劳和情绪性的特点，因此需要教师运用有效的引导方式。我们根据字的特点，灵活创造了图文并茂的认字方式。通过投放《我的名字大家认》图书，把每个字搭配上适当的图片，这样幼儿既掌握了字的读音，又初步认识了汉字。根据幼儿的需要，我们还拓展学习经验，创设了相应的环境，如：在幼儿掌握认读名字后，鼓励幼儿将名字的姓氏进行统计，并将其人数填写在创设的功能墙饰中分享，真正做到与墙饰互动，发展幼儿自主阅读、自主学习的能力，使其感受成功的快乐。

专家点评

　　5岁以后的幼儿，抽象逻辑思维开始萌芽，对标记、符号、文字等越来越感兴趣。在这一阶段，怎样既满足幼儿的学习愿望，又避免小学化地教识字，是摆在所有大班教师面前的问题。

　　"快乐小书屋——我的名字大家认"给我们呈现了一个很好的范例。从认字的范围看，教师引导幼儿认的字是从本班小朋友名字开始，逐渐扩展到全幼儿园小朋友的名字，再到其他物体的名字，即从自身或身边逐渐扩大。从认字的形式看，编写、制作了图文并茂的"名字书"，让幼儿对文字易于理解和记忆。从活动角度看，幼儿的活动是自主、多样的，甚至融入了数学活动（统计相同的姓氏）。这些都保证了幼儿学习的过程是愉快的，学习的效果也是好的。

北京市教育科学研究院早期教育研究所副研究员　　徐　明

快乐小书屋——手偶故事我来讲
（中班）

案例描述

　　幼儿对《三只蝴蝶》这个故事都非常喜欢，于是我们在语言区内也投放了相应的故事手偶，为幼儿提供一个自由、宽松的讲述故事的空间。

　　这天，几个幼儿拿着手偶绘声绘色地讲着："这时，天下起了雨，小蝴蝶们连忙找地方去避雨。"正讲到这里时，旁边一个正在看书的幼儿漫不经心地说："哪有雨啊？没有下雨。"这句话有点打消了女孩子们的积极性，但她们还是讲完了故事。在区域活动的分享时段里，女孩子们就反映她们在语言区用手偶讲故事，但是讲到下雨和晴天的时候都是一样的，觉得没有什么意思。"讲故事时怎样才能区分出晴天和雨天呢？谁来想想办法？"我把问题又抛给了幼儿，让大家一起动脑筋解决这个问题。于是，有的幼儿提出可以在讲到下雨时发出"轰隆隆"的声音，晴天的时候可以学几声鸟叫来区分。有的幼儿说可以做一个故事背景，有晴天的，有雨天的。有的幼儿说晴天时在桌子上面讲，雨天的天空灰灰的，就到桌子下面讲。

结合幼儿的建议，我调整了语言区的功能墙饰，制作了一块以一片草丛上飘着两朵白白的云彩和一个大太阳（太阳和云彩上的灰纸放下来，就会变成灰色的乌云和雨滴）的《三只蝴蝶》故事背景。当幼儿又来到语言区讲故事时，他们的兴致更浓了。讲到下雨时，他们高兴地把乌云翻下来；讲到晴天时，他们兴奋地把乌云翻走，仿佛自己就是那只小蝴蝶。

在后来的教育活动中，我们又讲了《小花籽找快乐》的故事，在语言区内也投放了相应的自制图书和故事手偶。这时就有幼儿提出建议，也想让老师帮忙制作一个《小花籽找快乐》的背景。于是，我和幼儿一起商量："图书区已经没有地方增加新的故事背景了，怎样才能解决这个问题呢？"很快就有聪明的幼儿说，这两个故事其实可以用一个背景，只是《小花籽找快乐》多了很多小动物。"那我们的背景应该怎样调整一下呢？"有的幼儿说可以在草丛边加一个池塘，小青蛙就可以住在那里，再做一棵大树当小鸟的家。有的幼儿还提议干脆再画一个小房子，这样一来《金色的房子》就可以讲了。听取了幼儿的建议后，我又对故事背景墙做了调整。于是，一幅远处是森林剪影，近处有池塘、小房子和小草的故事背景墙就做好了。这样一来，语言区内的有限空间就被合理巧妙地利用了起来。幼儿在更换背景墙饰的时候，其实又对故事情节进行了梳理和回忆。在讲述故事的同时，幼儿还能动手操作，进一步加深了他们对故事情节的印象和理解。

案例分析

本案例体现了教师在教育过程中的两点智慧。

1. 巧妙调整材料。这次调整图书区材料的过程让我发现，很多材料其实都有很大的共通性。一种材料只要稍稍进行调整，就能够实现另一个发展目标。这样一来，幼儿在运用材料时也会顺手，教师在制作时也是事半功倍。

2. 倾听幼儿的想法。首先，教师要倾听幼儿的切实需要，材料是为幼儿发展服务的，教师要多观察幼儿的活动状态，了解了幼儿在游戏过程中需要哪些支持，才能够制作出适合他们的辅助材料。其次，教师要倾听幼儿解决问题的办法。幼儿的思维很活跃，视角比较独特，教师要给幼儿机会让他们想办法、出主意，从幼儿提出的建议来看，他们的建议是充满想象力的，也是可以实现的，我正是倾听了幼儿的意见，才有了一系列的思考，对区域空间进行了有效的创设，对故事背景进行了有效的调整。

快乐小书屋——《大狮子的许多许多辫子》

（小班）

案例描述

阅读绘本《大狮子的许多许多辫子》的第三次活动是请幼儿进行绘本表演，我们为幼儿制作了绘本中的小动物头饰，供幼儿作为表演的辅助材料用。考虑到小班幼儿还不会编小辫，而故事表演时间又短，我们就投放了两种狮子的头饰，一种是头发乱的狮子头饰，一种是梳好辫子的狮子头饰，故事开始时用头发乱的狮子头饰，等讲到小白兔给大狮子编完辫子后就用满头辫子的狮子头饰。材料投放在阅读区后，深得幼儿的喜爱，成为每天幼儿必演的节目。

这一天，小白和言言同时来到阅读区，两个人都想演大狮子，协商好了一人演一半角色。言言先演，等言言演完叫小白接着演的时候，发现小白把大狮子的辫子解开了，言言马上向老师告状，我过去一看，小白已经把小辫子解开了几个。我问小白为什么解开辫子，他说："小兔子还没给大狮子梳辫子呢。"（故事

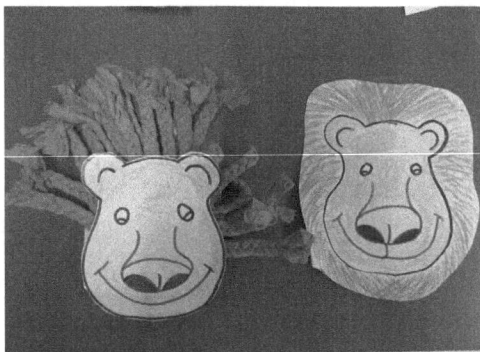

区角案例《大狮子的许多许多辫子》游戏材料1

中有一个场景是小兔子嫌大狮子的头发乱，在给大狮子梳许多的辫子）听到他的话我明白了，我说："你想让小兔子表演时真的给大狮子编小辫子吗？"他说："是。"我说："可是时间太短了，老师编这些小辫用了很长时间呢。这样吧，你们从娃娃家借一些漂亮的小发卡夹在大狮子的小辫子上，就当是给它在编辫子了，好不好？"小白听了很高兴，马上去借小发卡让扮演小兔子的幼儿帮他夹在辫子上。

在幼儿刚开始讲述的过程中，因为要注意故事的发展线索、故事中人物的出场顺序、人物间的对话等，我只提供了两种大狮子头饰来满足幼儿的需要，但是随着幼儿对故事内容的熟悉、对表演的日渐熟练，我看到幼儿在表演的间隙观察、抚摸教师编好的小辫。看来，幼儿对这个辫子产生了兴趣，我想，可不可以满足幼儿想自己亲自动手编辫子的愿望呢？应该

投放什么样的材料，才能让幼儿在较短的讲述中较快地完成编小辫的操作呢？

我开始设想把狮子头饰上粘上一圈细皱纹纸条，但是小班幼儿还不会编辫子，会影响讲述，所以这一想法被否决了。我又想到幼儿不会编辫子，但是可以使用两根绳子系扣，但是我发现幼儿不会交叉搭线或双手配合不好，看来这个办法也不行。我忽

然想到我们投放的"毛毛虫"是让幼儿把两个打了孔的圆形用毛根穿过洞洞拧一下，两个圆形就连在一起了，幼儿拧毛根的动作还是较熟练的。于是，我投放了带洞洞的大狮子头饰和毛根，让幼儿动手操作把毛根穿过洞洞用小手把毛根拧上当小辫子，通过观察我发现投放的毛根有些长，拧完的长度像辫子，但是用的时间长了，影响到了后面的讲述。根据狮子头上的洞洞的数量，我把毛根的长度调整到适合幼儿操作的适宜长度，即穿过洞洞对折拧一下即可，这样幼儿既可以亲手为狮子编辫子，又不会影响到后面的表演。

案例分析

幼儿对绘本进行表演的能力是不断深入的。幼儿在一开始表演的时候，表演的重点放在了选择扮演自己喜欢的角色上，后来又将重点放在了故事人物出场的顺序和人物简单的对话上，再后来幼儿也想自己动手编辫子以增强表演的真实感。为了支持幼儿的表演，在材料投放上我充分考虑了幼儿的操作方式和能力水平。

1. 根据幼儿发展水平的不同，投放不同层次的材料。开始投放的两种狮子头饰（头发乱的和编好辫子的）是教师给幼儿预先设定好的，目的是让幼儿在讲述过程中，在相应的场景使用不同的头饰。在观察幼儿的过程中，我发现幼儿有想亲自动手编辫子的愿望后，又投放了半成品材料（带洞洞的头饰和毛根），让幼儿一边讲述表演一边编辫子，满足了不同能力水平的幼儿的需要。

2. 不同层次的材料能增强幼儿对绘本的理解，支持幼儿讲述表演活

动。幼儿在开始用头饰进行讲述表演时，虽然已经对绘本有了一定的了解，但是还处在模仿阶段，经过一段时间表演经验的积累，幼儿能注意到人物的表情、语气、动作的表现，于是我投放了幼儿通过简单操作就可以给大狮子象征性地编辫子的材料，扮演小白兔的幼儿还可以在编的时候，加一些自己创编的台词："我要把你的头发梳得整整齐齐的。""我也给你编上比我还好看的辫子。""我梳头不疼吧？"幼儿在动手的过程中，体验到了亲自为别人编辫子的乐趣和成功的骄傲，更加理解了绘本中小兔子高兴的心情，并能在表演中真实、自然地表现出来。

第四节　班级区角游戏环境创设的拓展案例

班级区角游戏环境创设的拓展案例，主要是从环境创设的思路方面给读者以借鉴，从不同的视角通过案例描述和相关的图片介绍，给读者以启示，便于读者在分析、研究幼儿发展的基础上，创设适宜于本班幼儿个性发展的区角游戏环境。

学学做做空间——有趣的石头画
（大班）

案例背景

假期归来，有的幼儿从海边带来了各种各样的石头，这些石头有什么用呢？幼儿活动的材料要尽可能来源于生活，贴近幼儿的生活。我一直在思考，什么样的活动材料才可以算是真正地来源于生活呢？我想，其实只要是幼儿在生活中经常会看见、经常接触或使用的任何一种材料，都能够成为我们美术活动的工具和材料。我抓住此次时机，用石头作为原材料引导幼儿在石头上进行绘画与装饰，引导幼儿欣赏美、创造美。

案例描述

大班幼儿已具备一定的观察力和想象力，在此基础上，我们结合班上的藏族主题开展了"有趣的石头画"活动，引导幼儿根据石头的形状大胆想象，进行装饰。既让幼儿体验到了独立创造的快乐，又增强了他们在不同材质上进行美术创作的能力。

起初，幼儿对石头绘画很感兴趣，通过讨论想出了很多装饰的好方法。幼儿用油画棒在石头上作画，但发现作品完成后颜色不均匀，石头的本色露在外面不够艳丽。我参与其中，鼓励幼儿想想还有没有别的方法可以弥补这些缺憾。有的幼儿说："可以尝试用水彩笔试一试。"有的说："把石头刷上白色的，再上色颜色就会均匀了。"还有的说："用水粉画颜料，颜色应该就会变得艳丽。"我鼓励幼儿尝试一下。

第二天，幼儿马上在美工区进行调整与尝试，选择换一种绘画工具来完成作品。幼儿拿来水粉颜料，准备把石头都涂上颜色晾干后再用来装饰，他们告诉我这样颜色就不会染在一起。作品完成后，效果果然很好，幼儿感受到了成功的喜悦。

区角案例"有趣的石头画"作品

一段时间过后，幼儿已经不满足于在石头上绘画了，又开始尝试新的挑战——从平面装饰到立体装饰的过渡。有的幼儿拿来橡皮泥，通过揉、搓、捏、压等方法进行装饰，作品装饰完成后，幼儿发现了一些问题，静静说："小鱼不够真实，身上的鳞片有点乱。"豪豪说："小鱼的眼睛可以用小钻石来制作。"小杨说："我觉得小鱼的鳞片可以按照一定的规律，一个绿色、一个黄色，这样做就好看了。"子涵说："可以把小鱼的身上压上花纹。"等我再来到美工区时，看到幼儿有的选择捏泥辅助工具（如梳子、牙签、火柴棍等）进行压花，还有的幼儿在作品上镶嵌漂亮的"钻石"，作品一下子就显得更为真实、美观了。

学学做做空间——瓶子艺趣
（中班）

案例背景

楼道里的"瓶瓶罐罐创意室"是幼儿特别喜欢的活动区，每次这里都人满为患。在这个区域中我们不仅投放了废旧材料、成品材料，还投放了支持性的"瓶子变身秘籍"（各种巧妙改造瓶子的图片）以及支持幼儿在制作过程中自主解决问题的"给你支一招"墙饰。在活动中，幼儿充分发挥自己的想象力，经过他们的一番改造，废旧的瓶子就又换了新颜。久而久之，区域内展示的平台上摆满了他们的作品。

案例描述

"笔筒、花瓶、台灯、小花篮，怎么都做过了啊！然然，那我们还能拿瓶子改造什么啊？"小雨一边看着小朋友们展示出来的作品，一边无奈地说着。

"是啊，能做的好像都做过了，那我们做什么啊？"然然皱着眉头说道。

"你们看看这个！"我拿着一个用四个大小不同的瓶子拼成的轮船对她们说。

"大轮船！也是用瓶子做的！真好玩！"小雨兴奋地拍起了手。

区角案例"瓶子艺趣"创意活动过程

"对啊，这也是用瓶子做的，只不过是用好几个瓶子拼起来做的。这些瓶子不仅可以拼出轮船，还能拼出很多很多东西呢，你们也可以试试啊。"我说。

在我的建议下，两个小伙伴开始忙活了起来。她们先到材料区找出了一堆大小、高矮不一的瓶子，然后开始挑选起来。然然拿起两个瓶子上下、左右地摆了摆，然后又换了一个。"然然，你想做什么啊？这个瓶子不用，我用了啊。"小雨说。"我也不知道做什么呢，要不做汽车吧，正好瓶盖可以当车轱辘。"在小雨的询问下，然然确定了自己

区角案例"瓶子艺趣"创意作品

要做的东西。"小雨，那你做什么？""我想做一个城堡，正好瓶子有的高有的矮，跟城堡似的，不过就是没有顶。"小雨说道。"那你先粘，最后我帮你剪出一个屋顶。"然然鼓励小雨说。

很快，然然的小汽车就做好了（由一个装饰过的矿泉水瓶和四个瓶盖做成的）。"然然，你都见过什么样的汽车？"我问。"出租车那样的小轿车，还有大的公交车，还有那种拉货的货车。"然然说。"公交车都有什么样子

的?"我继续追问。"公交车都挺长的,对了,还有双层的呢!"然然突然想到了双层汽车,兴奋地说道。"对了!我要把我这个汽车再加一层,不对,我要做三层的汽车!"说着,她便改装起了自己的汽车。

就在然然为自己的汽车加层时,小雨正在"粘"她的城堡。她选择了一个近似长方体的瓶子当城堡的底,三个高矮不同的瓶子做城堡的楼身,因为塑料瓶子都有自身的凹凸,所以粘贴起来会有些难度。"老师,我这个瓶子总是掉,固定不住。"小雨对我说。"你用什么粘的瓶子啊?"我问道。"我用胶条粘的。""你可以用别的东西试试,这里有很多粘贴的工具啊。你也可以看看墙上的'给你支一招',没准能找到答案。"

"给你支一招"是幼儿总结出来的最近在制作过程中遇到困难的解决方法。这一期的内容正好就是"怎样才能粘得牢固"。上面是老师和幼儿一起讨论出的方法,例如,胶棒适合粘贴薄的物品,如纸张、塑料;双面胶黏性很大,可以粘比较硬一些、厚一些的物品,如硬的塑料瓶;在装饰作品的时候,可以用胶枪粘贴塑料花瓣、小扣子、瓶盖等,但是胶枪需要通电加热,要请老师帮忙。我们以图文并茂的形式作为功能墙饰展示在区域中。

小雨认真研究了一番,她选择了泡沫双面胶带,才按了一下,小瓶子就粘稳了。区域活动结束时,我看到作品展示台上又多了两个新的作品。

学学做做空间——九门小吃
(中班)

案例背景

角色游戏是创造性地反映现实生活经验的活动,在角色游戏中,可通过体验社会角色增加同伴交往的机会,通过合作分工、平等协商进一步丰富游戏内容。我们结合本班回族主题开展了"九门小吃"活动,引导幼儿通过扮演角色,自编自导游戏情节,与人、与事物打交道。如食品咨询、导购、点菜、制作食品等。在游戏过程中,幼儿运用语言的能力得到了实际的锻炼。游戏时,无论是日常生活语言的交流,还是角色之间的对话,都让幼儿的社会性交往与合作能力有所提高,同时幼儿语言的对答、应变、协调能力也得到了很大的锻炼;在游戏中,幼儿通过体验角色激发了制作的愿望;幼儿利用废旧材料制作了"九门小吃",锻炼了想象力、动手操作能力以及创新能力。"九门小吃"的活动促进了幼儿的全面发展。

案例描述

"小吃一条街"终于开业啦！幼儿穿梭在游戏区中间，来来往往好热闹。今天，"九门小吃"的生意特别好，因为"厨师们"制作了很多新产品。一名幼儿负责摆放、出售小吃，另外两名幼儿忙着给客人做各种小吃，如驴打滚、艾窝窝、五彩发糕等。

明明来到店内，问："五彩发糕多少钱？我要一个。""客人，您好，五彩发糕 3 元一个。"轩轩说。接着，明明把钱交给了"售货员"轩轩，"小客人"明明坐在了餐桌旁等候。"小厨师们"用五种颜色的橡皮泥搓成条围在了米白色盒子上。"五彩发糕做好了。"轩轩对着明明喊道。明明站起来，拿着五彩发糕在餐桌上"享用"美味。这时候，第

区角安全"九门小吃"操作活动

二个"客人"小潘来了："我要一份七彩发糕。"轩轩："我们这儿只有五彩发糕，七彩发糕怎么做呢？"他带着问题找到了我："老师，小潘说她想要七彩发糕，可咱们这里只有五彩的，怎么办啊？"我蹲下身子笑眯眯地抚摸着他的头说："别着急，等没有客人的时候大家一起开个会想想办法。"过了一会儿，小吃街的人逐渐变少，轩轩马上召集"九门小吃"的工作人员讨论制作七彩发糕的方法。一个"小厨师"说："制作七彩发糕，多加两种颜色就好了。""还可以用水彩笔在发糕上面涂色。""用七彩的胶带在发糕上面缠一下更省事。"看到幼儿讨论得正热烈，我也加入其中："你们想的办法都特别好，那咱们选用哪种制作方法呢？""小厨师"静静说："那咱们试试吧，看看哪种卖得快，最受客人喜欢。"幼儿拿来七种颜色的橡皮泥、水彩笔和彩色胶带准备制作。不一会儿，七彩发糕完成了，引起了周围"小客人"和我的关注，我对这些"小客人"说："你们最喜欢哪种漂亮的七彩发糕呢？咱们来给这三种七彩发糕投票吧。"通过投票选举，橡皮泥制作的发糕最受欢迎，理由是大家一致认为发糕更形象。这时，我对"小客人们"说："你们谁还能给他们出出主意，让这个七彩发糕更漂亮呢？"有的幼儿说："在发糕的边缘可以压点花纹。"有的说："可以在发糕上做点小动物，像生日蛋糕一样。"还有的说："你可以先画出样子，再按照样子制

作。"九门小吃"的幼儿听完以后，马上进行了整改，将发糕的制作方法进一步改进。第二天活动区开始了，买七彩发糕的人多了起来，"小厨师们"忙得不亦乐乎，我马上凑过去对他们说："你们想一想，怎样把卖不出去的五彩发糕变一变呢?"静静突然想到了一个快捷的好方法，就是把现有的五彩发糕再加两种颜色的橡皮泥条，印上花纹就变成七彩发糕了。就这样，"九门小吃"的生意越做越好，"小客人"越来越多。

学学做做空间——风筝我会做
（中班）

案例背景

在我班开展"风筝乐"主题活动时，外形各异、色彩鲜艳的风筝成为幼儿的焦点话题。幼儿拿着自己带的小风筝互相欣赏着，在观察中他们发现风筝的形状和图案虽然多种多样，但制作风筝的材料都是相同的。为了激发幼儿大胆探索、制作的兴趣，鼓励幼儿尝试大胆使用不同的材料制作风筝，我提出了"用什么方法装饰风筝更美?还有什么材料可以制作风筝"的问题，激发幼儿主动参与风筝制作活动的愿望。

案例描述

为了增强活动的游戏性，幼儿从生活中收集了多种美丽的风筝，有美丽的沙燕风筝、金鱼风筝、蝴蝶风筝等，把这些风筝悬挂在区角中布置成了"风筝坊"……

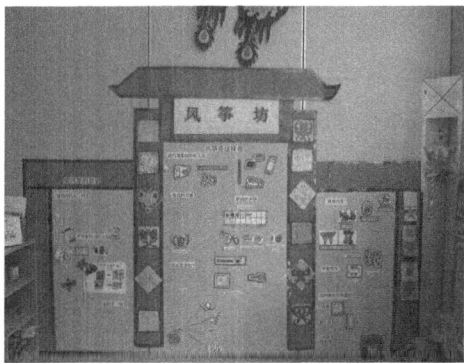

区角案例"风筝我会做"墙饰环境

起初，幼儿在制作风筝时会觉得自己画的风筝面不美观，图案排列没有规律，画面的分布比例不均，色彩也不够艳丽。于是，我们及时启发幼儿在生活中收集大量的风筝图片，制作成小书《风筝集锦》悬挂在墙壁上供幼儿随时交流、欣赏。利用"风筝坊"的背景，我们分隔了几个话题区域，如：引导幼儿参与讨论"我发现的风筝中的美"，风筝美在哪儿?好看的图案有什么特点?通过观察，幼儿发现了在风筝面设计上，民间艺人都是选取自己喜欢的小动物，如金鱼、龙、蝴蝶、沙燕，在图案排列上都是对称装饰的。我们先后投放了半对称的图形轮廓，引发幼儿对照左边的图案画出右边的图案。随着幼儿认知水平的提升，又将对称延伸成上下对称，利用颜色、形状、大小等图形模块做有规律的排列粘贴。幼儿从最初杂乱无章的设计中，慢慢学会了用图案变化的方法、对称的表现手法。

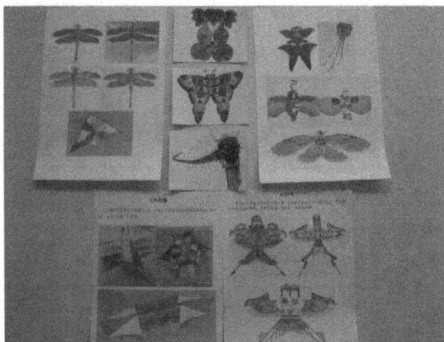

区角案例"风筝我会做"材料环境

渐渐地，幼儿已经不满足于只是画风筝面，美美说："我想让小风筝飞起来！"可是用什么做风筝的骨架更合适呢？我启发幼儿在生活中去寻找材料，幼儿找到了筷子、铅笔、塑料吸管。面对这些材料，幼儿纷纷提出了自己的不同见解，皓皓说："铅笔太重了，会让小风筝掉下来。"聪聪说："筷子不够长，没法固定在小风筝上。"听到他们的议论，我说："我们来试试什么材料更合适！"幼儿与我一起投入了新的尝试。后来他们发现吸管的伸缩可以帮助他们调节风筝骨架的大小，它的轻盈也打消了幼儿害怕风筝飞不起来的顾虑。

当幼儿掌握了基本方法之后，为激发他们探索选择不同的材料制作风筝面的兴趣。一天，在放飞风筝的游戏中，我选择了宣纸制作的风筝让幼儿观察，他们跳起来高兴地说："老师，你这个小风筝飞得真高啊，而且飞得稳！""为什么呢？"我追问。翔翔说："你的风筝在空中看起来很轻巧，所以飞得高！"看来，幼儿体会到了风筝的自重和飞翔高度的关系。

区角案例"风筝我会做"操作材料

为了更好地让幼儿体会纸张自重的变化特点，我引导幼儿在生活中寻找不同的纸张，在实验中去探索在空气流动的作用下，不同质地的纸张在空中哪种飞得更高、更平稳。我还提供了表格让幼儿记录自己的猜想和验证。经过实验，幼儿发现用宣纸做风筝面是最佳方案后，我们为幼儿提供了不同的毛笔，引导幼儿尝试用毛笔在宣纸上绘画。幼儿做出了一面面形状各异的小风筝，竞相放飞自己的小风筝。

小问号大板块——魔力气流
（大班）

案例背景

在科学实验区，我们开展了有关气流的一系列实验，投放了"小车赛跑""火箭飞天""大树的秘密""气流的速度""漏斗吹蜡烛"等实验材料。幼儿的兴趣很高，每次区域活动的时候都积极、主动地来到科学区抢着做实验，探索实验的方法与过程。在科学区，教师悉心的观察、准确的问题设置、适宜的支持让科学区域活动真正成为幼儿发展的平台，使每一个幼儿都在愉快、自由、合作的环境中进行着区域化的科学探索。

案例描述

幼儿很喜欢"漏斗吹蜡烛"这个实验，这个实验的目的是引导幼儿了解漏斗宽口会使呼出的气流分散，减小气流的威力。在这一科学实验中，我尊重幼儿的学习特点和幼儿科学活动的学习规律，引导幼儿经历了猜想、验证的过程。

在活动中，我首先引导幼儿猜想用嘴去吹蜡烛会发生什么样的现象，激发幼儿的关注度。幼儿的意见各不相同，有的幼儿认为蜡烛会熄灭，有的幼儿认为如果轻轻地吹蜡烛不会熄灭。为了进一步引导幼儿猜想、激发幼儿探索的欲望，我预设了"怎样吹才能更好地让蜡烛熄灭"的问题，幼儿的回答五花八门。有的幼儿说："吹的时候必须用力吹，蜡烛才能灭。"有的幼儿说："吹的时候，吹火苗的底部才能将蜡烛一下吹灭。"还有的幼儿认为："从上向下吹，蜡烛可以吹灭。"我们在科学区投放了此材料，鼓励幼儿进一步探索，尝试进行实验。幼儿点燃蜡烛用不同的方法进行尝试。

后来，幼儿已经不满足于用嘴吹蜡烛，他们探索了更多吹蜡烛的方法，也收集了很多吹蜡烛的小工具，如吸管、气球、打气筒、扇子、小电风扇、笔杆、漏斗等。幼儿发现在自己收集的工具中，漏斗是很少见的用品，纷纷猜测漏斗的用途。他们认为漏斗是很稀奇的东西，产生了进一步探索的欲望。有的幼儿说："这是用来说话的喇叭。""这是用来听声音的听筒。""这是用来给细细的瓶子装东西的工具。"我引导幼儿将漏斗对准蜡烛吹气，猜想会发生什么样的现象，有的幼儿说会灭，有的幼儿说不会灭。究竟谁说得对呢？幼儿对此进行实验，通过实验发现，用漏斗对着蜡烛吹，蜡烛并不像用嘴吹一样很快就灭了，而是很不好灭。有的幼儿说："老师我们用吸管试一试，看看蜡烛会怎么样吧！"我找来一根吸管，让幼儿比较用吸管与漏斗吹的效果，结果幼儿发现这两者的不同之处就在于，吸管的口比较小，而漏斗的口比较大，吹蜡烛时用吸管好吹灭，而用漏斗不好吹灭。这时，我马上追问："这是为什么呢？"幼儿和老师一起总结：这是因为漏斗的宽口会使呼出的气体分散，减小气体的威力，所以用漏斗吹蜡烛的时候就不好吹灭；吸管的口比较小，吹出来的气流比较快，所以蜡烛一下就灭了。

这个活动结束后，我更加深刻地意识到，问题是幼儿探索的契机，在幼儿探索的过程中，他们会自主发现、提出问题，作为教师，要敏感地抓住幼儿提出的问题，以幼儿为主体，随幼儿的发展需要及时调整活动内容，给幼儿充分的尝试机会，让他们有更好的发展与进步。

小问号大板块——纸桥的力量有多大
（大班）

案例描述

纸是幼儿日常生活中十分熟悉的物品，他们总会想出各种方法利用它做游戏，如画画、写字、折纸、做手工、做运动等。这个年龄段的幼儿对于生活中的物理现象特别感兴趣，充满好奇。

在新闻播报中，幼儿读到报纸上刊登的一则"纸船载人"的消息时，不禁大惊，不时地发出"太神奇了"的声音。虽然这一现象涉及了水的浮力、支撑力、物体重量等原理，幼儿不理解，但关注这一现象可引发幼儿对有关问题的思索。于是，我开展了"纸桥的力量有多大"的活动，旨在让幼儿在动手操作、创造的同时，发现物体形状的改变对承受力产生影响的有趣现象，并培养幼儿对科学的探索欲望。

在活动区中，我引导幼儿大胆猜测："纸可以站起来吗？"幼儿把纸折起来尝试放上积木。通过实验，幼儿掌握了折、卷等方法，自由探索着让纸站起来的不同方法。在指导中，我有意识地把个别幼儿的操作方法分享给全体幼儿，同时鼓励幼儿想出不同的方法让纸站起来，哪怕只是折的次数不同，这为后面的活动埋下了伏笔。接下来，我引导幼儿猜测"站起来的纸桥能摆放积木吗"，幼儿猜测后，我拿出了一块积木尝试放在纸桥上，幼儿发现纸上是可以放积木的。随后，我又进一步引导幼儿猜测纸折叠后可摆放积木的数量，鼓励幼儿不断尝试。

根据幼儿的表现，我进一步提出问题："纸的哪种变化能让放的积木又稳又多呢？我们每个人可以用纸试试，看看用你的方法可以放几块积木。"我提出规则和要求，引导幼儿自己设计记录表格，两人一组试一试，幼儿把纸折的样子画在一个格中，猜的数量都记在"？"号的格子中，分组尝试将纸折叠后可放多少块积木。同时，针对不同质地纸张进行同样的实验，如海绵纸、牛皮纸、报纸、卡纸、皱纹纸，看看哪种纸张承载的积木最多、最稳，进一步激发了幼儿的探索兴趣。

纸张的变化与力的关系这方面的经验，幼儿比较缺乏，但是在游戏的自然状态下幼儿能够体会到二者的关系。幼儿从最初的自由操作中提取经验，过渡到与同伴交流经验，再到进行有一定要求的实验，在操作中逐渐积累了经验。

挑战大本营——套娃大变身
（大班）

案例背景

这学期我班开展的主题是"风情俄罗斯"。主题活动开展之初，幼儿就对俄罗斯套娃产生了浓厚的兴趣，纷纷从家中收集来不同神态、不同服饰、不同大小的套娃，这些一个套着一个的娃娃看得他们眼花缭乱，使他们总是不时地露出惊讶的表情。同时，在观察的基础上，他们还发现了套娃的不同之处，如花纹、图案、大小、排列规律等方面不同。漂亮的套娃让幼儿有了自己制作的愿望，因此，主题环境"民族魅力——风情俄罗斯"中的"俄罗斯族的套娃"单元活动延伸到了区角。

案例描述

幼儿一到活动区游戏时间，就纷纷跑到美工区来制作套娃。这天，琪琪先选择了一个圆形的糨醛当头，但在身体的选择上却犯了愁。他先找来一张纸卷成纸筒当身体，这时旁边有一个幼儿马上说："这种材料不好，纸太软了，立不住。"于是，他又拿来了手纸筒，可还是有幼儿提出了不同的建议，指着美工区里展示的套娃说："套娃的身体没有这么细，不是上下一样粗的，用手纸筒做不合适。套娃的身体是从上到下逐渐变胖的，然后又变细的。"几个幼儿马上跑到废旧物品前找了起来，君君拿起了酸奶盒说："这个可以当套娃的身体，正好套娃的身体就是上面粗，下面细一些。"这个提议得到了大家的赞同。琪琪非常高兴地用酸奶盒装饰、制作起了套娃。

在利用废旧物品制作套娃、绘画装饰的基础上，有的幼儿提出："咱们做的只是一个套娃，真正的套娃是大小不同、一个套一个的。"这个问题一提出，幼儿都你看我、我看你，立刻安静了下来。妮妮一边思考一边说："那我们怎么才能做成一个套一个的呀？用什么材料合适呢？"有的幼

区角案例"套娃大变身"套娃创意作品

儿说："可以用大小不同的塑料盒。""还可以找大小不同的圆和纸筒。"这时，又有幼儿提出："这些材料可不好找，没有这么大小正合适的材料呀！"看到幼儿争执不休，我说："既然这样，那咱们有什么好的办法呢？可不可以自己制作合适的材料做套娃呢？"这时，有的幼儿说："我们可以用纸卷成大小不同的纸筒。"君君说："这样不好进行装饰，而且不容易套进去。"妮妮马上说："可以把它做成可以随时打开的呀！"又有的幼儿提出："咱们还可以在纸板上画出大小不同的套娃轮廓，然后把它剪下来进行装饰。"他们的提议得到了大家的认可，还有幼儿不断地发表着自己的意见。幼儿针对制作套娃的材料讨论得热火朝天，它也成了我班幼儿近期关注的话题，幼儿在对材料的探究中体验着自信与快乐，在与材料的互动中获得了发展。

在幼儿制作套娃的过程中，我惊奇地发现他们的创造力是无穷的，让幼儿主动创新，会满足他们新的操作需要，让有限的材料发挥无限的作用。

挑战大本营——坐地铁
（大班）

案例背景

进入大班后，幼儿对身边的事物越来越感兴趣。在一次进行"小小播音员"活动时，一个幼儿就和大家讲述了最近新开通地铁线路的新闻。于是，我们创设了名为"坐地铁"的主题墙饰，在幼儿兴趣的推动下，我们将主题延伸到了区域活动中，设计制作了如"北京的地铁""地铁线路图"等区角材料。

案例描述

"琪琪，你每次都怎么去姥姥家啊？我都是坐地铁去。"涛涛问。

"我也是坐地铁去姥姥家。我们家住朝阳门，姥姥家住芍药居，每次我们还得换乘呢。"琪琪说。

"换乘？从哪里换乘啊？怎么换啊？"涛涛问。

"换乘就是先坐一个地铁，然后再坐另一个地铁。我不知道在哪里换，妈妈知道。"琪琪说道。

听着幼儿的对话，我在想：能不能制作一个能让幼儿玩起来的地铁图呢？在玩的过程中，他们会更加了解地铁间的换乘关

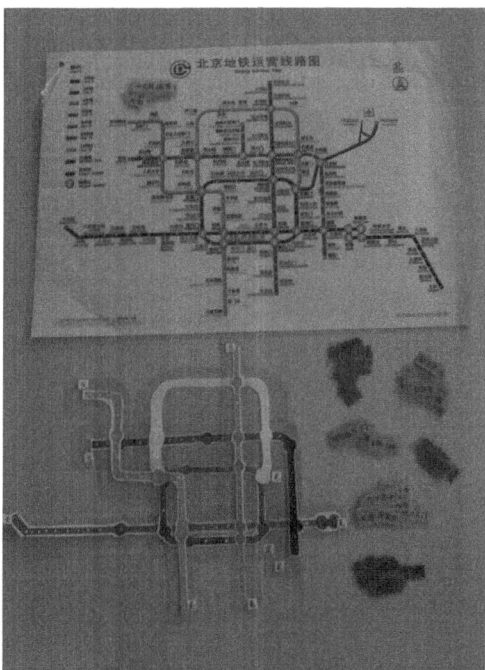

区角案例"坐地铁"游戏材料

系。于是，我尝试着制作了一副"地铁线路拼图"。拼图由六条幼儿较熟悉的地铁线路组成，每条线路都是可以单独取出来，并且站名是可以抽取的。同时，还投放了一张对照图作参考，并且标记上和左为"头"，下和右是"尾"。这样一来，幼儿在操作"地铁线路拼图"时既可以感知方位，又可以在找车站名时认识汉字。

第二天，琪琪来到益智区，看到"地铁拼图"后高兴极了，马上动手玩了起来。起初，不同颜色的几条线路让他有些忙乱，翻来翻去，不知道该怎么摆放。

"琪琪，你发现这些线路、站名有什么特点了吗？"我问。

"它们都有好多种颜色，乱七八糟的。"琪琪说。

"要不然你先试试把颜色分开，这样就不乱了。"我建议道。

在我的建议下，琪琪开始按颜色对地铁线路、站名进行分类。琪琪说他想拼2号线，因为他就住在这条线周边。他从最熟悉的朝阳门站开始找站名，对照着完整的地铁图，很快就拼好了2号线。接着，他又找到了"芍药居"的站名，告诉我姥姥家住在这里。我建议他先找找芍药居在哪条地铁线上。琪琪在对照图上认真地找着，他在黄色13号线上发现了一样的站名。可是怎样才能把这两条线拼接在一起呢？一开始，琪琪把13号线连在了2号线的左边，但是这样一来，两条线路根本没有交会点，连不到一起。然后，他又把芍药居站接连在了朝阳门站上，但是这样一放，就有很多站被挡住了。"连是连上了，可是有的车站被挡住了啊。"我质疑道。于是，他把13号线往上移了移，正好两条线路的"东直门"站重合在了一起，而且其他车站也没有相互遮挡住。这时，琪琪好像想起来什么，连忙拿上地铁拼图找到滔滔，高兴地说："我知道是怎么从2号线到13号线上的了。我在朝阳门坐2号线，往上面坐地铁到东直门换乘13号线，然后再往上坐几站就到了！"

挑战大本营——拼拼乐
（中班）

案例背景

升入中班已经有段时间了，幼儿各方面的能力都有了显著的提高。他们更加爱表达自己、乐于动脑筋，喜欢接触、挑战新鲜的事物。益智区内的"土豆的生长过程"和"大象的拼图"他们三下两下就能够拼出来，越来越没有挑战性。于是，我更换了一个三层的"救火大拼图"，给幼儿带来了新的挑战，希望进一步激发幼儿玩拼图的兴趣，从而提高幼儿的拼图水平。

案例描述

宁宁在刚拿到新拼图玩具时很高兴，但是在放到桌子上拼来拼去却没有什么成果后，她就有些失望，放弃了。我问宁宁怎么不玩了，她说因为这个拼图太难了，自己不会拼。"那为什么原来的拼图就能够很快拼出来呢？"我追问道。宁宁说："原来的拼图玩具很小，四块就可以拼出一个画面，而这个救火的拼图太大了，块数也很多，还有三层，太难了。"

听到宁宁的困惑，我决定在区域活动结束后，请大家一起来帮宁宁出主意："今天宁宁在玩'救火拼图'时遇到了难题。她觉得这个拼图有三层，而且拼图块数太多了，谁有拼图的好方法可以教教她？"听完我的问题，有的幼儿建议老师把每一层的完整图片照下来，大家就可以对照着拼了；有的幼儿说一个人拼得慢，就请好朋友来帮忙；有的幼儿建议可以先拼一层，再拼一层；还有的幼儿说可以先拼边上的，再拼中间的拼图。"但是，这么多拼图，该怎么找出哪些是第一层的、哪些第二层的呢？"我问道。于是，就有幼儿提议说，可以给每一层的拼图背面都做上标记。"可是怎样做标记？做什么样的标记呢？"我继续抛出问题。有的幼儿建议同一层的拼图都涂上一样的颜色，可是马上就有人反驳说涂颜色太麻烦，而且擦不掉。最后经过讨论，我们决定把每一层拼图的背后都贴上不同颜色的数字，这样一来就降低了拼图的难度，在大家玩熟练以后还可以撕掉。

第二天区域活动时，琪琪也选择了"救火拼图"。起初，她看到一堆拼图放在桌子上时，表情有点为难，但是很快便想出方法：把拼图都翻成背面，根据不同的标记分成三小堆。只见她拿起最底层（红色数字标记）的拼图开始拼摆起来，但因为是中间的拼图块，所以一下子也不知道该放在哪里。于是，她又将其他拼图块尝试着拼在一起，但还是有点不得要领。"拼图除了可以从中间开始拼，还可以从哪里开始拼？"我问。琪琪看看拼图框高兴地说道："哦，我知道了，从边上拼！"很快，拼图的四个角就拼好了，然后是边。一层，两层，三层，她终于征服了"救火拼图"！

趣味游戏打擂台——棋乐无穷
（大班）

案例背景

处在大班年龄段的幼儿已经有了一定的社会经验，对各种新鲜的事物都有一定好奇心，什么事物都想尝试。棋类游戏是大班幼儿喜爱的活动形式，有助于促进幼儿逻辑思维能力的发展。棋类游戏也是促进幼儿社会性发展的有效途径之一，能帮助幼儿正确看待输赢，勇于面对挫折，培养幼儿的规则意识。因此，我们有意识、有目的地在益智区开展了"棋乐无穷"这项游戏活动，投放了大量的自制棋盘，如健康棋、安全棋、运动棋等。为了让幼儿更好地参与棋类游戏，教师和幼儿一起收集、绘画小样，在益智区角的墙面上共同创设了标志旗，引导幼儿认识常见的标志、符号等，理解他们的作用。通过讨论，幼儿把下棋的好方法绘画下来制作了《棋王秘籍》，以便大家了解下棋方法，分享相关经验。我们还创设了冠、亚、季军榜，增强幼儿的兴趣和竞争意识。

案例描述

幼儿对这些棋类游戏都非常感兴趣，百玩不厌。尤其是卓琛，对棋类游戏特别有研究，甚至和老师一起制作棋盘"用电防雷棋"。我们将棋盘投放到班里的益智区，每次区域活动的时间他都会找来自己的好朋友一起下棋，他自豪地把自己和老师设计的棋盘摆放在桌子上铺整齐，向同伴小杨介绍棋盘上的文字与符号的意义，并教给小

区角案例"棋乐无穷"游戏材料1

杨安全棋的玩法。他们尝试着进行游戏。小杨说："老师，我们谁先走呢？每次玩围棋的时候都是黑子先走。"我蹲在他俩的身边说："你们可以掷骰子决定先后，想想，还有什么方法？"旁边的卓琛说："老师，要不然我们猜拳决定吧，这样比较公平。"没想到卓琛第一次猜拳就赢了，他们拿来骰子，你一下、我一下地游戏，感受着每

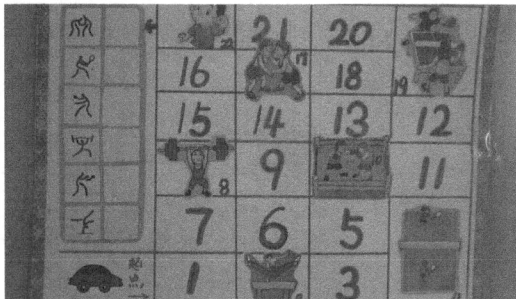

区角案例"棋乐无穷"游戏材料2

一步棋中的奥秘。当小杨走到第十一步的时候，上面提示"请随手关灯，节约用电"，他立刻起身，把班里面的灯都关上了，顿时班里的光线暗了下来。其他幼儿还在责备："这是谁关的灯啊？我们画画都看不清楚了。"小

杨说："难道你们就不知道随手关灯，节约用电吗！真浪费！"我马上把灯打开，走到小杨面前说："孩子，随手关灯的习惯很好，但要看在什么时候关灯合适，你看今天的天气有点阴，你要是把灯关了，画画的小朋友看不清楚，对眼睛也不好啊。要是太阳高照，

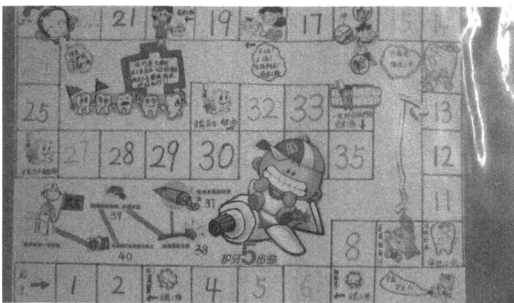

区角案例"棋乐无穷"游戏材料 3

咱们活动室里特别亮，你可以关灯。还有咱们户外活动出去班里没人时可以关灯，你说对吧？"小杨的脸一下子像熟了的大苹果一样红了起来，他低着头说："老师，我知道了。"

幼儿的行为使我意识到，一些行为规则方面的棋类游戏已经潜移默化地影响了幼儿的行为习惯，但是幼儿只知道什么是对的、什么是错的，对更深层次的"应该怎样做"并未有深刻体验。比如，幼儿知道"节约用电"是对的，但是对什么时候该节约用电、节约用电的好方法是什么却不清楚。作为教师，要真正引导幼儿养成正确的行为习惯，就要让幼儿明确地知道"怎样做"。于是，我们和幼儿一起讨论，在《棋王秘籍》旁边布置了"好方法大征集"的墙饰，让幼儿将自己的想法随时补充到上面去。幼儿的参与热情非常高，也真正起到了规范行为的作用。

趣味游戏打擂台——筷子游戏
（中班）

案例背景

开学了，幼儿开始学习使用新的进餐工具——小筷子。准备进餐的时候，我发现很多幼儿流露出兴奋、好奇的目光。可是，当幼儿开始摆弄着新的餐具时，五个小手指像不听话的小孩子似的，总是无法将菜饭夹到口中。为了让幼儿掌握正确地使用筷子的方法，增强手指配合的灵活性与协调性，我们利用筷子设计了富有乐趣的游戏内容，为幼儿在益智区创设了一片小小的操作天地。

案例描述

一天，聪聪和乐乐来到了活动区，拿起小筷子开始练习夹豆子。聪聪

拿着筷子夹起一块积木，骄傲地说："你看，我的手指多棒啊！"乐乐不服地说："那有什么，你的积木这么大，轻轻一夹就好，这么小的豆子你能夹起来吗？"乐乐拿起了一个小小的豆子，让聪聪试试。看到幼儿游戏的过程，我想，我有必要投放更多的材料、创设更有效的环境来激发幼儿的兴趣。

在材料投放上，我们引导幼儿收集长短、粗细、质地不同的筷子，减少幼儿对筷子的陌生感，同时感知材料的多变性。针对幼儿小肌肉发展水平的差异，引发幼儿收集软硬不同的积木、积塑块、海绵、玻璃球、豆子等。幼儿可以自由选择筷子和所夹的物品。在环境创设上，我们以博物馆陈列为背景，创设一块"筷子对对碰"的墙饰，引导幼儿在日常活动中收集多种多样的筷子图片、实物。我们还将幼儿收集的筷子图片制作成卡片，便于幼儿进行分类、配对的游戏。在活动中，我们逐渐收集幼儿在筷子游戏中发现的多种玩法，激发幼儿用筷子做游戏的兴趣。

在"筷子对对碰"的小单元活动中，我们讨论了使用筷子的正确方法，将总结的方法照成幼儿示范照片，然后将这些照片步骤展示出来，并标注其使用方法，引导幼儿正确地使用筷子。

趣味游戏打擂台——水中动物多快乐
（小班）

案例背景

小班幼儿在入园初期，自理能力有待提高。为了提高幼儿的自我服务能力，我们投放了自制材料"可爱的水中动物"，先选择了一个较大的纸盒子，装饰成水下场景，设计了四种小动物，一条小鱼的身上划开小洞让幼儿插鱼鳞；一条小鱼吹出的泡泡是大小、颜色不一的瓶盖；小乌龟的背上粘了粘扣，方便幼儿把背甲一片一片粘在上面；小鸭子的嘴和翅膀的地方装上子母扣，幼儿可以给小鸭子装嘴和翅膀；小青蛙的嘴巴是开口的，幼儿可以喂它吃小虫子。这个自制材料融入了按扣、粘扣、插孔、拧瓶盖等各种技能，目的是让幼儿发展小肌肉的灵活性。

案例描述

安怡很熟练地用按扣给小鸭子装上嘴和身上的羽毛。可是在给小乌龟安装背甲时，她把小鱼的鱼鳞放在了乌龟的背上。旁边的轩轩看到了，对安怡说："你装错了，这是小鱼的鱼鳞，要插在小鱼的身上。"安怡说："可是小乌龟这样多好看呀。"并说："那把小乌龟的背甲给小鱼插上吧。"轩轩拿起扣在小鸭子身上的羽毛也放在了小乌龟的身上，安怡问："你为什么把小鸭子的羽毛放在小乌龟身上？"轩轩解释道："我们家有一只绿毛龟，身上就长着绿毛。"安怡说："那这是鸭子的毛，也不是绿色的呀。"轩轩马上找到我说："老

区角案例"水中动物多快乐"游戏材料

师，绿毛龟身上是绿色的毛，可是没有，怎么办？"我问："你能想想怎么办吗？"安怡说："我画吧。"说着就到美工区去找笔和纸画了起来，画好后递给轩轩说："你装上吧。"轩轩接过来，放到小乌龟的身上后发现了问题，小乌龟原来的背甲背面是有粘扣的，可是小鱼的鱼鳞是插进鱼身上的，怎么办呢？我采纳了幼儿的建议，把乌龟背甲和小鱼的鱼鳞后面都装上粘扣，这样可以互相用，既可以粘又可以插。我还把几个小动物的嘴都改成洞，方便幼儿给动物喂食物，材料改装之后，幼儿参与活动的兴趣更高了。

小智星变变区——纸条变变
（中班）

案例背景

《纲要》中多处提到"灵活""多样""教师创造性地开展工作""因地制宜""适宜""适当"等词汇，这说明，每一名幼儿都是不同的个体，教师应成为幼儿学习活动的支持者、合作者、引导者。为了努力地促使每一名幼儿获得满足和成功，教师就要突破原有的单一教的模式，从多个方面开放性地考虑问题，采取适宜的教育行为。

案例描述

新年的脚步来临了，幼儿来到表演区。小雅说："新年就快到了，我们把舞台装饰得漂亮些吧。"幼儿建议用些纸环来装饰小舞台，可是美工区的幼儿基本上都是用一种方法做纸环，制作的方法比较简单，如何引导幼儿运用多种方法比较合理地解决生活中的问题呢？用哪些材料可以做成小舞

台需要的纸环呢？哪些方法可以将纸连接起来呢？我走到美工区和幼儿商量："今天我们做的这个纸环要和以前不一样，看看有没有更多的方法制作纸环？""你们可以到咱们班的各个活动区去寻找能做成纸环的材料，看哪个小朋友找得材料最多、方法最多。"我提供了记录表格，引导幼儿寻找材料，大胆尝试并绘画记录。

与此同时，为了让幼儿更好地分享活动经验，我们创设了"我发现的纸条连法"及时在班级环境中展示出来。我们还创设板块"用哪些方法可以做纸环"，引导幼儿不停地尝试和操作。为了更好地引起幼儿的探索兴趣，满足幼儿的探究欲望，我对参加活动的幼儿说："你们看看除了用这几种方法外，还能用什么方法？如果不用这些材料，就用这张纸条，你能把它做成一个纸环吗？"经过实践，幼儿用表格统计了12种方法（见下表）。

使用工具统计表

用胶棒粘	☺	7人	用钉子钉	☺	10人
用透明胶条粘	☺	9人	把纸条剪成小口插	☺	8人
用双面胶粘	☺	20人	用夹子夹	☺	6人
用曲别针别	☺	7人	用线系	☺	15人
用大头针别	☺	12人	用订书器订	☺	3人

这一天，难逢在游戏中想出了用水粘的方法，但在分享其他幼儿想出的连接纸条的方法时，他一拿纸条就开了，经过几次尝试，纸条还是粘得不牢固。在评价活动时，我与幼儿一起分析了哪些方法做的纸环可以放在"小舞台"、哪些方法做的纸环不可以放在"小舞台"。亮亮说："用钉子钉的、用牙签扎的和用大头针扎的，对表演节目的小朋友太危险，不能放。"庆联说："用夹子夹的、剪成小口插的、用水粘的，小朋友说不结实，也不能放。"最后，幼儿总结出了4种方法制作的纸环（用订书器订的、用胶棒粘的、用透明胶条粘的、用双面胶粘的）可以放在"小舞台"。还有一部分幼儿认为用曲别针别的、用线系的也可以放。可见，在分享活动中不一定要把实验的结果和答案全部都给幼儿，应允许幼儿质疑，并给幼儿提供进一步探索和尝试的空间，只有这样，才能够培养幼儿的探索精神，进一步满足幼儿的探索欲望。

小智星变变区——小棒棒大用途
（中班）

案例背景

幼儿的学习都是随时随地的，发生在幼儿园里的每一件事情都有可能引发幼儿的好奇心，他们的好奇心需要通过不断探索来得到满足。作为教师，我们要支持幼儿的探索行为，为他们提供自主发展的空间，而不应阻止他们的实践过程。

案例描述

益智区里，金超拿着一大把小木棍一根根地数着，然后记录下这些小木棍的数量。这时，美美拿起这些小木棍对金超说："你这样数太慢了，可以两个两个一起数，这样更快。"于是，美美开始教金超用新方法玩起来。他们两个数数的声音越来越大，引起了很多幼儿的注意。小小的木棍还能带给幼儿什么启发？有没有更好的材料能帮助幼儿获得更多的经验？这引起了我的思考。

于是，我把其中一些小木棍刷上了不同的颜色，提供了一些三角形、正方形、长方形的图片，引导幼儿根据图片的提示，选取不同长短的小棍拼摆几何图形。皓皓拿着小棍棍在图片上比来比去，一会儿摆出了三角形，一会儿又摆出了长方形。我问皓皓："变一变，增加一根小木棒，可以变成什么图形？"皓皓拿起了一根摆好后，高兴地对我说："老师，您看，这是我的小雨伞。"原来，她把那根小木棒当成了雨伞把。在一旁的天天说："我也可以变。"他用两根小木棒变出了小兔子的耳朵。看到幼儿兴趣这么高涨，我说："我们把这些好办法记录下来吧，比比看谁能变化得更多。"在我的建议下，幼儿积极探索着小棍儿的玩法，每天在记录的小本上都会有不同的变换花样出现。

美美说："还可以把小棍粘在盒子上，当建筑区的房顶。"在活动区评价的时候，我请琛琛和美美把他们的新发现说给大家听，引导其他幼儿发现，小棍的玩法不仅可以在桌子上变化，还可以在地面上和游戏中发挥作用。

随后我们开展了"小木棍儿变变大王"活动，以此来引导幼儿在生活中收集传统游戏，利用小棍创新更多的游戏玩法。为了当选"大王"，幼儿两人一组。一天，琛琛高兴地对我说她爷爷告诉她小棒棒还可以玩散棍儿。

每人 10 根游戏棒，先用猜拳来确定玩的次序。一个人先将 20 根游戏棒握在手中，然后将棒垂直立于桌面，双手松开。用单手去取桌上的游戏棒。在取棒过程中，每次取一根，不能碰到其他棒，否则，换另一个人玩，游戏以取棒多者为胜。

小棒棒的游戏让幼儿充分发挥了自己的想象力，用游戏棒拼插出了各种各样的图形，创造力和想象力得到了很好的发展。在散棍儿游戏中，由于加入了竞争的规则，幼儿争先恐后地活动起来。由于要求不能碰到其他棒，所以幼儿非常专心、细心，对他们能力的锻炼比较全面。

快乐小书屋——《小老虎的大屁股》
（中班）

案例描述

《小老虎的大屁股》这本书的情节易懂有趣，人物绘画得也很可爱，所以幼儿都特别喜欢。每次到图书区中，幼儿都愿意选择这本书看一看、讲一讲。这不，阳阳又选择了这本书，在图书区看了起来。

"小老虎对小猴说：对不起，都怪我的大屁股！小猴对小老虎说：好吧，我原谅你了！"阳阳一边用手指着书中的图片，一边把书立起来晃来晃去。起初，我只是有些奇怪，并没有特别注意他晃书这个动作。但是通过继续观察我发现，每次一讲到有小动物之间的对话时，阳阳总会拿起书来晃几下。"阳阳，你为什么讲一会儿就摇晃书啊？"我好奇

区角案例《小老虎的大屁股》游戏材料

地问道。"因为小老虎得走到小猴子身边和它说话啊，所以得让它们动起来。"原来，阳阳是想让小动物们都动起来。看样子平面的书本阅读已经不能满足他们的讲述欲望了，于是我决定制作一个立体的故事盒。我找了一个大的月饼盒，在里面用各种颜色的卡纸装饰成草地和大森林的场景，在草地上用棕色毛根编成故事中小老虎坐弯的树干，让整个背景更加贴近故事内容。绘画出故事人物后，把 L 型吸管固定在前面，放在小的茶叶筒里，便于幼儿拿取。这样一来，整个故事场景就变成立体的了，人物就可以动

起来了。幼儿在游戏的同时，又梳理了故事发展顺序，更加深刻地了解了故事情节。

第二天，阳阳又来到了图书区，可是他今天有了新的发现。"老师，这是什么？盒子里是什么？"阳阳抱着新投放的故事盒问我。"这是故事盒，你打开看看里面讲的是什么故事。"我带着几分神秘感对他说。"哇！是小老虎的故事！是小老虎的故事盒！"说完，阳阳就迫不及待地在桌子上玩了起来了。只见他把所有的动物图片都拿了出来，放在桌子上摆弄起来。于是，我提醒他说："阳阳，这个故事发生在哪里？小老虎是一下子就遇到了这么多小动物吗？"阳阳摇摇头说："小老虎在森林走啊走，先遇到小兔子，把它的皮球坐坏了。""对啊，那你得把小动物们放在哪里会更好呢？"在我的建议下，阳阳把手里的小动物放回了茶叶筒里，只留下坐在皮球上的小兔子和小老虎，接着又按照故事的情节，不断拿出故事中的小动物进行对话表演。

快乐小书屋——《扁扁嘴和尖尖嘴》
（小班）

案例背景

在一起阅读了绘本《扁扁嘴和尖尖嘴》后，幼儿对这本图画书很感兴趣，在这个故事里，小鸭、小鸡在一起玩有三个场景：一起搭城堡、小鸭给小鸡捉螺蛳、小鸡给小鸭捉虫子。我们在图书区投放了绘本和教师自制的六个不同形态的、不同动作的小鸡及小鸭的指偶，供幼儿讲述时根据不同场景换上相应动作的小鸭、小鸡。幼儿到图书区来，总要把小鸭、小鸡的指偶套在手上，套一套、换一换、讲一讲，每天的图书区里都会有幼儿在讲述《扁扁嘴和尖尖嘴》的故事。

案例描述

一大，璠璠和燃燃来到图书区，璠璠拿起了小鸭、小鸡的指偶，把小鸡套在左手上，把小鸭套在右手上，把这个故事从头到尾简单地讲了一遍，但他并没有根据小鸭、小鸡在一起做什么事换上相应动作的小鸭、小鸡指偶。"璠璠，你没换小鸭、小鸡，它们两个搭城堡是这两个手偶。"燃燃边说着边找出一只小鸡和一只小鸭递给璠璠，璠璠看了看，说："不对，不是这两个。"燃燃说："就是，就是。"两个人争执了起来。我看到后，赶快走过来问清楚了是怎么回事，让他们打开图画书对着图画书找相应的动物来讲述，平息了两人的争执。

从幼儿使用操作材料的情况和出现的争执中我发现了问题，投放指偶是为了增加幼儿讲述的兴趣，也是为了让幼儿更好地观察指偶上小鸡、小鸭的表情和动作，但是现在幼儿还需要对照着图画书来找指偶，就有些影响讲述了。针对幼儿的不同水平需要投放不同的材料。我想到了拼图的方法，可以把小鸭、小鸡一起玩的画面分成两部分，拼在一起是一个完整的画面，用来讲述。于是我做了六面拼图讲述盒，投放到图书区。

区角案例《扁扁嘴和尖尖嘴》游戏材料

新材料投放后，燃燃拿起了这个讲述盒，一边翻转着一面仔细地观察着，看到是熟悉的故事后，就一边拼着一边讲着小鸭和小鸡的故事。燃燃自己又拼又讲很兴奋，看到璠璠只是低头看他最喜欢的《数一数》图书不理自己，就主动对璠璠说："我给你讲《扁扁嘴和尖尖嘴》吧。"说完也不管璠璠同意不同意，就绘声绘色地边摆弄"六面拼图讲述盒"边讲了起来，璠璠被她的讲述打动了，抬起头认真地听起来，听她讲到好玩的地方时，也跟着笑了起来。燃燃讲完了，对璠璠说："我讲完了，该你讲了。"可是，璠璠只是拿着讲述盒摆弄，并不出声讲述。我知道，他的语言表达能力不如燃燃强，只见他拼了一幅图后，说："小鸭子在捉螺蛳吃呢。"燃燃说："你讲错了，不是这样讲的。"而璠璠却说："小鸭子就是在捉螺蛳吃，它手里拿的就是螺蛳。"我明白燃燃说的是他没有按照故事发生的顺序讲述，而璠璠是因为拼到了他感兴趣的画面，在讲述这个画面呢。我走过来，先表扬、鼓励他们能一起讲述这个故事，又对璠璠提问："小鸭是怎样给小鸡捉螺蛳的呀？它会说什么呀？""小鸡看到小鸭给它捉的螺蛳是什么心情、什么表情呀？它会对小鸭说什么呢？""它们先玩的什么呀？后来又做什么事情了？"提醒他们按照绘本上故事的顺序讲述画面，还建议可以燃燃讲述，璠璠用讲述盒来拼摆出燃燃讲述的相应的画面。这样，一个人有声有色地讲述着，一个人认真地拼着正在讲述的画面，既发挥了各自的特长，又玩得非常投入。

参考文献

1. 中华人民共和国教育部. 幼儿园教育指导纲要(试行)[M]. 北京：北京师范大学出版社，2001

2. 袁爱玲. 幼儿园教育环境创设[M]. 广州：广东高等教育出版社，2007

3. 戴维·H. 乔纳森主编. 学习环境的理论基础[M]. 郑太年，等，译. 上海：华东师范大学出版社. 2002

4. 朱家雄，等. 幼儿园环境与幼儿行为和发展的研究[M]. 北京：世界图书出版公司，1996

5. 常畅. 幼儿园活动室墙面环境创设现状研究[D]. 长沙：湖南师范大学，2008(5)

6. 关虹. 幼儿园活动区教育的策略研究[D]. 长春：东北师范大学，2007(5)

7. 管倚. 幼儿园墙面环境创设及其教育功能的研究[D]. 上海：华东师范大学. 2005(5)

8. 李子建，马庆堂，黄中英. 幼儿环境教育——校本课程经验[M]. 南京：南京师范大学出版社，2005

9. 包晓萍. 环境与幼儿课程[J]. 学前课程研究，2009(12)

10. 边静. 让孩子成为环境创设的主人[J]. 幼儿教育，2005(7)

11. 高媛媛. 关于区角游戏中幼儿自主性的探讨[J]. 基础教育研究，2009(12)

12. 郭丽. 建构主义理论对幼儿园环境创设的启示[J]. 教育导刊，2004(2～3)

13. 胡娟. 论环境及其创设对儿童发展和教育的价值[J]. 教育科学，2002(4)

14. 华爱华. 试论幼儿园环境创设中的教育取向——来自瑞吉欧·爱米里亚的启示[J]. 基础教育参考，2005(4)

15. 刘焱，潘月娟. 《幼儿园教育环境质量评价量表》的特点、结构和

信效度检验[J]. 学前教育研究，2008(6)

16. 秦元东. 为儿童创设良好的环境——论陈鹤琴关于幼稚园环境创设的思想[J]. 学前教育研究，2002(6)

17. 叶颖. 区角活动促进幼儿与环境互动的策略探析[J]. 教育导刊，2003(8~9)

18. 李莉. 幼儿园班级环境创设[J]. 学前教育研究，2008(8)

19. 金桂芬，吴晓瑛. 主题活动中的互动墙饰[J]. 幼儿教育，2005(23)

20. 秦旭芳，王莹. 多元互动性幼儿园墙面环境创设的特点与思考[J]. 科学发展与社会责任（A 卷）. 第五届沈阳科学学术年会文集[C]，2008

21. 张娜. 在环境创设中渗透民族文化教育[J]. 开封教育学院学报，2009(9)